知性と感性の心理

認知心理学入門

行場次朗・箱田裕司 ── 編著

渡邊洋一・真覚　健・佐々木隆之・三浦佳世・松岡和生・岩崎祥一
中村奈良江・福田恭介・改田明子・坂本　勉・吉武久美子・足立智昭
中村知靖・松尾太加志・櫻井研三・蒲池みゆき・宮崎謙一・石井信行
徳永幹雄・平山和美・寺澤孝文・大上　渉・小山紗智子・萩原　滋
高橋ゆき・山下利之・渡辺めぐみ ─────────────── 著

福村出版

本書の内容の一部あるいは全部を無断で複写複製（コピー）することは，法律で認められた場合を除き，著作権および出版社の権利侵害となり，著作権法違反となりますので，その場合は予め小社あて許諾を求めて下さい。

はしがき

　西暦2000年，そして21世紀が目前であると聞かされると，わくわくする心とともに，本当に人間は良い方向に進歩しているのだろうかといった心配な気持ちにもなる。『2001年宇宙の旅』という映画をご覧になった方も多いと思う。映画の中にはHALというコンピュータが登場するが，次世代を先取りした素晴らしいマシンで，直列処理ではなく，分散処理システムによる連想記憶方式をとっている。HALは，計算や宇宙船制御だけではなく，乗組員の健康を気づかったり，娯楽の相手をしてくれたりする。ところが得意なはずの機器管理にエラーが生じ，まるで自信喪失したかのように乗組員との信頼関係をなくし，ついには殺人をおかしてしまう。HALがおかしくなった原因には，「乗組員に任務の目的を隠しながら，任務を遂行しなくてはならない二重束縛の状況にあった」ことなど，さまざまな理由があげられているが，HALを擬人化して考えるなら，まるで知性と感性のバランスを崩してしまったように見受けられる。

　認知心理学が誕生してから40年近くにもなろうとしているが，当初のアプローチは，人間の情報処理プロセスを直列型のコンピュータにたとえることが主流だった。IT革命がさけばれる今日では，たとえば，世界中に分散する不特定多数の人々がインターネットを介して協調しながら問題解決を行う過程など，認知心理学がカバーしなければならないテーマは急速に拡大している。

　本書は，新しい時代に対応した認知心理学を読者の方に楽しんでもらうために企画された。知的情報処理の解説に偏りがちであった従来のテキストとは異なって，感性の科学としての認知心理学の側面とのバランスを重視し，あいまいでゆらぎを含みながらも，複雑な環境や情報に巧みに適応していく人間の心理プロセスをできるだけ浮き彫りにしようと試みた。心理学を大学や大学院で専攻する学生の方々のみならず，人間らしさとは何か，人間とテクノロジーの調和は実現可能かなど，21世紀の動向を左右するテーマに広く関心のある方にも読んでいただけたらと願っている。

　各章の執筆は，東北大学と九州大学の心理学研究室につながりのある先生方に担当をお願いした。バックグラウンドの広い2つの大学にわたって執筆陣を

選んだことにより，知性と感性の認知心理学に関する幅広いテーマについて，各分野で今まさに先頭に立って活躍している研究者に原稿をお願いすることができた。そして，限られた紙面の中で，わかりやすいイントロからはじめて，基礎的知見を重視しながら，各自の研究テーマも含めて最新の知見も解説するという無理難題をこなしていただいた。また，各章にはトピックスコーナーを設け，編者や各章の執筆者の知り合いで，最先端の研究をしている先生方をゲストスピーカーのような形でお招きし，ホットな話題を提供していただいた。

　福村出版編集部の方々には本書の企画案の改良や，わかりやすい原稿にするための数々の細かなご助言など，すべての段階にわたってお世話になった。編集部の方々の介補がなければ，本書はミレニアムには間に合わなかった。記して感謝したい。

　　2000年　列島を縦断した台風の日に

行場　次朗
箱田　裕司

目　次

はしがき

序章　認知心理学とは何か──知性と感性の総合理解をめざして ……… 9
　1節　認知心理学の誕生………………………………… 10
　2節　知性の科学としての認知心理学………………… 13
　3節　感性の科学としての認知心理学………………… 17
　4節　本書の構成──知性と感性の相補性を浮き彫りにする試み……… 20

1章　感覚の多様性 …………………………………………… 22
　1節　心の入り口……………………………………… 23
　2節　感覚の範囲……………………………………… 24
　3節　感覚のしくみと種類…………………………… 27
　4節　感覚の一般的特性……………………………… 31
トピックス1　仮想現実とは何か……………………… 34

2章　視覚パターンの認知 ………………………………… 36
　1節　視覚パターンの入力過程……………………… 36
　2節　パターン認知のモデル………………………… 39
　3節　顔の認知………………………………………… 43
トピックス2　顔の表情認知──感性情報としての顔の魅力…… 46

3章　音楽の認知 …………………………………………… 48
　1節　音楽における情景分析………………………… 48
　2節　音楽の知覚的多義性…………………………… 53
　3節　おわりに──今後の音楽認知研究に向けて………… 56
トピックス3　絶対音感………………………………… 58

4章　感性認知　　　　　　　　　　　　　　60

1節　感性とは何か　　　　　　　　　　　　61
2節　感性情報処理の初期過程　　　　　　　62
3節　価値と評価の次元　　　　　　　　　　64
4節　色情報の処理と特性　　　　　　　　　68
5節　絵画の空間・絵画の時間　　　　　　　69
6節　おわりに――今後の感性認知研究に向けて　72

トピックス4　美しい橋　　　　　　　　　　　74

5章　心的イメージ　　　　　　　　　　　　76

1節　イメージとは　　　　　　　　　　　　77
2節　心的イメージと知覚　　　　　　　　　80
3節　心的イメージの機能　　　　　　　　　88
4節　おわりに――今後のイメージ研究に向けて　90

トピックス5　スポーツとイメージ　　　　　　92

6章　注　　意　　　　　　　　　　　　　　94

1節　注意とは　　　　　　　　　　　　　　94
2節　空間的注意　　　　　　　　　　　　　95
3節　視覚探索と特徴統合　　　　　　　　　98
4節　注意と意識の関係　　　　　　　　　　104

トピックス6　バリント症候群の注意障害（同時失認）　107

7章　記　　憶　　　　　　　　　　　　　　109

1節　記憶の変容　　　　　　　　　　　　　110
2節　記憶の手段　　　　　　　　　　　　　112
3節　記憶へのアプローチの変遷――量から機能へ　115
4節　記憶システム――ネットワークとしてのとらえ方　119

トピックス7　一度見た情報はけっして忘れない――超長期的記憶現象　122

8章　情動の認知 ……………………………………………………124

- 1節　情動とは ………………………………………125
- 2節　情動と脳 ………………………………………126
- 3節　情動を認知するためのメカニズム …………129
- 4節　情動を知るための生理的指標 ………………132
- 5節　おわりに——今後の情動認知研究に向けて …135

トピックス8　情動の変化を定量的にとらえる ………………137

9章　知識と思考 ……………………………………………………139

- 1節　知識のしくみ …………………………………139
- 2節　思考のしくみ …………………………………144
- 3節　現実のなかでの思考 …………………………148

トピックス9　あるカテゴリーに限定した障害をもつ患者 ……151

10章　言語認知 ……………………………………………………153

- 1節　はじめに ………………………………………153
- 2節　言語の生物学的基盤としての脳 ……………154
- 3節　言語使用 ………………………………………158
- 4節　言語獲得 ………………………………………162
- 5節　言語と他の認知システム ……………………166
- 6節　おわりに——今後の言語認知研究に向けて …168

トピックス10　読むことは聞くこと？
　　　　　　——視覚的単語認知にともなう脳磁場（MEG）…………170

11章　社会的認知 …………………………………………………172

- 1節　社会的認知とは ………………………………172
- 2節　対人認知 ………………………………………174
- 3節　対人認知と感情 ………………………………180
- 4節　集団全体への認知 ……………………………181
- 5節　帰属理論 ………………………………………183

トピックス11　言い訳の心理 ……………………………………185

12章　知性と感性の発達 ……187
　1節　知性発達のとらえ方 ……187
　2節　子どもの感性の発達 ……193
トピックス12　心の知能指数 ……200

13章　多変量データ解析法を利用した心理測定法 ……202
　1節　イメージを測定する──SD法と因子分析 ……202
　2節　データに潜む構造を視覚的に表現する──多次元尺度法 …208
　3節　今話題の多変量データ解析法とは ……213
トピックス13　ファジィと認知心理学 ……215

14章　ヒューマンエラーとヒューマンインタフェース ……217
　1節　認知心理学からみたヒューマンエラー ……217
　2節　認知過程としてのヒューマンインタフェース ……219
　3節　認知過程としてのヒューマンエラー ……224
トピックス14　大規模プラントとヒューマンエラー ……229

終章　これからの認知心理学 ……231
　1節　30年前のY2K心理学予測 ……231
　2節　認知心理学の現状と今後の展開 ……233
　3節　おわりに──認知・感性・知性研究のさらなる発展に向けて ……236

引用文献（238）
人名索引・事項索引（252）

序章
認知心理学とは何か
知性と感性の総合理解をめざして

　天才まんが家の手塚治虫氏が描いた「鉄腕アトム」を皆さんもご存知であると思う。十万馬力のロボットで，電子頭脳をもち，どんな計算も瞬時にこなし，60カ国語を話す。アトムはまさに科学技術の極致であり，痛快な活躍をするが，実はこのまんがは科学万能をうたった楽天的な物語ではなかった。アトムを作ったのは科学省長官であった天馬博士で，交通事故で亡くした息子（トビオ）をロボットで再現して，心を癒そうとしたのであった。天才ロボット工学者の天馬博士は極端な性格の持ち主で，やがて「恐ろしいこと」に気づく。それはロボットのトビオの背が伸びないことで，それに腹を立てた天馬博士は，一転して彼を激しく憎み，捨ててしまう。トビオをアトムとして育てたのはもともと民間のロボット学者であったお茶の水博士である。才能は天馬博士に遠く及ばなかったが，人徳があり人望の厚いお茶の水博士はアトムに両親（これもロボット）を与え，人間の子と一緒に学校に通わせる。百万馬力に改造されたアトムは一時的に人間に敵対することもあったけれど，やがて，豊かな感受性をあらわし，不完全な人間も理解し，守るようになる（手塚治虫キャラクター図鑑，1998より）。

　本書にとって，この物語はとても示唆的である。天馬博士は知性では優れていたが，感性とのバランスを欠いていた人であった。最先端の人工知能も，それが人間にとって真に有益になるためには，人間に対するあたたかい感性を備えていなくてはならない。本書を読み進まれるうちに，最近の認知心理学が知性と感性の両側面をお互いに支え合う関係として包括的にとらえる試みを行っていることを実感していただけたらと思う。

1節　認知心理学の誕生

1　心理学の歴史

認知心理学（cognitive psychology）とは何かを解説する前に，心理学自体がどのような歴史を経て今日に至ったかをざっと概観してみよう。

心理学（psychology）は，その語源から明らかなように，心（psyche）のはたらき方や法則性を明らかにする学問（logos）である。心の問題は誰でも素朴に体験，考察できるものであり，人間は大昔から心理学の問題にたえずかかわってきたといえる。では，心とは何かと改めて問い直すと，実はこれは非常に難しい問題であり，もっぱら哲学者がとりあげ，議論を重ねてきたテーマだった。19世紀になると，物理学や生理学などの科学の進展はめざましいものがあり，フェヒナー（Fechner, G. T.）は，感覚の大きさと刺激の物理量との対応関係を明らかにする**精神物理学**（psychophysics）を創始した（1章参照）。

心の問題を科学的に分析することを前面にかかげたのは，ドイツの心理学者ヴント（Wundt, W.）で，彼がライプチヒ大学に心理学実験室を作った1879年が科学的な心理学の誕生の年とされている。だから，心理学はとても若い学問であるといえる。心が太古から実感されてきたのにもかかわらず，科学的な検討がなされずにきたことは，それだけ，心がとらえどころのない難しい研究対象であったからにほかならない。

科学的に研究するということは，実験と観察ができるということである。高名な生理学者，ヘルムホルツ（Helmholtz, H. L. F. von）の助手であったこともあるヴントにとって，これは得意なことであった。彼は思い切って実験と観察を意識の分析に持ち込んだ。一例をあげると「意識の範囲」に関する実験がある。メトロノームの音を観察者に聞かせ，どのように知覚されたかを報告させると，たとえば主観的なリズムをつけて，「カチカチ，カチカチ，カチカチ，カチカチ」と聞こえたという報告が得られる場合がある。ヴントらはメトロノームの速さをいろいろ変えて実験を行ったところ，16拍から最高40拍がひとまとめに報告されることを見出し，それらを時間に直すと，5秒間くらいが意識で直接とらえることができる範囲であると主張した。できるだけ厳密に統制された実験条件のもとに，よく訓練された観察者が自ら体験したことをできるだけ忠実に報

告するこのような方法は**内観法**（introspection）とよばれる。

　ところが，1913年には，内観法により意識を解明するアプローチ（**内観主義心理学** introspective psychology とよばれる）に反論がかかげられた。内観報告は客観的な科学データとして信用できるのか，結果の再現性や予測可能性は大丈夫なのかといったものだった。そのような批判を行った代表者は**行動主義**（behaviorism）を提唱したワトソン（Watson, J. B.）であった。彼は，科学的心理学が扱うべきものは外側から客観的に観察・測定可能な**行動**（behavior）であるべきで，心理学の目標は行動の予測とコントロールでなければならないとした。行動という言葉を聞くと，何か意志的に体を大きく動かすようなイメージが思い浮かぶが，心理学で問題にする行動は，特殊な測定装置を装着することにより観察可能となる不随意的な微細反応をも含んでいる。

　この点について，わかりやすい例をあげると，今，ある人が目を閉じて首をたれていたとする。その人に内観報告を求めると，「私は深い考えごとをしていた」と答えたとする。ヴントの内観主義心理学では，その報告をそのまま採用するほかなかった。しかし，行動を重視して，たとえばポリグラフで脳波や脈拍を測定していたとする。その結果，睡眠時にあらわれる波形が検出されれば，その人は眠っていたと判断した方が信頼性があり，客観的である。

　行動主義心理学でもうひとつ大切なコンセプトは**学習**（learning）である。ここでいう学習とは，経験の反復によって行動に変容が生じるケースをすべて含み，代表的なものに**条件づけ**（conditioning）があげられる。とくにスキナー（Skinner, B. F.）は，刺激によって受動的に引き起こされる反射（たとえば唾液分泌やまばたきなど）をベースにした条件づけ（**レスポンデント条件づけ** respondent conditioning）とは違って，生体の随意行動（たとえばレバーなどの操作）も条件づけ（**オペラント条件づけ** operant conditioning）することができ，しかも報酬の与え方（**強化スケジュール**）によって，的確にコントロールできることを実験的に示した。行動主義は，心理学の学問分野だけではなく，教育現場や応用分野でもめざましい成果をあげたので，しだいに「心理学は行動の科学であって意識の科学ではない」「心は行動の随伴現象にしかすぎない」といった極端な考え方が優先される風潮が強まった。

2 認知革命

　行動主義心理学の台頭にともなって，たとえば，知識や期待，感情や注意などといった心の内的状態を表す言葉でさえも，科学的に明確でないとして使用することが差し控えられることがあった。しばしば「心なき心理学」とよばれた行動主義に対する批判は，心理学内部でも根強かったが，大きなインパクトは心理学の外側からやってきた。

　それは第二次世界大戦で通信や武器の制御などを支える役割を担った**情報科学**（information science）や**サイバネティクス**（cybernetics：制御工学）の発展である。はじめ，それらの技術に必要な計算をこなすために使われたコンピュータがしだいに発達し，数値計算以外の目的にも広く応用されるようになった。たとえば，ニューウェル（Newell, A.）やサイモン（Simon, H. A.）らは，論理学の証明問題やゲームを行うコンピュータモデルの考察を行い，**GPS**（General Problem Solver：一般問題解決器）の名前で発表した（Newell *et al.*, 1958）。**人工知能**（artificial intelligence）という言葉が提唱されたのもこの頃である。その後，人工知能研究は機械翻訳の失敗などから一時批判を受けるが，知識をコンピュータ上にいかに表現するかなどの基礎研究が着実に進展していった。コンピュータを動かすには，入力と出力だけではなく，内部でどのような処理を行うのかを明確に定義しなければならない。

　一方，言語学（linguistics）の分野から行動主義に痛烈な批判を行ったのが，チョムスキー（Chomsky, 1959）である。私たちは，今までに一度も聞いたことのない文でも理解し，また，必要に応じて新しい文を次々に作り出していくことができる。このためには，有限の材料（単語）で無限の表現（文）を操作できなければならない。こうした無限の数の文の理解や産出をすべてオペラント条件づけの繰り返しで習得することは不可能である。チョムスキーは，それが可能なのは，人間には生まれつき言語を操り，生み出す能力が備わっているからであると主張した。この言語生成のメカニズムを明示的に研究するために考え出されたのが**生成文法**（generative grammar）である（10章参照）。

　心理学の分野でも，ブルーナー（Bruner *et al.*, 1956）は，硬貨の大きさを知覚する場合などに観察者のもつ要求に大きな影響を受けること（11章参照），また，思考や学習は，考え方の筋道やプランである方略（ストラテジー）に決定的に影響を受けることを示した。また，ミラー（Miller, 1967）は情報処理

の考え方を記憶や思考の研究に積極的に導入し，人間が情報を他のものと比較なしに区別できる容量は小さく，7±2**チャンク**（chunk：情報のまとまり）であることを示した。さらに注意や期待，構えといったテーマも情報処理の観点から再びとりあげられるようになり，それらの成果は，ナイサー（Neisser, 1967）により認知心理学という新しい名前がつけられてまとめあげられた。

行動主義と単純な学習理論を適用して人間をとらえる見方を脱却し，コンピュータ科学，言語学，心理学，哲学などを統合して，情報理論を柱に人間あるいは機械のもつ知のはたらきを学際的に研究しようとする機運は高まり，**認知科学**（cognitive science）という新しい学問領域が誕生し，1979年には正式に学会が創設された。これらの一連の学術動向は，**パラダイム**（paradigm：標準的な理論的枠組み）の転換を広い学問分野にわたってもたらしたので，**認知革命**（cognitive revolution）とよばれた。このような変革を推し進めた原動力のひとつとして，認知心理学は重要な役割を担ってきたのである。

2節　知性の科学としての認知心理学

1　人間の情報処理プロセスを明らかにする試み

認知心理学が大きな進歩をとげた理由のひとつは，情報処理モデルを積極的に適用したことであり，コンピュータのハードウェアやソフトウェアを比較やアナロジーの対象としながら，新しい概念や用語で人間の心理過程がとらえられるようになった。

ノーマン（Norman, D. A.）は"*Human information processing*"という有名な本の中で，このようなアプローチを強く打ち出した研究者のひとりであった（Lindsay & Norman, 1977）。たとえば，コンピュータには中央処理装置（CPU）にかかる負荷を軽減するため，一時的に情報を蓄えるバッファメモリーが用意されているが，人間の感覚情報も入力された状態に近いままで約1/4秒間だけ保存されることがわかっている。この種の記憶は**感覚情報貯蔵**（sensory information storage）とよばれるが，ここに蓄えられた情報のうち，ある限界容量（チャンク数にして7±2個程度）だけが**短期記憶**（short-term memory）に転送される。短期記憶の持続時間は数十秒といわれるが，新しいものごとを覚えるときのように何度も復唱していると，やがて保持時間が長くて，容量が

きわめて大きい**長期記憶**（long-term memory）に定着されていく。短期記憶はコンピュータでは一種の**作業メモリー**（working memory），長期記憶はデータベースとみなすことができる（7章参照）。また，**処理資源の割当て**（resource allocation）という考え方が導入され，**注意**（attention）はその役割を担うもののひとつとしてクローズアップされた（6章参照）。

認知心理学のもうひとつの強みは**コンピュータシミュレーション**（computer simulation）である。人間の認知についてのモデルをプログラムの形で表して，実際にうまく動くかどうか確かめてみることは，モデルの妥当性を概念的なレベルにとどまらずにチェックする方法として強力である。また，被験者が問題解決などを行う際に得られる言語報告は，行動主義心理学のもとでは信頼性に乏しい内観として排除されてきたが，認知心理学では，その報告を思考や推論のプロセスの記録として積極的に利用する**プロトコル分析法**（protocol analysis）がとられる。

従来の心理学では，複雑なプロセスを**ブラックボックス**（black box）として扱い，その入力と出力のみに注目して関数化する場合が多かったが，コンピュータアナロジーやシミュレーションを使うことにより，ブラックボックスの中で実際にどのような処理がなされているのかを厳密に追求できるようになった。しかもコンピュータ用語は共通性が高いので，認知心理学だけに閉じた議論ではなく，認知科学の多分野にわたって，研究知見の相互利用が活発になされるようになった。

2　知的処理の特質

認知心理学で明らかにされた人間の知性にはどのような特質があるのだろうか。まず，キリアン（Quillian, M. R.）らの研究などから，長期記憶内の情報は，上位概念（たとえば動物など）の特性が下位概念（たとえば鳥，魚など）に伝播する効率的な**階層ネットワーク**（hierarchical network）を形成しており（7章参照），そのネットワークをたどることにより，判断や連想がなされることが示唆された（Collins & Quillian, 1969）。このような知識のネットワーク構造に類するものは，**スキーマ**（schema；Bartlett, 1938）とか，**フレーム**（frame；Minsky, 1975）とよばれてきた。

入力されたデータの分析がすすむと，そのデータを構造内に含むスキーマが

活性化される。スキーマがひとたび活性化されると，今度はそれに適合するデータがほかにも存在していないかといった仮説演繹的な分析が駆動される。前者のようなプロセスを**ボトムアップ処理**（bottom-up processing）あるいは**データ駆動型処理**（data-driven processing），後者を**トップダウン処理**（top-down processing）あるいは**概念駆動型処理**（conceptually driven processing）とよぶ。たとえば，ボトムアップ処理により視覚情報から楕円の形に近い輪郭線が抽出されると顔のスキーマが活性化され，今度は目はどこか，口はあるかといったトップダウン的な分析が開始される。

　ボトムアップ・トップダウンの双方向的処理の考え方は，言語理解や状況推論においても重要である。たとえば，「花子はレストランに入り，大変満足してそこを出た」というような断片的文章を理解するためには，背景状況の文脈的知識（「レストランでメニューから選んだ料理が大変おいしかったにちがいない」など）による補強が必要となる。シャンクとエイベルソン（Schank & Abelson, 1977）は，ある典型的状況で生起する一連の事象系列をフレーム構造で表現した**スクリプト**（script）を利用することにより，このような課題が遂行できるとしている（9章参照）。

　これまで述べてきた知識の表現には，「りんごは赤い」といったように事実を命題形式で表した宣言型がとられるケースが多い。ウィノグラード（Winograd, T.）によれば，**宣言的知識**（declarative knowledge）は一般性をもち，新しい知識の追加や修正が簡単であるが，個々の領域における課題解決では利用しにくく，この形式では記述しにくいものがあるという。このような場合には，「方法についての知識」である**手続き的知識**（procedural knowledge）が有効となる。この型の知識表現にもとづき，課題解決を有効に行うのが**プロダクションシステム**（production system）である。このシステム内には，条件部と行為部からなるルール（「もし〜ならば，〜せよ」といった形）で知識が書かれていて，入力情報が条件部と合致すると行為部が実行される。プロダクションシステムは，専門的知識を運用して人間の判断・決定を支援する**エキスパートシステム**に広く応用されている。さらに，アンダーソン（Anderson, J. R.）は，両方の型の知識表現を組み入れ，人間の認知過程をモデル化して示すシステムである**ACT**（Adaptive Control of Thought）を開発し，改良を重ねてきた。この理論によると，知識の獲得は宣言的知識から手続き的知識への翻訳

という流れで進行するとされる（Anderson, 1987）。

　以上みてきたように，認知心理学では，条件づけを主体とした行動主義心理学とはまったく異なった新しい観点から，人間の知性がとらえられた。そのなかには，エキスパートシステムのようにコンピュータ上でも実現され，人間の知的活動を支援するものとしておおいに役に立ってきたものがある。ただし，これまでの認知心理学で扱われてきた知的活動には，表序-1に示すような共通点と制約があることに留意しなければならない。

　知的活動のとらえ方の限界は，実は現在のコンピュータ誕生の基礎になった理論である**チューリングマシン**の考え方から由来する問題であった。1936年にチューリング（Turing, A. M.）は，無限の長さをもつテープ記憶装置（メモリーにあたる）と，そのテープに書かれたデータをひとつずつ調べて内部状態を変える操作部（CPUに相当する），および次にどのデータを読むかを決める

表 序-1　知性と感性の相補性

	知的処理の特質	感性処理の特質
情報の種類・質	明示的な記号が中心 抽象的 理性的，思考的 正確性，一意性 領域一般的傾向が強い 状況依存性が弱い	暗示的な生データが中心 具体的 直感的，感覚的 曖昧性，多義性 領域固有的傾向が強い 状況依存性が強い
情報量	比較的小さい 圧縮しやすい	膨大 圧縮しにくい
相性のよいコンピュータ	直列逐次処理型（チューリングマシン） ノイマン型*	並列分散処理型（ニューロコンピュータ） 非ノイマン型
動作原則	論理性が重んじられる 合理的である場合が多い 客観性を重視 理解，説明可能 結果が比較的予測可能 最適解が得られやすい 修正や制御が比較的容易	快-不快が大切 非合理的にみえる場合がある 主観性が尊重される 共感，追体験可能 予測困難な場合が多い（創発特性をもつ） 最適解かどうかわからない 望むように制御することは困難

＊ノイマン（Neumann, J. V.）によりプログラム内蔵式が発明されたので，**ノイマン型**といわれる。

指令表（プログラムにあたる）を用意すれば，あらゆる記号処理が可能なことを理論的に示した。したがって，人間の知性もある種の記号処理だとしたら，それらをすべてコンピュータ上で実現できることになる。これまでみてきた認知心理学のアプローチもこの流れにそっており，人間の知識をできるだけ明示的な記号として抽象化し，それをもとに論理性と合理性にもとづいた処理がなされ，正確な結論が導き出されるプロセスとして知性をとらえる見方が強かったといえる（表序-1）。

3節　感性の科学としての認知心理学

1　心の多様性

これまでのコンピュータでは，人間でも難しいチェスだとか定理の証明のような課題はかなりうまくできるが，人間あるいは動物がいとも簡単に直感的に行うことができること，たとえば表情の読み取りや，好き嫌い，快-不快の判断といった基本的な認知過程を実現しようとすると，はかばかしい成果は得られなかった。その最大の理由として，チューリングマシンの原理にもとづいた考え方の限界があげられよう。そこでは明示的な記号の直列処理が前提にされているので，明確な定義をしにくい状態を含む心理過程の検討は手をつけにくかったのである（表序-1）。

ところが，1980年代後半から，生体の**神経回路網**（neural network）を手本とし，逐次的な処理手順をまったく仮定しないで，**並列分散処理**（parallel distributed processing：PDP，2章も参照）により情報処理をとらえる考え方である**コネクショニズム**（connectionism）が盛んになってきた。並列分散処理モデルでは，入出力情報は記号でなくともよく，画像や音声波形といった抽象度の低い信号レベルのデータが同時にネットワークに与えられる。多数の**ニューロン**（neuron）の並列的相互活動により，ある入力が与えられれば，最適でなくとも適当な出力が得られるようにネット全体の活動が調整されていく。内部でどのような処理がなされているのかについては，ニューロン間の結合強度を示す多数の**シナプスウェイト**（synapse weight）の状態として，暗示的に分散表現されることになる。

生体の情報処理を担う神経系を解析していくと，相互に独立した機能をもつ

処理ユニットである**モジュール**（module）に分かれていることが明らかになってきた。たとえば，視覚系では，対象の形や色，動きはそれぞれ個別の大脳皮質領野で処理がなされている。モジュールには**領域固有性**（domain specificity）があるため，あるモジュールに障害が起こっても，他のモジュールの機能を損ねることがなく，情報処理に信頼性と安定性がもたらされる。モジュールには，ハードウェアとして生得的に備わっているものもあるが（Fodor, 1983），発達にともなうネットワークの形成により，種々の機能のモジュール化が新たになされると考えてもよい（Elman et al., 1996）。さらに，ミンスキー（Minsky, 1986）は，心的機能は小さな個別の作用をする**エージェント**（agent）たちが集まって実現されるとする「心の社会説」を提出している。

このような考え方を個人内部の情報処理だけでなく，個人をとりまく環境との相互作用に拡張することも大切である。ギブソン（Gibson, 1979）は，脳の中でどのような情報処理が行われているかだけを問題にするのではなく，頭の外側，つまり行動する生体を取り囲む環境にどのような情報源が用意されているか十分に検討しなければならないとした。たとえば，開け方のわからないドアがあったとしても，突起物があればそれを手でつかんで引っ張ったり押したり，くぼみがあればそれに手をかけて横にスライドさせたりする。生体に特定の行動をするように促す環境の特性は**アフォーダンス**（affordance）とよばれる。アフォーダンスの考え方は人にやさしい道具やインタフェースをデザインするときに大切である（Norman, 1988；14章参照）。

また，日常の問題解決や課題遂行はひとりで行うことはむしろ少なく，共同して行うことがほとんどである。身近な人やスペシャリスト，カウンセラーにアドバイスを求めるだけでなく，今日では，インターネットを通して世界中の人と協力して同じ問題に解決に取り組むことも可能になった。このように，複数の人間の社会的相互作用，あるいは環境や文化的諸条件とのかかわりは，認知の負荷を減らしたり，適応的な方向に導く役割を担っているので，**分散化された認知**（distributed cognition）の観点から考察を進める必要がある。

1980年代頃から，認知心理学は上述したような心の多様性に由来する問題にも果敢に取り組むようになった。本書では，このような新しい方向性をもった研究を，**「感性の科学としての認知心理学」**と位置づけようと思う。というのは，定義がはっきりせず，抽象度が低く，記号にはなりがたい情報，しかも複

雑な相互作用のなかで暗示的に取り交わされる情報を直感的に察知する能力は，日本語では感性とよばれてきたからである（表序-1 参照）。

2　感性処理の特質

　感性に対応する言葉を英語に見つけることは難しいし，正確に定義することも困難である。哲学的には，感性は**悟性**と対比され，ものごとを論理的に理解するのではなく，感覚的，直感的に受け取る能力とされる（4 章参照）。

　一方，感性という言葉は，マーケティングや商品開発の分野で盛んに使われてきた。たとえば，コンピュータを買うときでさえ，CPU やメモリーとかの基本的性能のみを考慮して選ぶのではなく，何となく使いやすそうとか，デザインがかわいくて友だちももっているとか，さらには，その会社やブランド名に対する思い入れに大きく左右される場合も多い。このようにユーザーの好みや価値判断を総合的にとらえる手法が必要とされ，人間の感性を製品設計に生かすための方法，また人間の感性にうったえる製品を作るための技術として，**感性工学**（Kansei Engineering）が生まれた。また，人間がもっている敏感な感覚を活用して，味や匂いなどを検査する方法は**官能検査**（sensory inspection）とよばれ，古くから食品や化粧品業界で利用されてきた。近年では，日用品や衣服，電化製品，自動車などさまざまな分野で活用されるようになった。このような動向を受け，1992 年には文部省重点領域研究として「感性情報処理の情報学・心理学的研究」のプロジェクトが立ち上げられ，1993 年には感性工学会が設立されている。感性の科学は日本で本格的に提言されたといってよい。

　このような進展のなかで，知的処理と対比される形でしだいに明らかにされてきた感性処理の特色を以下にとりあげてみよう（表序-1 参照）。

　いま，表情認知や，絵画や音楽を鑑賞する場合を考えてみると，実にさまざまな要因によって私たちの感じ方が影響を受けることがわかる（2 章，3 章，4 章参照）。たとえば，口元やまゆなどの細部の変化や，色調や音色の変化，さらに全体的な調子やバランスなどが複雑にからみあって，思いがけない印象がつくり出される場合がある。このように，感性に関与する要因は，多変量でしかも情報量が多く（13 章参照），複雑な相互作用により，要素には還元できない**創発特性**（emergent properties）をもっている。

　感性のはたらきは，基本的には**快-不快**の原則にもとづいているといってよ

い。知性のはたらきが基本的に**合理性**の原則にもとづいていることと対比をなしている。たとえば，私たちの日常では，経済的にも健康にも何の役に立たない，あるいは場合によってはマイナスの効果をもたらすことでも，好きで楽しくてたまらず，趣味として続けていることが多いであろう。

　感性と知性の分離を示す興味深い例を，脳炎の後遺症により健忘症になった患者さんの症例にみることができる。彼は，主治医や看護婦さんの顔を何度も会っていながら覚えることができないので，彼に病院でかかわった人の写真を見せても誰だかわからない。ところが，その人が良い人か，悪い人かをたずねると，「見たこともないから判断しようもない」と言いながらも，彼にやさしく接した人を「良い人」，そうでない人を「悪い人」と的確に答えることができたという（河内，1996）。

　合理性を欠いた，しかし，いかにも人間らしい判断の偏りは，記憶や思考において広くみとめられる。たとえば，気分のよいときには，何に対しても肯定的な評価や判断を行い，気分がよくないときには否定的になりやすい傾向は**気分依存効果**（mood-dependency effect）とよばれ，たくさんの研究がなされてきた。しかし，気分や感情は，常に判断を歪める方向にのみはたらくのではない。適切に喚起されれば強い動機づけが生まれ，創造的思考に導いたりする。また，それによって他人との共感が生まれ，共同作業が促進され，問題解決が容易になったりする。実社会での成功がこのような能力に裏打ちされていることを強調したのがゴールマン（Goleman, D.）の「**心の知能指数**」（emotional IQ：EQ）という考え方である（トピックス12参照）。

4節　本書の構成——知性と感性の相補性を浮き彫りにする試み

　1981年に，認知科学の創始者のひとりノーマンは，認知科学の課題として知覚，学習，記憶，言語，思考の他に，技能，意識，発達，感情，相互作用，信念システムなどをあげた（Norman, 1981）。実は，すでにこれらのなかには知的処理と感性処理の両方にかかわる問題が深く取り込まれていたことがわかる。

　本書でとりあげる主要なテーマもノーマンの提案をできるだけカバーしようとしたものである。順に列挙すると，感覚（1章），パターン認知（2章），音楽認知（3章），感性認知（4章），イメージ（5章），注意（6章），記憶（7

章),情動(8章),知識と思考(9章),言語(10章),社会的認知(11章),発達(12章),多変量解析法(13章),ヒューマンエラー(14章)という構成になっている。

冒頭の鉄腕アトムの紹介で記したように,知性と感性のバランスが大切である。最近,「温かい認知」という言葉がよく使われる(海保,1997参照)。この考え方も知性のみにもとづいた「冷たい認知」や,感情支配の傾向が強い「熱い認知」ではなく,両者がほどよくミックスし,ちょうどよい温かさをもつ認知が重要であることを指摘したものである(14章参照)。

本書には盛りだくさんの話題が含まれているように感じられるかもしれないが,読者の方には,本書全体として,知性と感性の相補性を浮き彫りにし,両者の調和をはかる試みであることを理解していただけたらと思う。

▶ブックガイド

大山 正・梅本堯夫(編著) 1994 心理学史への招待 サイエンス社
　認知心理学だけではなく,心理学の歴史全体を知るのには絶好の参考書。
ガードナー,H. 1985 佐伯 胖・海保博之(監訳) 1987 認知革命 産業図書
　パラダイムのシフトにより認知科学が誕生したことを広く深く概観した書。
リンゼイ,P. H. & ノーマン,D. A. 1977 中溝幸夫・箱田裕司・近藤倫明(訳)
　1983-1985 情報処理心理学入門Ⅰ～Ⅲ サイエンス社
　コンピュータアナロジーを中心として,人間の情報処理を知るには最適な書。
アンダーソン,J. R. 1980 富田達彦ほか(訳) 1982 認知心理学概論 誠信書房
　知の科学としての認知心理学をまとめあげた大著。
御領 謙・菊地 正・江草浩幸 1993 最新 認知心理学への招待 サイエンス社
　実験心理学の手法を駆使した研究例がたくさん紹介されている教科書。
守 一雄 1995 認知心理学 岩波書店
　モデルの科学としての認知心理学を解説した教科書。
ラメルハート,D. E. 1989 麻生英樹(訳) 1991 心のアーキテクチャ——コネクショニストアプローチ ポズナー,M. I.(編) 認知科学の基礎1 産業図書
　並列分散処理モデルによる心のとらえ方をわかりやすく概説したもの。
辻 三郎(編) 1997 感性の科学 サイエンス社
　感性情報処理に関する考え方や応用例を文部省重点領域研究分担研究者グループでまとめた書。
海保博之(編著) 1997 「温かい認知」の心理学 金子書房
　認知心理学の課題として,「冷たい認知」や「熱い認知」が融和した「温かい認知」の研究が必要であることを説いた好書。

1 章
感覚の多様性

　マルチメディア時代だそうである。「マルチメディア」って何だろう。『広辞苑（第5版）』には「情報を伝達するメディアが多様になる状態，また，コンピューターで映像・音声・文字などのメディアを複合し一元的に扱うこと」とある。ここでいうメディアとは，主にマスコミやコンピュータで使う，情報を伝える道具や表現の手段のことらしい。文字や写真や絵なら視覚的，音声や音楽を扱うなら聴覚的なメディアとなる。マルチメディアが話題になるのは，文字（新聞）だとか音声（ラジオ）だとか，ひとつの方式に限定された情報ではなく，多様な情報を伝達したい，しかし技術的に難しいからなのである。
　私たちは，鼻歌を歌いながらノートをとり，その脇に似顔絵のイタズラ描きまでできる。さて，現在のコンピュータは映像も音声も文字も同じデジタルデータとして（つまり一元的に）扱う。ところが，これらを扱うにはそれぞれ別々のソフトウェアを使わなければならない。しかもそれを同時に実行するのはとても難しいのである。
　なるほど，コンピュータでマルチメディアを使いこなすには，もう少し時間がかかりそうだ。でもテレビは以前から映像も音声も文字も放送してきたではないか。何が問題なのだろう。誰でも，一度コンサートに行けば，つまり「生で」体験すればわかる。「腹に響く低音」に「突き抜ける高音」，むせ返るような熱気に頬が紅潮する，手に汗握る，身体が打ち震える。あるいは，静かな秋の山をひとり歩くときのことを考えてもよい。梢を渡る風，踏みしめる落ち葉，全身を包む澄んだ空気。テレビでは伝えることが難しい。視覚や聴覚だけでは足りないのかもしれない。
　そう，私たち人間は，もともとマルチメディアを自由自在に使いこなしているのである。私たち人間の神経系を流れているのも，実はコンピュータと同じような電気的信号だという。それなのに私たちはなんと豊かな世界に住んでい

るのだろう。青い空に桜の花びらが散り友だちの歓声が聞こえる。生きている実感は身体全体で感じることができる。なぜ人間はこんなことが可能なのだろう。

これを考えるのが「感覚」という心理学の分野なのである。

1節　心の入り口

はじめて心理学について学ぶ人には，感覚・知覚は心理学にふさわしい研究領域とは思えないかもしれない。しかしここでとりあげられる問題の多くは，心とは何かという問いが歴史に登場したときから議論されてきたのである。それは「心の入り口」，つまり私たちは自分たちの生きている環境・世界をどのようにして知るのかという基本的な問題だからである。

哲学では**認識論**という問題になる。日本でいえば江戸時代前期に活躍した，イギリスのロック（Locke, J.）は，「人の心は元来白紙（ラテン語で tabula rasa）である」という有名な言葉で表されるように，感覚を通した経験が私たちの心に観念を書き込んでいくという**経験説**を唱えた。ここでいう観念とは，人が考えるときその対象となるもののことである。一方，ヨーロッパ大陸では，人は生まれながらに認識能力を備えているという，古くはプラトン（Plato）にまで遡ることのできる**生得説**が優勢であった。カント（Kant, I.）は，時間，空間，因果関係など，感覚から入ってきたさまざまな情報を混乱なく把握できる能力は生得的なものであると論じた。

19世紀に入ると物理化学をはじめとする自然科学がめざましい発展を見せはじめた。生理学もそのひとつであり，感覚器官や神経系についての新たな発見は，自然科学の研究方法とともに科学的心理学の成立に大きな影響を与えた。現代心理学の創始者といえるヴント（Wundt, W.）が，まず手を染めたのが感覚の生理学であり心理学であった。心理学の独立当初から，感覚・知覚は取り組むべき基本的な問題だったのである（序章参照）。

さて歴史的経緯はともかく，今日ではどうだろう？　高度情報化時代といわれ，平均寿命は70歳を超えた。私たちの眼の一番外側にある角膜と水晶体には血管が通っていない。誰しも老齢化とともに調節能力は衰え（老眼），水晶体は白濁する（白内障）。高い音は聞き取りにくくなる。一方で，電車の乗車券

を販売する機器ですら短期間で新しくなって，人を立ち往生させる。情報機器は人間に速度と正確さを要求する。私たちをとりまく環境は激しく速く変化している。そのなかで人が人らしくいきいきと生活していくために，私たちと環境との接点を解明することは，ますます必要になっている。

本章では，感覚や知覚という言葉が頻繁に用いられるが，その間の区別は必ずしも明確なものではない。どちらも環境と人の心との接点を表すが，とりあえず，より単純で，末梢から中枢へと流れる情報に重きをおく場合を**感覚**（sensation），外界の意味を読み取るのを**知覚**（perception）としよう。

2節 感覚の範囲

一般に生物は，その種の生存に適した感覚能力をもつと考えられる。私たち人間も，自分のまわりの物理化学的な環境のすべてを感知できるわけではない。図1-1のように，幅広い範囲をもつ電磁波のなかで人が光として感知できるのは非常に限られた範囲である（**可視光線**）。空気の振動，つまり空気圧の疎密波である音波についても同じことがいえる。人が聞くことのできる音は約20Hzから2万Hzの周波数に限られる（**可聴範囲**：図1-2）。

ここで，同じ周波数あるいは波長という単位を用いても（これらは逆数の関係にある），視覚と聴覚とでは異なることに注意しよう。**周波数**（波長）の違いは，音波では異なる高さの音として聞こえ，光は色の違いとして見える。2つの異なる周波数の音を混ぜた（同時に聞かせた）場合，少なくとも音楽家には，それを構成するもともとの音がわかる。波長の異なる2つの光を混ぜた場

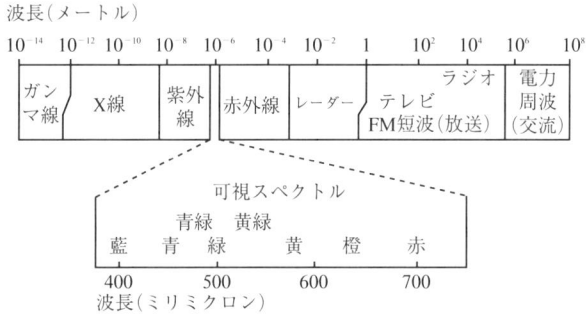

図1-1　電磁波における可視光の範囲

合,もともとの光には復元できない新たな色が知覚される。たとえば赤い光と緑の光を混ぜれば黄色が見えるが,黄色から赤と緑を抽出することはできない。

心理学では,感覚・知覚の対象となる物理化学的現象を**刺激**(stimulus)とよぶ。刺激の強さについても同様の制約はあるが,その範囲を客観的数値

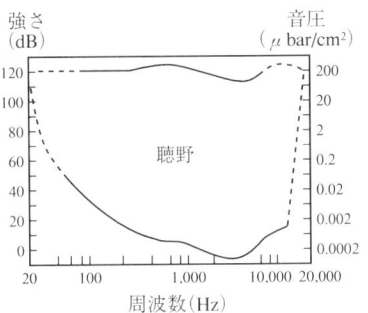

図1-2 可聴範囲(Fletcher, 1953)

で表すと驚くほど幅広い。理想的な状態の人の眼は数十km離れたろうそく1本の明かりを検出できるし,耳は木の葉一枚落ちるかすかな空気の振れを音として聞くことができる。一方,強い刺激に対しては,光も音も,最小限の強さの約1兆(10^{12})倍まで耐えることができる[注]。心理学では,人が50%の確率で感知できる最小限の刺激の強さを**刺激閾**(stimulus threshold)あるいは**絶対閾**(absolute threshold)という。刺激が強すぎて,これ以上耐えられないとして,その感覚独自の体験(**感覚様相** sense modality という)ではなくなり痛みなど別の感覚が生じるような刺激強度の限界を**刺激頂**(terminal stimulus)という。

触覚を研究した生理学者ウェーバー(Weber, E. H.)は,ある刺激の違いを感知しうる最小の差違を**弁別閾**(丁度可知差異 just noticeable difference ; jnd ともいう)と名づけ,弁別閾は固定したものではなく,基準となる刺激の強さに比例するという法則(**ウェーバーの法則** Weber's law)を見出した。

物理学者であり哲学者でもあったドイツのフェヒナー(Fechner, G. T.)は,

注)　人が感知できる光や音のように1兆(10^{12})倍などという幅の広い数値を扱うには対数が便利である。そこで強度の比を表すのに,一般に dB(デシベル)という単位が用いられる。

$$dB(デシベル)数 = 10 \log (I/Io)$$

強度比が100(10^2)倍のときは20dB,10000(10^4)倍のときは40dBとなる。また,ある音の強さ P を表すのに,人が検出しうる最小の音圧に相当する 2×10^{-5}Pa という値を基準 Po として,これらの比による音圧デシベルという単位が用いられることが多い。このとき音圧デシベルは $dB = 20 \log (P/Po)$ となる。

物質の世界と精神世界をつなぐものとして**精神物理学**（psychophysics）を提唱した。フェヒナーは刺激と感覚との対応を調べるために，種々の精神物理学的測定法を開発した。そして，ウェーバーの法則にもとづいて刺激閾や弁別閾の概念を整理し，感覚量と物理量との間には以下のような関係があるとした。

$E = k \log S$（E：感覚量，S：物理量，k：定数）

ここで定数kは，明るさや重さの感覚など，感覚様相や同一感覚様相内でも測定する対象によって異なる値である。この式は，今日では**ウェーバー・フェヒナーの法則**（Weber-Fechner's law）とよばれるが，刺激が中程度のときにのみ近似的にあてはまることが知られている。

一方，スティーブンス（Stevens, S. S.）は，感覚量の比率を直接数値で評定させるという**マグニチュード推定法**（magnitude estimation）を開発した。この手続きによると感覚量Eと物理量Sとの関係は次のようなベキ法則に従うとした。

$E = kS^n$

ここでベキ指数nは感覚様相や観察対象によって変わる。たとえば図1-3左で，見えの長さのベキ指数は1.0であり，見えの長さの判断は実際の長さに比例することを示している。電気ショックのようにベキ指数が1.0より大きいということは，ごくわずかな物理的変化に対して心理的判断が敏感に反応することを示し，明るさの判断のようにベキ指数が1.0より小さいことは，多少の

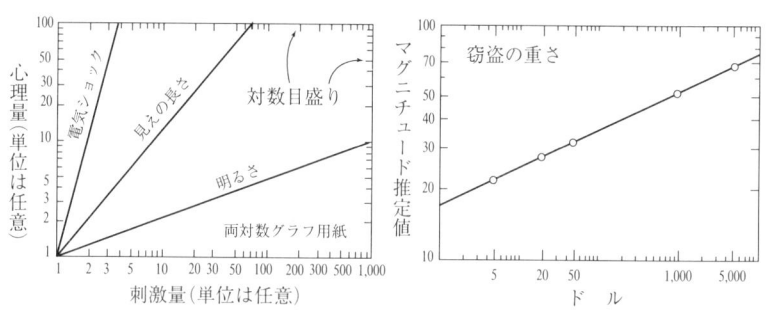

$E=kS^n$ という式は，両辺の対数をとると $\log E = n \log S + \log k$ となる。これは，縦軸も横軸も対数で表すと，直線になることを意味する。直線の傾きがベキ指数nである。

図1-3　スティーブンスのマグニチュード推定法 (Stevens, 1961, 1966；Lindsay & Norman, 1977より)

物理的変化では心理的判断が変動しにくいことを示している。この図から，心理的に2倍明るいと感じるためには物理的には約10倍の明るさが必要なことがわかる。定数 k は，たとえばある明るさを10などと，測定の際に標準とされた刺激に被験者が与える任意の数値によって変わる値である。マグニチュード推定法は，心理的に連続的に増加（加算）していくような判断であれば感覚量以外にも適用できるとされる。たとえば図1-3の右のグラフは，盗んだ金額に対する罪の重さを判断させたものである。

さて刺激閾の定義で50％の確率で感知できる刺激の強さということを述べた。私たちの感度は常に一定したものではなく絶えず揺らいでいるから，確率的な考え方が必要なのである。ある刺激に注意を集中して信号を待っていれば，見逃す（**ミス**）確率は少なくなるだろう。しかしそのときは同時に，ありもしない信号に過敏に反応してしまう（**フォールス・アラーム**）確率も増えると考えられる。このときは人の感受性そのものが変わったわけではなく，反応の基準が変化したといえる。このような考え方から，人の感受性と反応しやすさを分離してとらえようとするのが**信号検出理論**（signal detection theory）である。信号検出理論では，人の感受性を d'（**d プライム**とよぶ）と表す。

感覚の範囲やそのなかでの変化の仕方を測定したり数値化したりすることは，複雑な人間の心を数で表そうとする無意味で乱暴な作業のようにみえるかもしれない。しかし，精神物理学的測定法は，心理学の研究を進めるうえで重要な方法を提供している。しかも人が安全快適な環境で生活することを援助できるのである。あなたの周囲の環境を考えてみよう。信号機の3色は，ほとんどの人に夜も昼も見分けのつく色と明るさでなければならない。一方，騒音計は人間の聴覚を反映した音の大きさを示すことができるように工夫されている。人の心のものさし（尺度）があってはじめて人にふさわしい環境を設計できるのである。

3節　感覚のしくみと種類

人の感覚は，古くから「五感」といわれるように，いくつか別々の種類の体験をもたらす。視覚や聴覚のような，この独自の感覚体験を**感覚様相**（**モダリティ**）という。色の違いは同じ視覚様相のなかでの現象だが，色の感覚と音の

感覚は様相の異なる感覚体験である。

このような感覚様相の違いは何から生じるのだろうか？　眼や耳など感覚器の違いだろうか？　ミュラー（Müller, J.）は，人の感覚神経には様相ごとに固有のエネルギーがあるという**特殊神経エネルギー説**（theory of specific energy of nerves）を唱えた。

しかし今日では，人を含む動物の神経系において，情報を伝達するのは電気的信号（**インパルス** impulse）であると知られている。インパルスの発生と伝導は精巧な電気化学的しくみによって成り立っており，今日，神経伝達物質などについては，その解明が急速に進んでいる。私たちが感覚を体験するためには，外部環境の物理化学的刺激を感知して，神経系にわかる形，すなわちインパルスに変換するしくみが必要である。これを**感覚受容器**（sense recepter）という。

上述のように一般的には，視・聴・味・嗅・皮膚感覚を総じて五感と称する

表1-1　感覚の種類

感覚様相	適刺激	感覚受容器	感覚中枢
視　覚	電磁波（可視光線）	眼球／網膜内の錐体と桿体	大脳皮質後頭葉視覚領野
聴　覚	音波	内耳／蝸牛内の有毛細胞	大脳皮質側頭葉聴覚領野
味　覚	水溶性味覚刺激物質	舌の味蕾内の味覚細胞	大脳皮質側頭葉味覚領野
嗅　覚	揮発性嗅覚刺激物質	鼻腔上部の嗅覚細胞	嗅脳および嗅覚領野／大脳辺縁系
皮膚感覚　　触　覚　　圧　覚　　温　覚　　冷　覚　　痛　覚	機械的刺激　機械的刺激　電磁波　電磁波　すべての強大な刺激	皮膚内のメルケル細胞，マイスナー小体，パチニ小体，クラウゼ終棍などさまざまなタイプの感覚細胞＊	頭頂葉，体性感覚野および小脳　＊これらの感覚受容器は筋・腱・関節や内臓にも存在し，皮膚感覚に対して深部感覚とよばれることもある
自己受容感覚　平衡感覚　運動感覚　内臓感覚	機械的刺激　機械的刺激　深部感覚もあるが，感覚というよりもそれぞれの内臓の要求信号（食欲，渇き，尿意）	半器官内の有毛細胞　筋・腱・関節内の感覚細胞	頭頂葉，体性感覚野および小脳／間脳

が，感覚受容器および感覚神経系は表1-1のように区別できる。この表から，私たちが日常生活をおくる陰で，感覚神経系が多種多様な環境からの情報を適切に処理していることがわかる。逆にいえば，何らかの支障が生じてはじめて，私たちは，これらの自動的で円滑なはたらきのありがたさを知る。

　感覚受容器は，外界からの刺激エネルギーを化学的反応や機械的反応によってインパルスに変換する。ここで視覚系なら可視光線，聴覚系なら音波のように，その感覚様相の受容器がもっとも効率よくエネルギー変換のできる刺激を**適刺激**（adequate stimulus）という。ただし適刺激でなくとも感覚受容器を刺激することができることは，目をつぶって，まぶたを指で押すと光のようなものが見えることで簡単に確認できる。

　それならば，視覚神経と聴覚神経をつなぎかえて，色を聞き音を見ることが可能なのだろうか？　少なくとも現在は，これは不可能であると考えられている。それは，それぞれの感覚受容器から感覚中枢までの経路が様相によって非常に異なり複雑だからである。表1-1の感覚中枢に至る前にいくつかの器官を経由するし，中枢神経系内

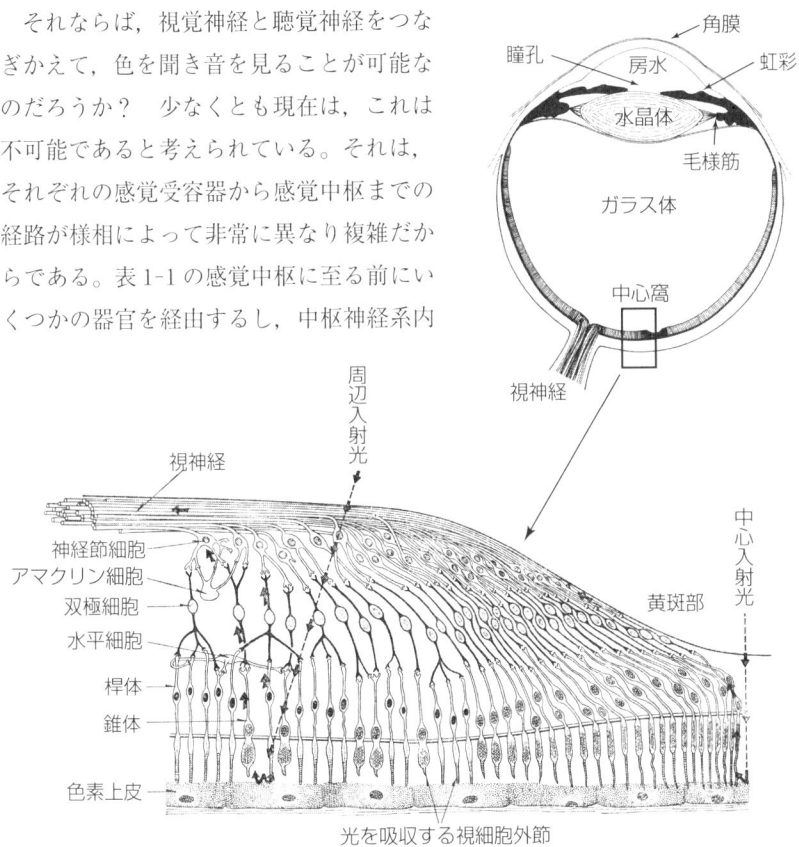

図1-4　眼球と網膜の構造（Harrington, 1964；池田, 1975を一部改変）

ではさらに複雑に信号が交錯している。感覚受容器が変換したインパルスのパターンも感覚様相によって異なる。さらには，感覚受容器と中枢をつなぐ経路は単純に末梢から中枢へと情報を伝えるだけでなく，逆に中枢から末梢へと流れる情報もあると考えられるからである。

　まず，視覚と聴覚を例に，このエネルギー変換の様子をみてみよう。図1-4は，眼球内の模式図である。光受容器である**桿体**（かんたい）は約1億2500万個，**錐体**（すいたい）は約600万個が高密度で**網膜**に並んでいる。これらのもっている感光色素が光に反応してインパルスを発生する。錐体は網膜中心部に集中的に分布し，細かい形の分析と色覚のはたらきをするが，明るいところでなければ機能しない。桿体は周辺部に分布し，光や運動の検出のはたらきをする。網膜上で錐体が密集している部分は黄斑または**中心窩**（か）とよばれるが，網膜の中心，直径1.5mmほどの狭い範囲にすぎない。だからよく見るためには，私たちは視野の中心に分析対象をとらえなければならない。つまり絶えず目を動かしていなければ適切な情報処理ができないのである。光受容器からの神経信号は，まず網膜内で複雑な情報処理と情報圧縮が施され，片方の眼で約80万本の**視神経**によって中枢に送られる。網膜中心部の情報は受容器1個の情報がほぼそのままの割合で送られるのに対して，網膜周辺部では数千個の受容器の情報が集約されて送り出される。

　図1-5は，耳の内部である。目とはまったく違った形で複雑な構造となっている。聴覚の適刺激である音波は空気圧の変動であり，まず鼓膜を振動させる。この振動は**中耳**の3つの小さな骨を経由して，**内耳**（**蝸牛**（かぎゅう））の小さな窓に伝えられる。それが蝸牛内のリンパ液そして基底膜上の有毛細胞を刺激し，発生したインパルスは片耳で約3万本の**聴覚神経**によって中枢に伝えられる。聴覚の受容器・感覚神経の数は視覚に比べてはるかに少ない。それでも，音を構成する成分（周波数）とその強さ，そしてそれらの時間的変化についての膨大な情報が中枢に送られる。

　図1-5で蝸牛の上部に3本の輪がみえる。これが**三半規管**であり，人の**平衡感覚**を処理している。ここには有毛細胞があり，人の頭の動きや傾きをとらえる。これが眼球のほぼ真後ろで聴覚器官と密着していることは人にとって大変有利である。左右の眼球の情報で環境の奥行きと対象の3次元性をとらえる。左右の耳で音の発生源の方向と距離をとらえる。そして平衡感覚で自分の身体

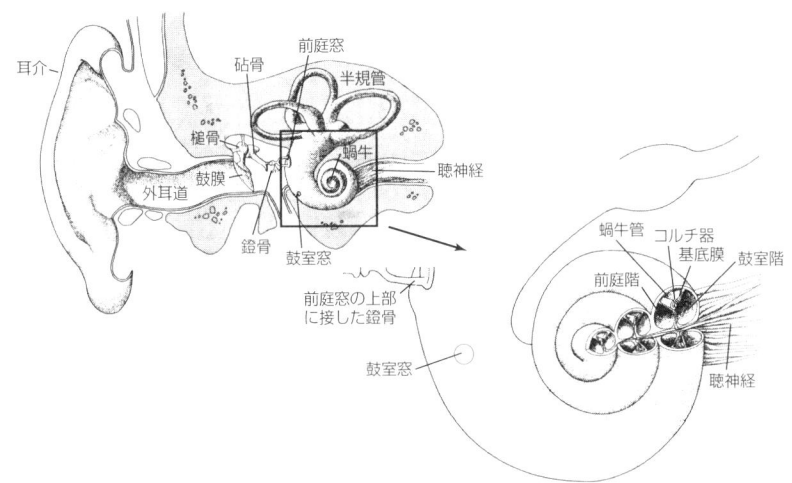

図1-5 耳と内耳の構造(Lindsay & Norman, 1977；中溝ほか訳, 1983より一部改変)

の位置・方向と動きをとらえるのである。これらの情報が総合的に処理されることによって，たとえば人の往来する道を適切に歩くことも可能なわけである。

4節　感覚の一般的特性

　感覚は，同一の受容器が同じ刺激に連続してさらされると，応答性が低下する。これを感覚の負の**順応**（adaptation）という。嗅覚や味覚そして皮膚感覚などで日常的に経験できるだろう。密閉した部屋の匂いはたちまち感じられなくなるが，新たに外から入ってきた人には敏感に感じられる。そもそも自分の体臭，部屋の匂いに気づくことが難しいのは順応による（だからといって神経症的に自分の体臭に過剰に敏感になる必要はない）。甘い菓子の後で果物を食べたのでは，その甘さはなかなか感じられない。ただし痛覚は順応しにくいので，鎮痛剤が必要となるわけである。

　一方で正の順応という現象もある。視覚における**暗順応**がその例である。明るい環境から暗い所に入ると，はじめは何も見えないが，視覚閾は時間とともに低下する。つまりより弱い光も感知できるようになる。この逆は**明順応**という。映画館のような暗い環境から明るい場所に出ると，当初はまぶしくて周囲が見えにくいが，まもなく回復する。

このように順応は，人の感覚系の限られた感知範囲全体をシフトさせて，重要な情報を取り入れるしくみということができる。環境を構成するものの変化，あるいは，それまでは存在しなかったものの登場こそが重要であり，以前と変わらないものや他と同じものはさほど重要ではあるまい。

同じ感覚様相で対照的な刺激にさらされた場合には**対比**（contrast）という現象が生ずる。緑の草原を背景とした赤い車が非常に目立つのはその好例であるが，いわゆる「かくし味」も対比である。こちらは変化を強調するしくみといえる。

ところが同じ感覚様相で，刺激の強さに差があるときには，**マスキング**（masking）という遮蔽現象が生ずる。昼の雑踏の中では聞こえない会話も深夜には筒抜けになる。部屋の悪臭は香水の匂いでマスキングできる（悪臭と香水に順応が生じればなおさら感じられない）。

上述のように，私たちの感覚は，単独で，または前後の経験と独立して，はたらくわけではない。多様な感覚様相が相互に関係しあい行動を導いている。一般的にもっとも影響の大きいのは視覚である（**視覚優位** visual dominance）。テレビのスピーカーは画面の外側にあっても，音声は映っている人の口から発せられていると感じられるのは，この現象による。

複合した感覚の例として「食べる」という行動を考えてみよう。まず食べ物の色と形は，その味わいにも強く影響する。目隠しして口に入れた食べ物の味はわかりにくい。匂いが味覚に影響するのは周知の通りである。舌ざわり，喉ごしといわれるように，舌や喉の皮膚感覚も重要である。温かくておいしいものもあれば冷たくておいしいものもある。いわゆる食感には，歯で嚙み砕く感覚とともに，その音も関係しよう。さらには大勢で食べればおいしいとか，日本人の好む味とか，集団や社会・文化の影響まで考えられる。

同じく感覚刺激以外の影響が大きいといわれる痛覚はどうだろう。痛みは，ある面では制御することの難しい不快な感覚であるが，これがなければ人は生命の危険すら察知できないことにもなる。一方では，薬物乱用や医療の現場の問題など，現代社会にとって痛みの克服は重要な課題となっている。痛覚は身体の組織を侵害するようなすべての強大な刺激によって引き起こされる感覚である。それは機械的な刺激だったり，熱的刺激そして化学的刺激だったりするが，いずれも皮膚（組織）内に化学物質を放出させ，それが閾値の高い数種類

の異なるタイプの受容器を刺激して痛覚を生じさせる。心理的経験としては、痛みには2種類ある。傷ついてすぐに起こる鋭い痛みと、その後の持続的な比較的鈍い痛みである。これらは異なる神経経路をたどると考えられている。

痛みの感覚は、モルヒネなどの薬物によって弱くできるほか、そのときの心理的状態や社会・文化的影響によって変わることが知られている。スポーツ中のけがによる痛みは、試合中には平気と感じられたりするし、世界中のさまざまな民族に独特の痛み除去の手法がある。現在、痛覚神経には中枢性の関門があるとする説や神経系内で生産される痛覚麻痺物質の探究など、さまざまな研究が学問領域を超えて精力的に進められている。

これまでみてきたように、人の感覚システムは、ひとつひとつの感覚系が巧妙なしくみをもつとともに、全体として柔軟に連携して多様に変化する環境に対処している。「マルチメディア」のように脚光を浴びることはなくとも、人が生活していくうえで基盤となる重要な情報処理を絶えず続けているのである。

▶ブックガイド

リンゼイ, P. H. & ノーマン, D. A. 1977 中溝幸夫・箱田裕司・近藤倫明 (訳) 1983 情報処理心理学入門I——感覚と知覚 サイエンス社
  最新の本とはいえないが、とくに視覚と聴覚について大変に詳しくわかりやすく解説してある。

大山 正・今井省吾・和気典二 (編) 1994 新編 感覚知覚心理学ハンドブック 誠信書房
  初学者には難しいかもしれないし高価な本だが、さまざまな感覚様相についての知見が網羅してある。

Atkinson, R. L., Atkinson, R. C., Smith, E. E., Bem, D. J. & Nolen-Hoeksema, S. 2000 *Hilgard's introduction to psychology*, 13th ed. Harcourt College Publishers.
  題目にみるとおり、アメリカの学部学生向け心理学教科書である。したがって「感覚」部分だけが参考になるわけではない。しかし、日本ではともすると敬遠されがちな、生物学・生理学的な基礎から感覚・知覚を含めて、豊富な図版と最新の研究成果を含め、大変におもしろくかつていねいにわかりやすく説明してある。大学入試の英語力があれば読めるので、機会があったら一読してみるとよい。

トピックス1

仮想現実とは何か

仮想現実は一種の**マルチメディア**であり，同時に複数の感覚情報を観察者に与えることで，相互作用可能な3次元環境を提供するという特徴をもつ。その体験は，テレビや映画のように限られた画面内に表示される情報を受動的に眺めるだけのものではなく，観察者がその環境に入り込んで能動的に関与できる，**臨場感**の高いものである。家庭で楽しめるコンピュータゲームはその小規模な例であるし，より本格的で臨場感の高いものにはゲームセンターや遊園地のアトラクションや，ドライバーやパイロット訓練用のシミュレータがある（図1参照）。

仮想現実が高い臨場感を生み出す秘密は，**感覚間統合**にある（櫻井，1995）。複数の感覚様相（モダリティ）の間の一貫性が生み出す相乗効果や，特定のモダリティを強調することで他のモダリティからの情報が抑制されて生じる錯覚が臨場感を高めている。前者の例としては，何かが爆発する映像および音響と同時に，観客の椅子が振動するようなアトラクションがあり，視覚や聴覚，さらに自分自身の動きを感知する前庭感覚や触覚までも同期させている。後者の例としては，放射状に拡大する同心円の映像を静止した観客に見せ，あたかもトンネルの中を高速で前進しているかのように感じさせるアトラクションがある（図2）。この場合には自分が移動しているという視覚情報が，静止しているという前庭感覚を打ち負かして，空間移動の疑似体験をさせている。

図1　仮想現実の一例：ドライブシミュレータ (写真提供：㈱アムラックストヨタ　メガウェブ)

1章　感覚の多様性

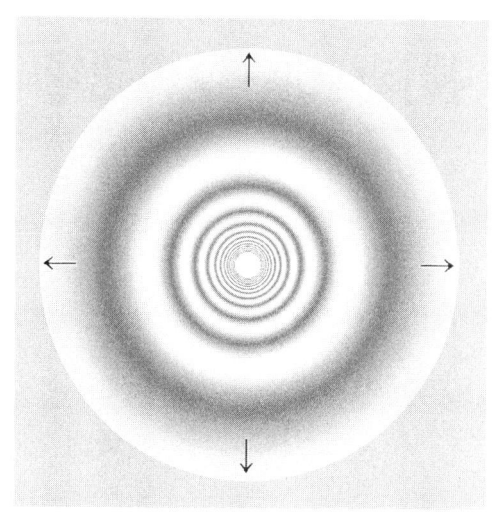

図2　前方向へのベクションを生じさせる視覚刺激

　認知心理学に求められている仮想現実に関する課題は，臨場感をもっとも適切に測定する方法の考案である。その答えのひとつが，前出の視覚刺激によって誘導される身体運動の知覚（**ベクション**）にあると考えられている（矢野，2000）。ベクション刺激は，その運動方向と反対方向への反射的な姿勢変化を引き起こすことから，その姿勢変化による体重移動を圧力検出板で検出し，臨場感測定に利用する試みが続けられている。

　私たちの生活への仮想現実の影響については賛否両論がある。仮想現実は私たちが活動する場を広げて生活をより豊かなものにするという肯定的な見方がある一方，仮想現実に逃避して現実の生活に適応できない人間が増えるという否定的な意見もよく聞かれる。この議論に容易に結論が出ることはないだろうが，今後，仮想現実は医療や教育などの領域で導入され，日常的に利用されることは間違いない。

　仮想現実がどれだけ身近で質の高いものになったとしても，その環境を体験するのは人間であり，その環境が存在するのは，実はその人の脳の中であることを忘れてはならない。現実の環境であれ仮想の環境であれ，さまざまな感覚器官からの情報は神経を伝達する電気信号となり，私たちの脳の内部で「認知」されてはじめてそれらの環境が存在することになる。物理的にその環境が存在しなくとも，認知的に存在する限り，それは「現実」である。仮想現実とは，人工的につくり出された「認知的現実」なのである。

2 章
視覚パターンの認知

　向こうから人が歩いてくる。顔を見たら友人のA君だった。顔からその人物が誰であるかわかる。あまりに当たり前のことで何の不思議もないように思うかもしれない。しかし，眼に映る画像としてのA君の顔はひとつではない。顔の向きによって画像は変化するし，会話時の口の動きや表情によっても画像としての顔は変化する。数年ぶりに会うような場合，髪型の変化やしわの増加，太ったりやせたりといった変化があってもその人が誰であるかわかる。

　私たちが当たり前のこととして行っている**視覚パターン認知**の巧妙さは，それをコンピュータに行わせようとすると明らかになる。人間の視覚パターン認知のしくみは現在のところ十分解明されているわけではないが，それが巧妙で複雑なはたらきであることを解説する。

1節　視覚パターンの入力過程

　視覚パターン認知は，**入力過程**と**照合・決定過程**の2つに大きく分けることができる。入力過程では，視野中の背景からパターンを分離し，パターンについての情報を抽出する。その情報は，脳内に貯蔵されたパターンについての表現（representation）と照合され，そのパターンが何であるか決定される。

1　図と地の分離

　図2-1を見てほしい。何が見えるだろうか。最初は白と黒のランダムな模様にしか見えない

図2-1　隠された顔 (Porter, 1954)

かもしれない。しかしよく見れば，中央の上部にキリストに似た人の顔が見えないだろうか。少々時間がかかるかもしれないが見えるはずである。人の顔が見えると，その下の領域は体の一部として見え，人物領域以外の白と黒の模様部分は，その人物の背景のように見える。

背景(地)からパターン(図)を切り出す図と地の**分化** (figure-ground segregation) が視覚パターン認知の出発点となる。**ゲシュタルト心理学**的研究から，より明るい領域，より面積の小さい領域，閉じた領域，規則的な領域，視野の中央にある領域などが図になりやすいことが知られている（この具体例は4章図4-1参照）。対象の形状についての知識も図の分離に影響を及ぼす。

近年，周波数チャンネルという視点から，図と地の問題が検討されている。図の処理には空間解像度は高いが処理スピードの遅い視覚チャンネル（**持続型チャンネル**）が，地の処理には空間解像度は低いが処理スピードの速い視覚チャンネル（**一過型チャンネル**）が関与している可能性が示されている（Weisstein *et al.*, 1992）。

2 遮蔽と補完

認知すべき対象の全体が見えているとは限らない。対象の一部が他の対象によって**遮蔽**（occlusion）されていることもある。図2-2aのようなパターンは，図2-2bのように完全な円形を正方形が遮蔽しているものとして認知される。つまり正方形に遮蔽された部分を**補完**（completion）して円形が認知される。

ナカヤマと下條（Nakayama & Shimojo,

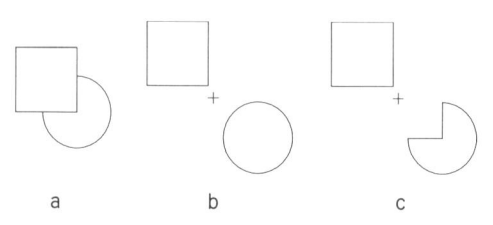

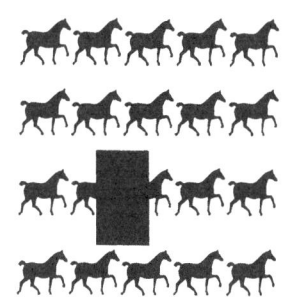

図2-3 黒く遮蔽された部分に，存在しないような「胴の長い馬」が見える（Kanizsa, 1979）

aのパターンは，bのように正方形と円から構成されたパターンとして認知され，cのように正方形と一部が欠けた円から構成されたパターンとは認知されにくい。

図2-2 正方形と円による遮蔽パターンの認知

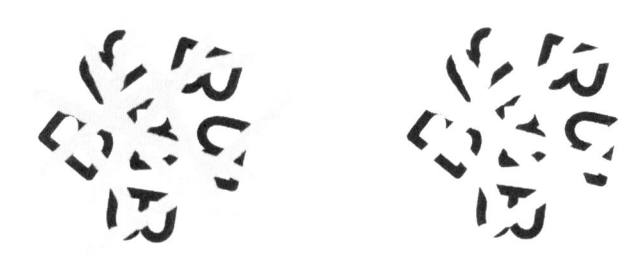

図2-4　遮蔽されて見えるパターン（左）の方がBの文字が読み取りやすい

1992）の**一般像抽出原則**（the principle of generic image sampling）では，視覚系は与えられた網膜像に対して，その像を一般的にもたらすであろう外界構造を選定する作業を行っていると考えている。

しかし，補完がどのようになされているかについては十分解明されているわけではない。図2-3のようなパターンでは，一般には存在しないであろう胴の長い馬が見えることをカニッツァ（Kanizsa, G.）は指摘している。

また，図2-4のように対象が遮蔽されて見えるパターンと，対象が分割されて見えるパターンでは，対象についての情報は同じであると考えられるのに，認知の容易さには違いが生じる。

3　エッジ情報と表面情報

私たちの視覚系は，明暗差を誇張してその境界に**エッジ**を知覚するようにできている。多くの対象はエッジだけでなく，きめや色，照明条件に依存した陰影といった**表面情報**も有している。

エッジだけの線画とカラー写真での認知成績を比較すると，生物か非生物かというような分類課題では両者で差がみられないが，物体の名称を答える課題では表面情報を含むカラー写真での成績の方が優れている。顔の認知においては，パターンが顔であるかどうかの判断は，写真顔をトレースした線画でも可能であるが，それが誰の顔であるかの判断は線画では困難である。物体の表面情報は物体の構造や意味についての脳内表現には含まれておらず，表面情報は物体の名前を保存している**語彙システム**（lexical system）において表現されている可能性が指摘されている（Davidoff & Ostergaard, 1988）。

2節　パターン認知のモデル

1　鋳型照合モデルと特徴分析モデル

パターン認知のもっとも単純なモデルが**鋳型照合モデル**（template matching model）である。脳内にパターンの原型が**鋳型**（template）として貯蔵されていて，入力パターンがそれと照合されて認知が成立すると考える。比較的種類の少ないアルファベット文字のようなパターンだけを考えても，手書き文字の形は千差万別であり，それらがすべて鋳型として貯蔵されているとしたら，膨大な記憶容量が必要となるため，鋳型モデルはそのままでは人間のパターン認知モデルとしての妥当性は低いといえる。

鋳型照合モデルではパターンを全体として扱っているが，**特徴分析モデル**（feature analysis model）では，パターンをいくつかの**特徴**によって構成されたものと考える。アルファベット文字の認知を目的としたセルフリッジ（Selfridge, O. G.）の**パンデモニアムモデル**（pandemonium model）では，垂直線分，水平線分，斜め線分，直角などが特徴として考えられており，各特徴の個数が表にまとめられている（表2-1）。

特徴分析モデルは要素から全体を構成する**ボトムアップ**の処理モデルである

表2-1　アルファベット文字の特徴と個数 (Lindsay & Norman, 1977より改変)

	垂直線分	水平線分	斜め線分	直角	鋭角	連続曲線	不連続曲線
A		1	2		3		
B	1	3		4			2
C							1
D	1	2		2			1
E	1	3		4			
F	1	2		3			
G	1	1					1
H	2	1		4			
O						1	

図 2-5 同じ形状の文字でも文脈によって，H に読めたり，A に読めたりする

が，人間のパターン認知ではトップダウンの処理も生じている（序章も参照のこと）。図 2-5 のように物理的形状は同じであっても，文脈によって認知が変化することもある。

また特徴分析モデルでは特徴の数だけが扱われるため，同一特徴から構成されるが，結合の仕方で異なるパターンを区別できない。そこで特徴の数だけでなく特徴間の結合関係である構造についても扱う**構造記述モデル**（structural description model）が提案された。たとえば「⊤」を「⊢」や「⊥」と区別するために，垂直線分は水平線分を「支え」，「2 等分する」という構造を記述する。一般に構造に関する情報は命題やグラフで表現されることが多い。

2 PDP モデル

ラメルハートとマクレランド（Rumelhart & McClelland, 1986）は，脳の神経回路網の特性をヒントにした**並列分散処理モデル**（parallel distributed processing model：**PDP モデル**）を提案した。このモデルでは通常，入力層，中間層（隠れ層），出力層という 3 層の処理ユニットが用意される。図 2-6 の入力層のユニットは，入力パターンのセルに対応している。入力層のユニットは中間層のすべてのユニットと結合しており，中間層のユニットは出力層のすべてのユニットと結合している。PDP モデルでは，入力データと出力形式が適切に与えられれば，ネットワーク内の各ユニット間の結合強度を変化させることによってパターン表現が自動的に形成される。

特徴分析モデルや構造記述モデルでは，用いられる特徴や構造は研究者が何らかの知見にもとづいて想定したものであり，その妥当

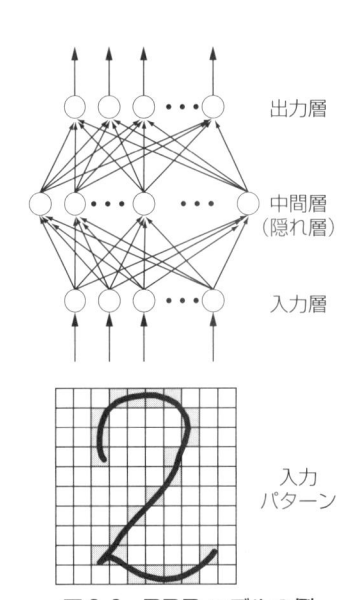

図 2-6 PDP モデルの例

性が常に問題となる．しかしPDPモデルでは特徴や構造の設定が必要でないため，妥当性の問題を回避することができる．

多数の単純な要素が相互に結合し，結合強度の変化によって並列分散型の情報処理を行うとするPDPモデルは，神経回路は経験により変化，形成されていくとするヘッブ（Hebb, D. O.）の考え方を受け継いだものである．このような考え方を**コネクショニズム**（connectionism）とよび，PDPモデルの研究者たちを**コネクショニスト**（connectionist）とよぶ．

3 3次元物体認知のモデル

3次元物体の認知に関して，2つの大きな問題がある．ひとつは，網膜に映った2次元投影像から3次元形状を復元する問題である．これは**不良設定問題**（ill-posed problem）であり，解は一義的に決まらない．もうひとつは，視点の移動による物体の見え方（景観 view）の変化への対応の問題である．

この2つの問題をふまえて，以下のa，bの2つの考え方が提唱されている．

a 視点非依存アプローチ

マー（Marr, D.）の**計算論的アプローチ**（computational approach）では，2次元像から3次元像への復元は視覚環境のもつ特有の性質を制約条件として利用することによってなされると考える．最初の段階では，局所的な明るさ変化を示すエッジやバー，ブロブ（小塊）などを抽出して2次元像である**プライマル・スケッチ**（primal sketch）が形成される．次の$2\frac{1}{2}$**次元スケッチ**では，物体の面の傾きや距離は**観察者中心座標系**（viewer-centered coordinate frame）で記述される．この段階では，物体の表現は視点が移動することで変化してしまうので，物体の完全な3次元表現とはいえない．そして最終段階で，視点が移動しても不変性が保たれる**物体中心座標系**（object-centered coordinate frame）で3次元モデルが表現される．このように視点に依存しない物体の3次元表現を物体の脳内表現として想定する立場を**視点非依存アプローチ**（view independent approach）とよぶ．

マーは3次元モデルとして**一般円筒**（generalized cylinder，一般円錐 generalized cones ともいう）を想定した（図2-7）．円筒の定義を拡大して，底面の形状は円形でなくてもよく，円筒の軸は底面と直交していなくてもいいし，直線でなくてもいいとしたものが一般円筒であるが，どのような立体でも一般円

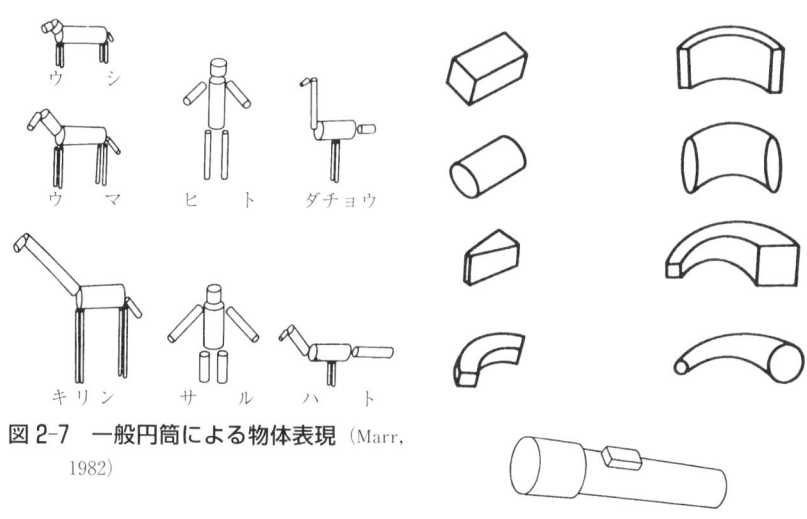

図2-7 一般円筒による物体表現 (Marr, 1982)

図2-8 ジオンの例。懐中電灯は3つのジオンによって表現できる
(Biederman, 1987より改変)

筒の組み合わせで表現することができる。

一方，ビーダーマン (Biederman, I.) は，**ジオン** (geon, geometrical ion) とよぶ限られた種類の共通部品（図2-8）にもとづいた**構造記述** (GSD : Geon Structural Description) によって物体の認知がなされると考えた。ジオン自体が視点の移動に対して頑健性をもつ非偶然的特徴（もし2次元画像にそれが存在すれば高い確率で3次元空間内にも同様の構造が存在するような特徴）によって決定されるので，視点が移動しても同一のGSDが活性化されるかぎり，物体認知の視点不変性が保持されるとビーダーマンは考えている。

b　視点依存アプローチ

視点に依存しない物体中心の表現が記憶されているとする視点非依存アプローチの考え方に反して，心理物理的研究や神経生理学的研究では人間の物体認知成績が強い視点依存性を示すという結果が得られている。物体にはもっともその物体らしい**典型的景観** (canonical view) があり，それと異なる景観の物体では認知成績が低下する。このような結果をふまえて，ある視点からの物体の景観がそのまま記憶されていると考える**視点依存アプローチ** (view dependent approach) が現れた。

物体の景観が視点の移動に応じてすべて記憶されているとしたら,ひとつの物体についてだけでも膨大な記憶容量が必要となる。しかし,視点の変化による景観の変化に対して**補間**する(interpolate)ことができれば,比較的少数の景観を記憶するだけであらゆる視点からの物体の認知が可能になる。

ビュルトフとエーデルマン(Bülthoff, H. H. & Edelman, S.)は,人間はひとつの視点からの景観の記憶からその近傍の景観を認識可能であることや,新奇物体の複数の視点からの景観の提示によって典型的景観が生じることを報告した。近年,視点依存アプローチについて活発な研究がなされているが,ターとビュルトフ(Tarr & Bülthoff, 1999)は視点依存アプローチと構造記述アプローチの統合の必要性を主張している。

視点依存アプローチと視点非依存アプローチでは,実験に用いられる物体や課題に違いがみられる。行場(1995)が指摘しているように,物体認知の異なったプロセスを両アプローチが扱っている可能性もある。現状では,排他的に一方が正しく,他方が間違っていると考えるべきではないだろう。

3節 顔の認知

1 顔の認知の特色

大脳の損傷によって**失認症**(agnosia)という障害が生じることがある。顔の認知の障害を**相貌失認症**(prosopagnosia)といい,物体認知の障害を**物体失認症**(visual object agnosia)という。視覚的に提示された単語の認知の障害である**失読症**(alexia)も報告されている。顔の認知に障害がみられるのに,物体の認知には障害がみられない患者や,その逆の症状を示す患者も報告されている。ファラー(Farah, M. J.)によれば,これらの認知障害には複雑な関連性や無関連性がみられ,純粋な相貌失認症や単語失読症はみられるが,純粋な物体失認症はみられないという。

相貌失認症では,対象が顔であるということは認知できるが,それが誰の顔であるかがわからない。このようにパターン認知には,対象のカテゴリーを知るレベルとそのカテゴリーのなかで対象を区別するレベルとがある。

比較的均質なパターンでありながら,多くの顔を識別・記憶・再認できるところに**顔認知**の特色がある。また,顔からは表情や大まかな年齢,健康状態,

ステレオタイプ的な性格など,さまざまな情報が引き出され,対人コミュニケーションに用いられることからも,顔の認知に関心がもたれるのである。

2 平均顔との比較による認知

相互に近似したパターンである顔は,どのようにして効率的に識別・再認できるのであろうか。ひとつの手がかりが**特異性効果**(distinctiveness effect)である。周囲にあまりいないような特異な顔は,識別も容易であり,記憶・再認も容易である。また,見慣れた人種の顔は認知が容易であるのに対して,接触の機会の少ない他人種の顔では認知が困難であるという**自人種優位効果**(own race bias effect)も手がかりとなる。このような現象から,それまで出会った顔から顔の**プロトタイプ**(prototype)が形成され,個々の顔はプロトタイプ顔との差異として表現されていると考えられている。

ローズら(Rhodes *et al.*, 1987)は,コンピュータで似顔絵を描かせることでこの仮説を検討した。平均顔と入力顔の差異を誇張した画像では認知が容易になり,差異を目立たなくした画像では認知が困難になることが示された。このことから,顔の認知では平均的な顔からのズレが重要な情報となっていると考えられる(本章末のトピックス参照)。

3 顔の認知モデル

ブルースとヤング(Bruce & Young, 1986)は,既知の顔の認知過程を説明するモデルを提案した(図2-9)。このモデルでは顔の同定だけでなく,顔から意味情報を抽出する過程との

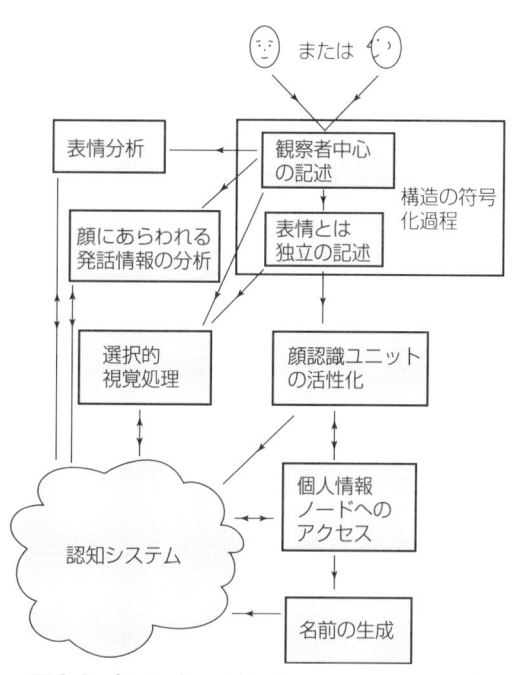

図2-9 顔の認知モデル(Bruce & Young, 1986)

関係も示されている。

　顔を知覚するとまず画像処理がなされる。そこでは顔の向きや表情の変化に対して不変性を示す視覚表現が抽出される。そしてその表現は記憶されている顔表現と照合され，顔認知ユニットの活性化がある水準を越えると既知な顔であると判断されると考える。そしてその人物についての意味情報がアクセスされ，最終的に名前情報が引き出される。また，顔の同定過程とは独立に，表情の認知過程や発話情報の分析過程が存在すると考えられている。

　彼らのモデルは，複数の処理モジュールから構成されたものとして顔認知過程を考えるものである。各モジュールの性質やモジュール間の関係については十分明らかにされているわけではないし，顔構造の符号化過程では物体中心座標系での記述を援用しているなど，発表から10年以上が経過し，やや古くなった印象を感じないでもないが，顔の認知過程の概略をうまく示すことができるモデルといえる。

▶ブックガイド

キャンベル, R. (編)　1992　本田仁視 (訳)　1995　認知障害者の心の風景　福村出版
　　相貌失認や視覚失認をはじめとしたさまざまなタイプの認知障害の具体的な症例が紹介されている。

行場次朗 (編)　1995　認知心理学重要研究集1――視覚認知　誠信書房
　　視覚認知に関する重要研究の原著を手短かにまとめ，解説してある。

乾　敏郎 (編)　1995　知覚と運動 (認知心理学1)　東京大学出版会
　　初学者にはやや難しい内容だが，研究動向がコンパクトにまとめられており，じっくりと読む価値がある。

乾　敏郎　1993　Q&Aでわかる脳と視覚――人間からロボットまで　サイエンス社
　　人間の視覚のはたらきのすばらしさについて，Q&A形式でわかりやすく説明している。

下條信輔　1995　視覚の冒険――イリュージョンから認知科学へ　産業図書
　　本章ではふれることができなかった両眼立体視の問題から視覚研究を説明している。

トピックス2

顔の表情認知──感性情報としての顔の魅力

ここでは，感性情報としての顔パターンの認知に関する話題を紹介する。コミュニケーション場面で，私たちが顔から得ようとしているものは何かを考えてみると，まず相手が誰であるか（**人物認識**），何を感じているのか（**表情認識**），何を話しているのか（**発話認識**）などがあげられる。とくに最後の発話の内容については，聴覚的な情報がもっとも有効とも考えられるが，視覚情報，つまり口やそのまわりの動きを見ることも非常に重要であるという知見も得られている。発話知覚に対して，視覚と聴覚が交互に作用しあっている特殊例として，**マガーク効果**（McGurk & MacDonald, 1976）が有名である。この効果は，聞こえてくる音声とは異なる唇の形を見せられた被験者が，両者を融合したような音声を知覚するというものである。たとえば，「ga」といっている顔を見ながら「ba」という声を聞くと，「da」に近い声が知覚されるという不思議な現象が起こる。

ブルースとヤング（Bruce & Young, 1986）の情報処理モデル（本章図2-8参照）では，顔からその人物が誰かを判断する（**人物同定**）過程が詳細に記述されている。それに対して，その人物が何を感じているかを判断する**表情認知**（分析）については，顔の符号化が行われた直後に人物同定過程とは独立なモジュールをもつものとして表されている。この根拠となりうるデータがさまざまな分野からあげられている。まず，顔の認知に限って障害を示す**相貌失認**（prosopagnosia）患者のうち，表情認知のみが不可能な患者がいたことが報告された（Zeh, 1950）。一方，神経生理学では，サルの側頭葉において特定の表情にのみ強く応答するニューロンが存在することが報告されている（Perrett et al., 1984）。人間やサルを含めた霊長類は，顔から得られる表情をコミュニケーション活動の重要な情報源として利用するため，表情に特化した処理系を脳内に保有している可能性も高い。

人間のコミュニケーション活動を科学的に研究するうえで必要不可欠と思われるのは，顔表情の「**表出**」と「**認知**」を混同すべきではないということである。

あなたが本当に思っていることを，そのまま顔に表情として出した（表出した）とする。あなたの特定の感情はいつも同じ表情としてあらわれているのだろうか。また，それを見ている人は，あなたの感情を直接正しく読み取る（認知する）だろうか。たとえば，あなたは笑っているつもりでも，他の人から「怒ってるの？」と聞かれたことはないだろうか。

もしかすると，顔を見ながらのコミュニケーションは誤解のうえに成り立っているかもしれない。相手の顔の表情を正しく理解しているのか，それとも誤解しているのかを知る必要がある。

筆者自身は主に認知的な側面を調べる研究を行っている。たとえばある実験では，真顔から悲しみの顔へと変化する動画刺激を呈示したところ，ゆっくりと変化すれば悲しい顔と認知されるが，素早く変化すると別の表情（怒りや驚き）との混同が高い頻度で起こることがわかった（蒲池ほか，1998）。つまり，同じ顔パターンになったからといって，表情の動き方が変われば必ずしも同じ表情と認知されるとは限らないことがわかった。したがって，表情を認知する側は，表情が変化する速度情報を利用していることが考えられる。

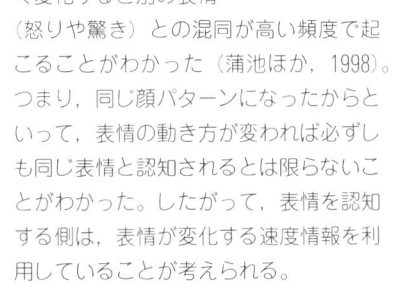

一方，人間の好みなどの感性的な情報は「見る人によって千差万別」という考え方もあるが，最近，人間が感じる顔の魅力について文化差を超えて一貫した傾向があることが報告されている。

ペレットら（Perrett et al., 1998）の報告によれば，日本人もスコットランド人も，やや女性化した顔（コンピュータで合成した男女それぞれの平均顔のモーフィングにより，女性平均顔のもつ特徴量の割合を，男性平均顔と対比して強める操作を施した顔）を好ましいと感じるという（図1参照）。女性の顔はより女性らしいものが，男性の顔もより女性らしいものの方が好んで選ばれる。さらに日本人被験者は日本人の顔，スコットランド人被験者はスコットランド人の顔に対して，より女性的な顔を好む傾向が強い。つまり，女性的な顔を好む傾向は2つの文化間で共通しており，同一人種に対してより顕著にあらわれることがわかった。

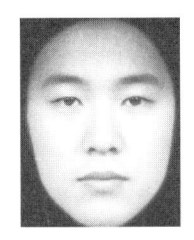

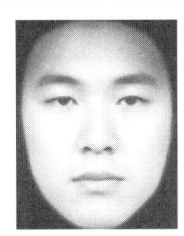

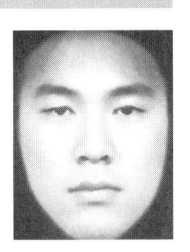

図1 日本人20代男性20名の平均顔（中）と女性化した顔（左）・男性化した顔（右）（画像提供：ATR 人間情報通信研究所）

この結果について，ペレットらは次のように考察している。生物学的な観点からいえば，男性に対してはより男性らしい特徴がパートナーとして好まれると思われる。しかしその際，あまりにも男性ホルモンのレベルが高いと，トラブルを引き起こす可能性（暴力性など）も高まる。女性らしい顔はそのマイナスの特徴を弱め，やや女性らしい顔に「協調性」を認めた結果，好まれるのだろうというものである。

他にも，顔の魅力に関しては，左右対称な顔は魅力的かどうかという議論（Rhodes et al., 1999；Alley & Cunningham, 1991ほか）などがある。顔の魅力以外にも，人間のもつ感性について生物学的，生態学的観点から検討していくことも興味深い。

3 章
音楽の認知

　外国から有名なオーケストラが来日したとき，知り合いがそのコンサートを聞きに行った。その日のメインプログラムはブラームスの交響曲第1番であったという。よい演奏に満足しながら曲も終楽章まで進んだとき，知り合いは隣の人の動きによって演奏に集中できなくなってしまった。隣の人は演奏に合わせて首を振りはじめたのだが，それが拍子とはずれていたのである。シンコペーションのリズムに合わせて振られる首は半拍ずれており，知り合いはそれが目に入って演奏に集中できなくなってしまったという。隣の人も音楽を楽しんでいたのであろうが，聞こえていた音楽は知り合いのそれとは少し違っていたようである。このような聞こえの違いを生じさせる私たちの知覚処理はどのようなものなのであろうか。

1節　音楽における情景分析

1　聴覚の情景分析
　私たちの耳に届く音は，周囲にあるさまざまな種類の音が混じりあったものである。聴覚系は，その混じりあった音を分類し，そのなかから必要な音を聴き分ける能力をもっている。ブレグマン（Bregman, 1990）は，このような聴覚系の体制化のメカニズムを**聴覚の情景分析**（auditory scene analysis）とよんだ。このメカニズムにより，私たちはそれぞれの音源に対応させるべき音の成分をグルーピングし，そこから音声や音楽など，意味のある情報を聴き取ることができるのである。この聴覚の体制化のメカニズムはとくに音楽を聴くために備わっているというものではないが，私たちが音楽を聴くときにはこれを駆使してさまざまな処理を行い，解釈を与え，鑑賞するということになる。

2 音色の知覚

音楽を聴いているとき,それがまったくのソロ演奏でない場合でも,私たちは特定の楽器の音を聴き取り,そのメロディを追うことができる。とくに音楽的な訓練を受けていなくても,メロディを追うことに困難を感じるということはない。音楽的な訓練を受けていれば,主旋律だけでなく,特定のパートの音を追うこともできる。耳に入ってくる音はすべての楽器あるいは声部の混合であり,各成分にはどの楽器あるいはどの成分に属しているかというラベルがついているわけではない。それにもかかわらず,私たちの耳は,ある楽器から出た音の成分を拾い出し,それをひとまとめにして**音色**を認識することができる。

どうしてこのようなことが可能になるかというと,普通,ある音源から発生した音は,その動きが同一であることが多いため,同一の動きを手がかりに**グルーピング**が行われていると考えられる(もちろんそれだけではなく,経験的にその楽器や声の音色を知っているということも重要な手がかりにはなっているはずである)。同一の動きによるグルーピングというのは,**ゲシュタルト心理学**の「**共通運命の要因**」に従うということができる。同じ音源から出た音は,同時に始まり,同時に終わる。また,その成分の大きさも同様の変化をみせる。さらに各成分のピッチの変化も同様のものとなる。図3-1は,女性の声楽家の歌声の**サウンド・スペクトログラム**であるが,ビブラートなどによる各成分の

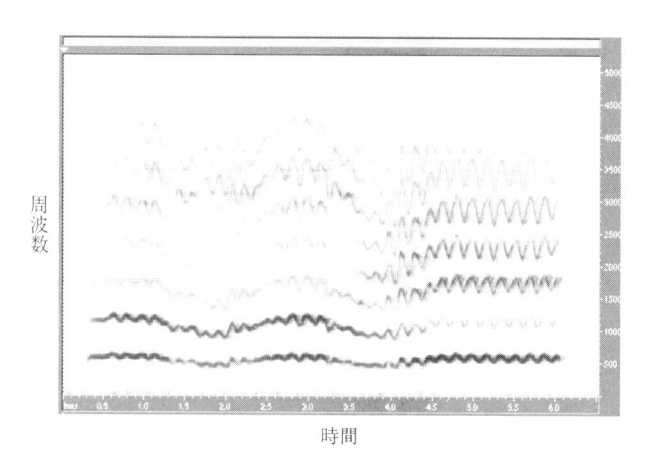

図3-1 女性声楽家の歌声のサウンド・スペクトログラム

周波数の変化や大きさの変化が同様であることがわかる。このなかに，異なる動きを示す成分があると，それは別の音源から出たものと解釈され，声の成分としてグルーピングされることはない。

3　メロディの知覚

同時的なグルーピングによって音色が決定されれば，それをつなぎあわせることによって**メロディ**が構成されるかというとそれほど単純ではない。確かに音色の同じ音は知覚的なグルーピングにより，メロディを構成することが多い。たとえそれが違う楽器あるいは声で演奏されても音色が同じあるいは近いときにはひとつのメロディとして聞こえる。図3-2は，ブラームスの交響曲第1番終楽章の一部であるが，第1ヴァイオリンと第2ヴァイオリンのパートにはそれぞれ休符があるが，休符の位置が違っているため，全体としては休符のないひとつのメロディが聞こえる。

ホケット（ホケトゥス）は，この知覚特性を利用した演奏技法である。たとえば，チャイコフスキーの交響曲第6番「悲愴」の第3楽章には，図3-3のような記譜がトロンボーンにみられる。ピッコロが1本で演奏したメロディを，その後第1トロンボーンと第2トロンボーンが交替で演奏するが，全体としては1本のトロンボーンで演奏されたように聞こえるひとつのメロディを構成している。同じ種類の楽器の音がゲシュタルト心理学の「**類同の要因**」によって知覚的なまとまりを作っている。また，同じ「悲愴」の第1楽章のトランペットとトロンボーンには図3-4のようなメロディが現れる。ここでは，類同の要

図3-2　ブラームス交響曲第1番終楽章24小節目からのヴァイオリンパート

図 3-3 チャイコフスキー交響曲第 6 番「悲愴」第 3 楽章の37小節目から，ピッコロとトロンボーンパート

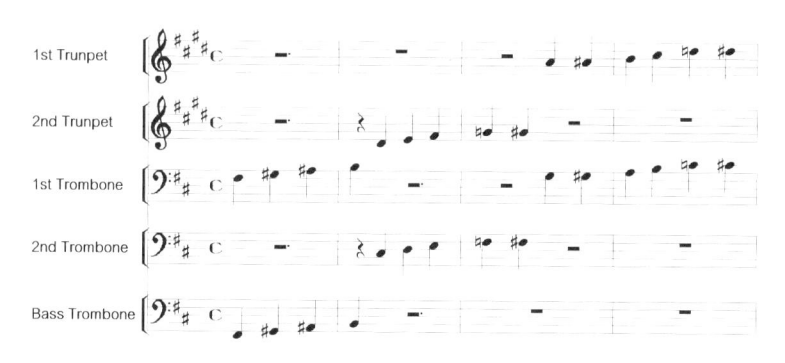

図 3-4 チャイコフスキー交響曲第 6 番「悲愴」第 1 楽章の105小節目から，トランペットとトロンボーンパート

因とともに，上昇するなめらかな音階を構成する「**よい連続の要因**」もかかわり，一連のメロディを構成している。

ところが，同じ音色で構成される系列でもひとつのメロディに聞こえないことがある。たとえば，図 3-5 のような楽譜をひとつの楽器によって演奏したものを聴くと，ひとつの楽器の演奏でありながら複数のメロディを聴くことができる。このような作曲技法は**疑似ポリフォニー**（pseudo-polyphony），あるい

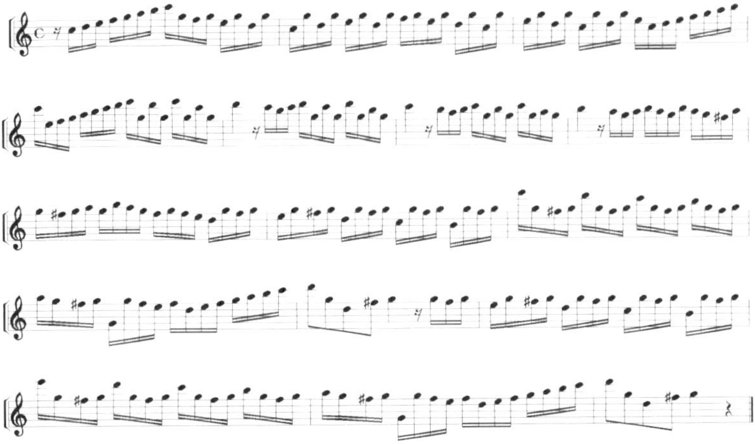

図 3-5 テレマンのリコーダーのためのソナタハ長調（エッセルチーチ・ムジチから），アダージョとアレグロからアレグロの部分

は**混合旋律線**（compound melodic line）とよばれ，フルートやトランペットなど，特別な奏法を除いて一度にひとつの音しか出すことのできない楽器によってポリフォニックな効果を生むために用いられる。

どうして一度にひとつの音しか出すことのできない楽器で複数のメロディを奏でるポリフォニーの効果が生じるかというと，**音脈分凝**（auditory stream segregation）とよばれる聴覚の知覚現象を利用しているのである。ファン・ノールデン（van Noorden, 1975）は，周波数の異なる2つの音が交替する系列の聞こえについて一連の実験を行い，周波数が近いときには2つの音はつながってひとつの系列として聞こえ（**一連性**：temporal coherence），周波数が離れると2つの系列に分裂して聞こえる（**分裂**：fission）ことを実験的に示した。ファン・ノールデンによれば，ひとつの音源から出た音が一連の系列として聞こえるか分裂して聞こえるかは交替する速さと聞き手の意図に依存するが，分裂しているように聞こうとすると，交替の速さにかかわらず，ほぼ3半音，すなわち短三度以上離れていれば分裂して聞くことができる。確かに，図 3-5 の譜例でも，2小節目や9・10小節目など，音程が三度以上離れたときに分裂を聞くことができる。ここには，音の高さの近い音どうしがまとまりを作る「**近接の要因**」がはたらいている。

このような特殊な例を除けば，同じ音色の音はひとつのまとまりを構成し，メロディが知覚される。メロディは，**輪郭**，**音色**，**リズム**，**強さ**，**テンポ**によって特徴づけられる。輪郭は，音の高さとリズムの組み合わせであり，そこに強さやテンポの変化を加えることにより，音楽的な表現となる。しかし，このように構成されたメロディは，必ずしもすべての聞き手について同じ知覚を生じさせるとは限らないのである。

2節 音楽の知覚的多義性

1 聴覚刺激の多義性

耳から入ってくる音は常に多義的である。音のもつ意味を正しく把握するために，聴覚系はこの**多義性**を解決しなければならない。

2種類の音が交替する単純な繰り返しの系列を例に聴覚の多義性を考えてみよう。2種類の音が交替する系列というのは，たとえば日本の救急車の音のようなものである。この単純な系列にさえ少なくとも3種類の多義性が含まれている。

第一の多義性は，2種類の音が一連の系列に聞こえるか分裂して聞こえるかということである。前述のように，ファン・ノールデンは，2音交替系列に聞き手の意図によってどちらにでも聞くことができる条件があることを示した。たとえば，4度の音程（5半音）の2音が8音/秒の速さで交替する系列では，このような多義性を聞くことができる。

2音交替系列が一連に聞こえているとき，第二の多義性を観察することができる。そこでは自発的に2音ずつの知覚的グルーピングが生じる。このグルーピングは高い音から始まっても低い音から始まってもいいという意味で多義的である。救急車の音がピーポーと聞こえるかポーピーと聞こえるかの違いであり，聞き手によって高い音から始まるか低い音から始まるかは違っている。また，この聞こえは，視覚における多義図形と同様に自発的に反転する。

2音交替系列が高低2つの音脈に分裂して聞こえるときには，第三の多義性が生じる。高低2つの系列が分裂して聞こえているとき，注意を向けることができるのはそのいずれか一方である。たとえば，高い方の音の系列に注意を向けているときは，高音の系列が「図」となり，低い方の音の系列は「地」とな

る．これも視覚における図地反転図形（2章参照）と同様の知覚が生じる．すなわち，図と地は聞き方によって反転させることができるし，条件によっては自発的な反転も生じる．

　2音交替系列のような場合は，多義性を構成する2つの解釈がそれぞれ同様の安定性をもつため，どちらの知覚が生じてもおかしくないし，自発的反転も生じる．しかし，私たちの周囲にある音の多くはひとつの知覚的解釈の可能性が圧倒的に強く，他の解釈の可能性は低いため，混乱が生じることはない．それでも，音楽の知覚においてはいくつかの多義性をみることができる．

2　リズムとメロディの多義性

　リズムは音楽の時間的構造である．とくに指定がないかぎりリズムは常に多義的である．たとえば，四分音符を○，四分休符を×で表したとき，○×○○というパターンを繰り返し聞くと，グルーピングについて4種類の知覚的解釈が可能である．すなわち，○×○○，×○○○，○○○×，○○×○の4種類である．このような単純なパターンの場合，これらの解釈の可能性はそれほど違わないのでどの聞こえも同じくらいの確率で生じる．繰り返しの単位が長くなると知覚される選択肢は多くなり，ガーナーによれば，音のつながりの最も長い部分が先頭にくる（**連の原則**），最長の音のない部分が最後にくる（**間隙の原則**）などの解釈が優位になる（Garner, 1974）．

　この章の冒頭に紹介したブラームスの交響曲第1番終楽章のヴァイオリンパートは図3-6aのようなものである．これが，隣席の人には図3-6bのように聞こえたため，間違った拍子のとり方をしたのである．楽譜を見たことのない人にとっては，図3-6bの方が音の連なりが先頭に，休みが最後にあり，連

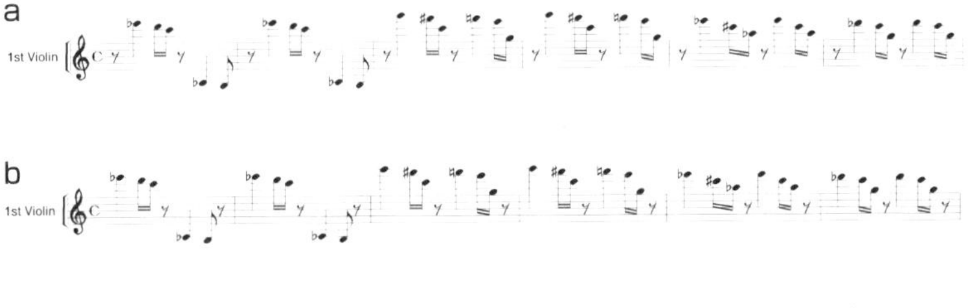

図3-6　aはブラームス交響曲第1番終楽章279小節目からの第1ヴァイオリンパート，bはaを半拍ずらして表記したもの

3章 音楽の認知　　　　　　　　　　　　　　　55

の原則や間隙の原則にかなった自然な解釈だったのであろう。

　記譜と知覚内容の間にさらに大きな違いが生じることもある。図3-7aはチャイコフスキーの交響曲第6番「悲愴」の終楽章の一部である（トランペットとティンパニパートだけを抜粋）。トランペットは3連符を演奏しているが，2拍目以降の拍の先頭に音のない記譜通りの解釈より図3-7bのような解釈の方が知覚的には優位になる。そのため，トランペットの最後の音とティンパニの最後の音は3分の1拍だけずれていなければならないにもかかわらず，多くの演奏で同時になってしまっている。

　図3-8aは「空も青きガリラヤの」という讃美歌の冒頭である。このもととなっている曲が図3-8bの「St. Denio」であるが，楽譜を見てわかるように，

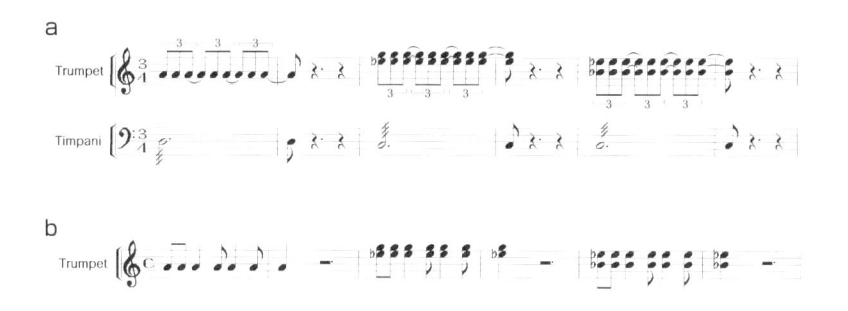

図3-7　aはチャイコフスキー交響曲第6番「悲愴」終楽章の71小節目から，トランペットとテインパニパート。bはaを四分の四で表記したもの。ただし，休符の長さは変えてある

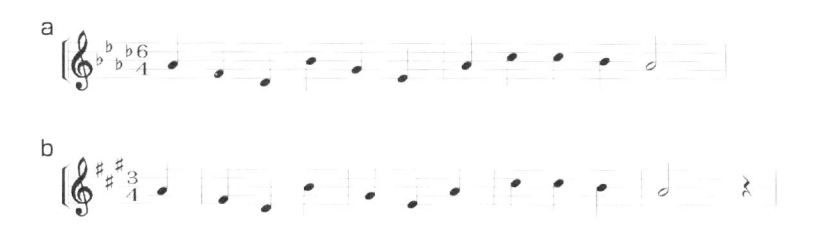

図3-8　aは日本の讃美歌「空も青きガリラヤの」冒頭。bはaのもととなった西欧の讃美歌「St. Denio」

強起と弱起という大きな違いがある。メロディの輪郭はまったく同じであるにもかかわらず,拍構造が異なってしまっている。日本語の歌詞をつけるときにこのような変更が加えられたものと考えられるが,まったく違和感なく強拍の位置を変えることができたのである。これは,曲全体の構造でさえそれだけでは多義的であり,そこに強さや音色,歌詞などの表現が加わることによって多義的解釈のなかのひとつが優位になるということを示す例である。

3 リズムの聞き方の違い

バンバーガー (Bamberger, 1993) は,リズムのとらえ方について,音型タイプと拍節タイプという2つのリズムのとらえ方の対比を紹介している。拍節タイプとは,音の長さとその比率に注目したリズムのとらえ方で,音の間の関係に忠実な西洋音楽の標準的なリズム表記と同様にリズムを表す。それに対し,音型タイプは,音の構造やフレーズによるグルーピングに注目してリズムを表す。三三七拍子といったり俳句を五七五といったりするのは,音を構造的なグルーピングとしてとらえる音型タイプの表現であり,時間的な関係を無視している。拍節的に表現すると,これらの音の数に休みの数を加え,4拍子あるいは2拍子ということになるのである。俳句の世界では,五七五というように音型的なとらえ方を重視しながら,字余りの範囲としては拍節的なとらえ方を適用している。すなわち,4拍子からはみ出る字余りは許容しないのである。音楽の場合も同様に,どちらのとらえ方も重要である。西洋音楽的な記譜法になれると,時間関係や比率に注意を向けがちになり,音楽的な構造やフレーズを把握することがおろそかになるかもしれない。バンバーガーも音楽的リズムのとらえ方として,この2つの聞き方が相補的になることが望ましいとしている。

3節 おわりに——今後の音楽認知研究に向けて

以上,私たちが音楽を聴くときの知覚処理を情景分析と多義性を中心に述べてきたが,音楽を聴いて楽しむという行為にはさらにさまざまな認知活動がかかわっている。知覚・認知心理学的な研究によって,聴くという行為については明らかにされつつあるが,楽しむということには知覚・認知の心理学だけでなく,感情の心理学,さらに音楽学や美学などさまざまな視点からのアプロー

チが必要となる。エリクソン（Erickson, 1982）が述べているように，音楽を理解するためには，さまざまな学問領域が交流する必要があるが，満足できる結果を得るにはまだ時間が必要である。なお，音楽的感性の発達については，12章も参照してほしい。

▷ブックガイド

アイエロ, R.（編）1993　大串健吾（監訳）1998　音楽の認知心理学　誠信書房
　音楽を哲学，発達，認知のそれぞれの視点から論じている。これまでの音楽心理学の教科書にはなかったテーマが多くとりあげられており，広い視野を養うために役立つ。

Bregman, A. S.　1990　*Auditory scene analysis.*　MIT Press.
　聴覚の情景分析に関する研究の集大成で，聴覚の体制化のメカニズムについて幅広く扱っている。聴覚を研究する者にとってバイブルともいうべき大著。

Deutsch, D.（Ed.）1999　*The psychology of music*, 2nd ed. Academic Press.
　音楽の心理学に関する最近の研究を，基礎から応用までその分野の第一人者が分担執筆している。第1版は1987年に西村書店から日本語訳が出版されている。

梅本堯夫（編）1996　音楽心理学の研究　ナカニシヤ出版
　音楽の心理学的研究に関する事項を基礎から最近の研究まで扱った教科書。音楽心理学を学ぶ学生の手引きとしても使える。

トピックス3
絶対音感

　絶対音感（absolute pitch）とは，音の高さを他の音と比較することなしにド，レ，ミなどの名前を用いて即座に答えることができる能力であり，ごく限られた人々だけにしかない能力と考えられている。一般に人は音の高さの関係を識別する能力は比較的優れている。たとえば最初の音がドであることがわかっていれば，次の音がミやソであることを答えることは比較的容易である。ところがひとつの音だけを聞いて，その音高名（絶対音高）を答えることは多くの人にはできない。

　しかし音楽経験者のなかではこの能力はそれほどめずらしいものではない。とくに日本では音楽専攻学生のなかに絶対音感をもつ人々はかなりの割合を占めている。絶対音感の正確さを調べるために，5オクターブの範囲の半音階60音をランダムに呈示して，その音高名を答えさせるテストを行った結果，正答率が80％以上の人の割合は，日本の音楽専攻の大学生ではおよそ半数を占める。ところが日本以外の国々では，絶対音感をもつ人々の割合がこのように高いという報告はない。実際に，同じテストをポーランドの音楽専攻学生に対して行ったところ，正答率が80％以上になった人の割合は10％程度にすぎなかった。

　このように日本で音楽経験者のなかに絶対音感をもつ人々の割合が高いのは，幼児期の音楽訓練が広く行われていることによるものといえる。決まった音の高さに特定の名前を当てる絶対音感は，比較的単純な認知処理段階に属し，その学習が効果的なのは幼児期（3〜6歳）と考えられている。この時期を過ぎると，**調性**の枠組み（長調や短調などの音階）のなかで音楽的音高をとらえる，より高度な認知処理が発達しはじめるので，決まった高さの音が同じ名前でよばれる絶対音感は相容れないものとなる。年長になると絶対音感の獲得が困難になる理由のひとつはこれであると考えられている（Sergeant & Roche, 1973；Takeuchi & Hulse, 1993）。

　絶対音感の能力を調べた実験の結果，次のようなことが明らかにされた。
(1) 絶対音感はあるかないかに二分することはできない。絶対音高判断の正確さはさまざまな程度があり，正答率100％からチャンスレベル（1/12）まで連続的に分布する。
(2) ピアノ鍵盤の白鍵音に比べて黒鍵音の判断が不正確で時間がかかる。これは幼児期のピアノのレッスンや絶対音感訓練で，黒鍵音が後まわしになることを反映したものと考えられる（Miyazaki, 1990）。
(3) 1オクターブ内の音名（ピッチクラス）の識別は正確であるが，オクターブの位置づけのエラー（オクターブエラー）がしばしばみられる（Miyazaki, 1988）。

(4) 絶対音高判断の正確さと速さは音色と音域に依存する。ピアノの音がもっとも正確で，合成複合音，純音の順に不正確になっていく。また中央音域がもっとも正確で，両端の音域になるにつれて正確さが低下する（Miyazaki, 1989）。

正確な絶対音感があると，たとえば楽器を弾かなくとも楽譜を見て即座に音の高さを頭の中にイメージすることができたり，聞いたメロディを楽譜に書いたりすることが容易にできるので，音楽活動のさまざまな面で役に立つことは確かである。しかし絶対音高は音楽的にはあまり重要なものではなく，せいぜい演奏を始めるに先だって基準音高に合わせるときに参照されるにすぎないことに注意すべきである。いったん基準音高が決まれば，音楽は音高の関係によって形作られる。音楽では，メロディの音の動きや，調性コンテクストのなかで個々の音がもつ音楽的意味を感じ取ることの方がはるかに重要である。

そこで絶対音感をもつ人々が音高関係をどのようにとらえるかを調べるために，2つの音を呈示して，第1音に対して第2音の音程を判断させる実験を行った。その結果，第1音がC（ハ長調のド）のときは正確に判断できたものの，第1音がEやF♯の高さのときには判断が不正確で，時間がかかり，絶対音感がない被験者よりも成績が下回るものになった（Miyazaki, 1995）。

別の実験では短いメロディをハ長調で記譜された楽譜として視覚的に呈示し，それが音として聞こえてくるメロディと同じか違うかを判断させた。聞こえてくるメロディは楽譜と同じハ長調の場合と，異なる調に移調されている場合とがある。また楽譜のメロディと聞こえてくるメロディは，相対音高の点で正確に同じものと，メロディの輪郭は同じままに1音だけが音階の1ステップだけ高さが変化しているものとがある。その結果，音程の場合と同様に，絶対音感をもつ被験者は，楽譜と同じ調の場合に比べて移調されたメロディの判断が不正確で時間がかかるものになった。これに対して絶対音感をもたない被験者では聞こえてくるメロディの調性によって違いはなかった。

これらの実験結果から，絶対音感をもつ人々では，個々の音の絶対音高を聞き取るやり方が半ば自動化しているといえる。自動化した処理に対しては随意的制御が及ばないものであり（Schneider & Shiffrin, 1977），そのために相対音高を聞き取らなければならない場合でも絶対音感を用いた聞き方をおさえることができないと考えられる。絶対音感をもつ人々に特異的なこのような音高認知のやり方は，音楽的にはむしろハンディキャップとなる場合さえあり，絶対音感を音楽的能力のひとつとみなす考え方に対しては疑問が生じる。

絶対音感に関する包括的な論評としては，タケウチら（Takeuchi & Hulse, 1993），ウォード（Ward, 1999），クラムハンスル（Krumhansl, 2000）が参考になる。

4 章
感性認知

　チェスを学んだコンピュータが人間のチャンピオンに勝った話は有名だが，それでは絵を描くコンピュータに芸術作品を創造させることは可能だろうか？
　興味深い試みが1960年代後半から，イギリスの画家ハロルド・コーエン(Cohen, H.) によって行われている。彼は当時，すでに国際的な名声を得た画家であったが，招聘に応じて渡米し，そこでコンピュータと出会う。さまざまな苦労を経て，彼は自律的に絵を描くコンピュータ，アーロンを生み出す。アーロンは人の手を借りずに（電源を入れるのは別として），自分で主題を選び，配置を決め，描画し，描き終える時点を決定する。アーロンの描く作品はどれひとつとして同じものはなく（文字通り機械的でなく），しかもどれもアーロンの作品だとわかるスタイルをもっている。マコーダック(McCorduck, P.) はそれを「牧歌的」と表したが，確かに作品は芸術的といってよい。さて，アーロンは芸術を生み出すに足る，あるいはその作風を牧歌的と感じる「感性」をもっているのだろうか？
　注目されるのは，アーロンが対象についての「知識情報」をもとに絵画制作を行っている点である。たとえば人を描く場合，アーロンは「腕は肩において胴とつながっている」といった構造に関する一連の論理文を使用する。つまり，アーロンが利用しているのは物体や空間配置に関する知識情報であって，その物体が美しいか，その光景が牧歌的かという感性情報ではない。そうした印象判断を行うのは作品を描くアーロンではなく，鑑賞する私たちの側なのである。オギュスタン・ベルク (Berque, A.) は風景はもともとそこにあるのではなく，人間がはたらきかけることによって誕生すると指摘した。牧歌的な風景は牛によって作られるのではなく，田園詩人によって発見されるのだ。それでは，芸術に感動を覚え，美しい風景を発見することのできる人間の感性とはいったい何だろうか。その基礎にはどのような処理過程が関与しているのだろうか。

1節　感性とは何か

1　感性の定義

『感性工学への招待』（篠原ほか，1996）の中に，心理学者の支持を得た「**感性**」の定義として「物や事に対する感受性。とりわけ，対象の内包する多義的で曖昧な情報に対する直感的な能力。よいセンス」というのが紹介されている。実はこの定義は筆者が提案したものであるが，再考の余地はあると思っている。同じ調査で情報工学者の支持を得たのが「人の気持ちやモノの味や色やイメージといった曖昧なものを直感的・洞察的にとらえる認知・情緒的能力特性」という定義である。この2つの定義に共通する「曖昧な」と「直感的」をキーワードにすれば，感性とは「対象のもつ明確にはできない側面を，直感的にとらえ処理する能力」ということになる。しかし，それだけでは十分ではないように思われる。何が足りないのだろうか。

2　感性情報処理と知性情報処理

河内ら（1995）は両側頭葉後下部の血腫によって，知性情報処理はできるのに感性情報処理ができなくなった男性患者の事例を紹介している。この患者は美しい女性を見ても何も感じなくなり，建築の美的評価もできなくなったという（逆の事例については，序章を参照）。確かに，感性のある側面は情動や美的判断と深くかかわっている。感性の定義に，こうした印象評価あるいは価値判断の側面を加える必要があるだろう。

一方，この事例は感性情報処理と知性情報処理とが独立して行われている可能性を示唆するものでもある。しかし，数理モデルの美しさに感動したり，知識を得て骨董の美がわかったりするように，実際には両処理は対極にあるものではなく，また，まったくかかわりなく行われているものでもなさそうである。スーザン・ソンタグ（Sontag, S.）は，一般に感覚や趣味（いわば感性）は純粋に主観的な好き嫌いの領域だと考えられているが，知性も実は趣味の一種，つまり観念についての趣味であると述べている。知性か感性か，理性か情動かといった二分法ではすべり落ちてしまうもののなかに，感性の本質があるように思われる。

2節　感性情報処理の初期過程

感性に限らず，情報処理の基礎を考えるにあたっては，2つのアプローチをとることができる。ひとつはひとかたまりとして知覚されるのは何かという全体からの発想であり，もうひとつは情報処理を行うにあたってもっとも基本となる単位は何かという部分からの発想である。とくに，後者は**ボトムアップ**的な発想と重なるが，感性には経験や学習，あるいは時代や社会を通して形成された**トップダウン**的な要素が大きく影響する。さまざまな感性情報がネットワークを構成し，それらの**ノード**（7章参照）間の結合の違いによって感性の個人差が生み出され，感性を磨く可能性がもたらされるのであろう。しかし，ここではまず，基礎的知覚の観点，図と地の**分化**（segregation）からみていこう。

1　図と地

視覚に限らず，何が**図**（figure）として意識の中心になり，何が**地**（ground）としてその背景になるかは，芸術でも景観でも常に注目されてきた観点である。図になりやすい知覚特徴を研究したのは**ゲシュタルト心理学**であった（2章参照）。ジャン・コクトー（Cocteau, J.）の絵（図4-1）が一見何を描いているのかわかりにくいのは，狭小で閉じた領域が図ではなく地になっているからである。意識にのぼりにくい地にあえて恋人たちの横顔を重ねたのは，彼の優れた造形感覚によるものだろうか，それとも隠喩的な意味を託したのだろうか？

街並みの評価に関して，D/H という発想がある。これは建物の高さ H と道路の幅 D の比であり，この比が大きければバ

図になりやすい狭小と閉合の要因を満たしているのは背景領域（地）である。

図4-1　何が描かれているのだろう？（ジャン・コクトー「二人」）

4章 感性認知

ロック的，1ならルネサンス的，それ以下なら中世的な印象を喚起するといわれている（芦原，1979）。この発想も，図としての建物より，地としての空間に注目をおいている。地に関する物理値が景観の印象を左右するということは，感性評価が意識にのぼらないものによっても行われていることを示唆している。

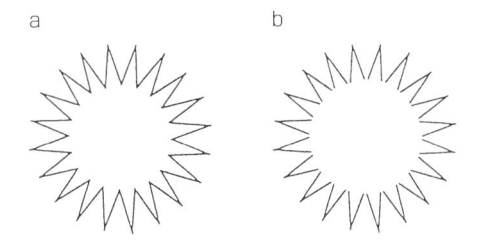

a　　　　　　　b

(b)では線が切れているので，その部分を補って主観的輪郭が形成され，完全な明るい円が知覚される。

図 4-2　どちらの図に明るい円が知覚されるだろう？（Parks, 1982 より改変）

2　主観的輪郭

　図として浮かび上がるために，必ずしもそれが明示されている必要はない。輪郭線がなくてもそれを知覚することができるとき，**主観的輪郭**（subjective contour）とよぶ。主観的輪郭によって囲まれた領域は実輪郭によって囲まれた場合以上に明るく，くっきりと，前面に知覚されるので（図 4-2），影文字をはじめ，多くのデザインに適用されている。完全な情報が与えられないことにより，受け取る側でそれを補う能動的なはたらきが生じ，かえって意識の中心に浮かび上がってくるのであろう。鷲見（1991）は不完全であるがゆえに得られるものの豊かさを指摘し，「未完の完」という芸術の真髄を語っている。制作者と鑑賞者との関係性のなかで作品が完成に至るのは，何もインタラクティブ・アートに限ったことではない。

3　ポップアウト

　ゲシュタルト法則によると，よい形も図になりやすい。よい形とは規則的，対称的などの特徴をもつ簡潔（**プレグナンツ** Prägnanz）な形だとされている。さまざまな変換に頑強な形といってもよい。しかし，図 4-3 で目立つのは，ただの円だろうか，それとも短線のついた円の方だろうか？　視覚探索の研究では，基準から少し逸脱したものの方が**ポップアウト**（popout）することが示されている。どういう視覚要因がポップアウトするのかは，視覚情報処理の基本単位にかかわっている（6 章参照）。

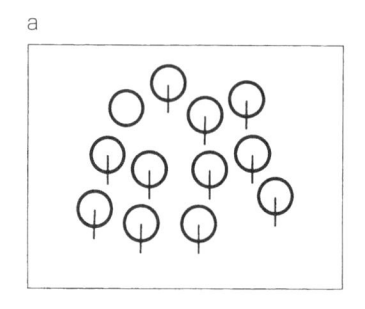

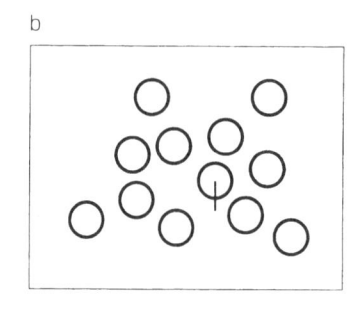

ポップアウトしやすいのは(a)の基準となる図形（円）より，(b)の基準から少し逸脱した図形（短線のついた円）である（探索非対称性）。

図 4-3　仲間はずれを見つけやすいのはどちらの図だろう？ (Treisman & Souther, 1985)

　標識やディスプレイのデザインを行うにあたっては，視野の中で何が図となり，何が目立つかということを積極的に考えていくことが必要となる。ひとつの看板の中での文字と背景との対比効果だけではなく，周辺の看板と競合するなかで何が検出されやすいのかという視覚探索の文脈から考えていくことも必要であろう（三浦，1993b）。

3節　価値と評価の次元

　感性評価の次元には，よさ，快さ，美しさ，おもしろさ，好き嫌いなどが含まれるが，当然のことながらこれは評価対象によって，あるいは評価する個人や状況によって変化する。

1　よい形・美しい形

　前節でふれたように，ゲシュタルト心理学では，もっとも簡潔でエネルギーの低いものを「よい」と考えた。その後，アトニーヴ（Attneave, 1954）は，プレグナンツを情報量の少ない冗長なパターンと再定義し，ガーナーら（Garner & Clement, 1963）はその**冗長度**（redundancy）を変換によって得られるパターンの数で規定した。これらの研究でも，よい形（パターン）は変換によって形状の変化しにくい安定したものであることが示されている。立体図

形に関しても，どこから見るかにかかわらずできるだけ同じ形状を保つ安定した図形（**一般的景観** generic view の占める範囲の広い図形）が高い評価値を得ている。

「**よさ**（goodness）」は図形の特性であると同時に，感性評価の判断結果でもある。大山ら（1993）は色，音楽，象徴語，図形など多様な素材に関し，同じ形容詞対を用いてSD法による評定を行い，因子分析の結果から，モダリティを超えて共通する4つの因子，価値，活動性，軽明性，鈍さを指摘した。建築や絵画などさらに複雑な刺激を用いた研究でも，多くの場合，価値あるいは評価の因子が独立して抽出されている。この因子には，「良い－悪い」「好き－嫌い」「美しい－汚い」などの評価軸が含まれるが，しかし，美しいものが常に良いものとは限らず，良いものが常に好きなものとも限らない。

数学者マンデルブロー（Mandelbrot, B. B.）は海岸線や雲の形などを示す幾何学として**フラクタル**理論を創出した。この発想の基本にあるのは，ある部分を拡大していくと，もとの形が入れ子になってたたみこまれているような相似構造である（図4-4）。彼は，美しいと感じるものには，小さなスケールから大きなスケールまでを連続的に含む複雑な階層構造が存在すると指摘した。一見しただけでは規則性に気づかない複雑な形の中に，私たちは直感的に「隠れた秩序」を感じ，そこに美を見ているということになる。ここでは単純な「よさ」とは別の，複雑な「美しさ」が指摘されている。実際，今井ら（1995）は並んだ楕円の評定結果から，「よさ」と「複雑さ」の認知判断にそれぞれ別の感性が想定できることを指摘している。

図 4-4 ジュリア集合によるフラクタル図形
(幸村真佐男「ジュリア空間飛行」〔1986〕部分；原画はカラーの動画像)

2　快感と覚醒ポテンシャル

同じく評価尺度である快-不快に関してはどうであろうか？　バーライン

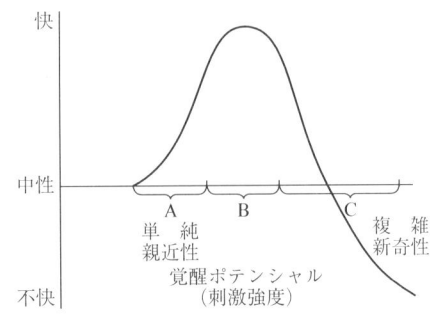

図4-5 バーラインによる快感と覚醒ポテンシャルの関係を示すモデル図 (近江，1984)

(Berlyne, 1970) はヴント (Wundt, W.) の考えをもとに，私たちは単純すぎるものには快感を感じないが，複雑すぎるものには不快感を感じ，その中間に快感を最大にする**覚醒ポテンシャル** (arousal potential) が存在するという理論を提案した（図4-5）。彼は，覚醒の低減と増加にかかわる2つのメカニズムを仮定し，脳幹網様体の快中枢・不快中枢と関係づけた。さらに彼は快感を高める変数として，複雑性のほか，新奇性，不明瞭性，曖昧性，驚愕性，不協和性，変化性などの刺激特性をあげたが，これらはいずれも情報が不十分だったり，すでに有している情報と一致しない場合の反応であり，補完知覚（たとえば主観的輪郭）における主体の能動的なかかわりや，すでにもっている**スキーマ**との照合の観点から検討することもできるだろう。とくに，スキーマとの照合に関しては，観察時間が視覚対象の注視あるいは見落としに影響することが知られており（行場，1994），感性判断においても呈示時間の影響を考慮することが必要だろう。

なお，ウォーカー (Walker, 1973) によると，「おもしろさ」を感じるものは「快さ」を感じるものより複雑度が高いという。評価次元の各々の尺度が，対象の異なった側面を異なった基準で判断する軸になっている可能性が示唆される。

3 個 人 差

フェヒナー (Fechner, G. T.) は精神物理学のみならず実験美学の祖ともいわれる。それは古来から美の基準とされてきた**黄金比**（golden section：黄金

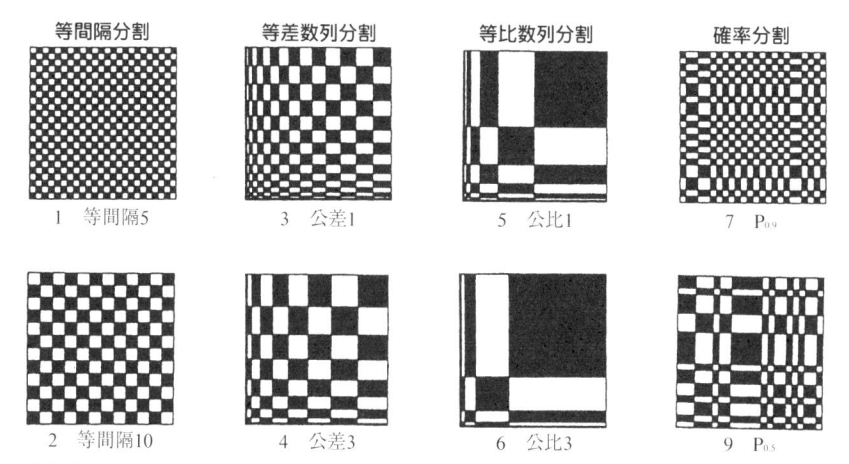

| 等間隔分割 | 等差数列分割 | 等比数列分割 | 確率分割 |

| 1 等間隔5 | 3 公差1 | 5 公比1 | 7 $P_{0.9}$ |

| 2 等間隔10 | 4 公差3 | 6 公比3 | 9 $P_{0.5}$ |

美術系学生は，文系・理系学生に比べて，分割線が急激に変化する等比数列図形を好み，刺激欲求特性の高い学生は，複雑で動的な図形を好む傾向が示されている。

図4-6　図柄嗜好の個人差（山下・古澤，1993）

分割）を初めて実験的に検討したからでもある。黄金比とは，a：b＝b：(a+b)を満たす縦横比のことで，近似値は5：8になる。この比がなぜ美しく感じるかについていまだに明快な説明はないが，彫刻や建築，デザインや絵画の構図にも頻用されている。しかし，優れた作品に黄金比が見出せるからといって，黄金比をもった作品が美しいとは限らない。実際，フェヒナーの実験でも，すべての人が黄金比をもつ矩形をもっとも美しいと評価しているわけではない。

　何を美しい，あるいは好ましいと判断するかに関しては，対象が何であれ，万人に共通する一般因子と個人差のみられる因子とが存在するといわれている。アイゼンク（Eysenck, 1981）はそれを性格特性と結びつけるとともに，大脳の覚醒水準の観点から考察した。芸術志向群とそうでない人々の間に美的判断の違いがみられることは，仲谷・藤本（1984）や山下・古澤（1993）によっても指摘されている（図4-6）。さらに，環境に対する印象評価では，子ども時代に過ごした環境が評価に影響を及ぼすといわれている（久，1988）。嗜好の個人差に関しては，感性判断の基盤となる情報ネットワークの形成と活性化の枠組みで考えていくことも今後の課題であろう（子どもの感性発達については12章参照）。

4節　色情報の処理と特性

1　大脳での色処理と表現

　網膜から外側膝状体を経て大脳へ送られた視覚情報は，色彩・形態・空間（運動・奥行き）の各次元に関し，別の経路を通って異なる場所に伝達され，独立して処理されることがわかってきた。形態や奥行きの情報が色情報とは別の**モジュール**（情報処理プロセスやメカニズムにおいて独立してはたらく機能単位。序章参照）で処理されるため，**色相**は異なるが同じ明るさをもつ**等輝度刺激**（isoluminant stimulus）では輪郭が不明瞭になり，また，奥行きが定まらず浮いて見える。同様に，点描画による並置混色が可能なのも，色処理系の解像度が形態処理系に比べて低いからである。芸術作品のなかに中枢での色処理のあり方を見出すことは難しいことではないが（三浦，1993a），表示デザインを考える際には色相間の明度差についても留意されるべきだろう。

2　色の諸特性

　色には**視認性**（検出のしやすさ），**誘目性**（目の引きやすさ），**識別性**（区別のしやすさ），連想性，記憶性など，情報伝達にかかわる諸特性が指摘されている（柳瀬，1989）。基礎的な研究だけではなく，交通表示などの具体例に即して天候や時刻を考慮したデータも集積されている（神作・福本，1972）。また，膨張色－収縮色，重い色－軽い色，暖色－寒色，進出色－後退色など，色刺激の判断に影響を与える性質や，興奮色－沈静色のように，情動に直接，影響を与える性質も指摘されている。いずれの場合も色相だけではなく，**彩度**（色の鮮やかさ）や**明度**（色の明るさ）の影響を受ける。

　一方，ものの色で明らかにされた結果が，TVやモニターの画面のような光の色には当てはまらないこともある。たとえば，ものの色では長波長の赤が近くに見える（**進出色** advancing color）が，光の色では中波長の緑が進出する。

3　色のイメージ

　色は色相に対応して，直接的（たとえば火），間接的（たとえば情熱）にイメージが付与され，時には象徴的な使用が行われる（たとえば団結旗）。

表 4-1 安全色 (JIS Z9103より作成)

色材Aはものの色（表面色，蛍光色，透過色光など），Bは光の色に適用．詳しい色指定はJIS規格のJIS Z9103参照．

安全色	色材の種類	表 示 事 項
赤	A	(a)防火，(b)禁止，(c)停止，(d)高度の危険
	B	(a)停止，(b)防火，(c)禁止，(d)危険，(e)緊急
黄赤	A	(a)危険，(b)航海の保安施設
黄	A	(a)注意
	B	(a)注意，(b)明示
緑	A	(a)安全，(b)避難，(c)衛生・救護・保護，(d)進行
	B	(a)安全，(b)進行，(c)衛生・救護・保護
青	A	(a)指示，(b)用心
	B	(a)誘導
赤紫	A	(a)放射能

明度や彩度によっても印象が変わり，光沢色，透明色など**色の様態**（mode of appearance）によっても影響を受ける．交通事故の場面を扱ったアンディ・ウォーホル（Warhol, A.）の版画が緑で刷られているため，一見すると，心安らぐ風景に見えるのも色の力だろう．**安全色**（safety color code）では視認性や誘目性に加えて，このような色のイメージや印象を考慮して規格が定められている（表4-1）．

5節　絵画の空間・絵画の時間

1　奥行きと立体の平面表現

私たちは3次元世界，つまり奥行きのある空間や立体感のある物体を，網膜という2次元平面に投ぜられた情報をもとに復元している．一方，具象絵画では3次元空間を2次元平面であるキャンバスに定着させ，視覚世界を再現している．したがって，絵画で使用される奥行きや立体の表現手段と，視覚系が利用している3次元空間や物体の復元手がかりには共通性がみられるはずである．単眼視における奥行き手がかりは**絵画的手がかり**ともよばれている．

絵画における奥行き表現の方法のひとつに**線遠近法**（linear perspective）がある．視覚系もこの情報を利用している．しかし，表現技法としての遠近法がルネサンスに至るまで気づかれなかったのは，ひとつには私たちが網膜上の線

ひとつの視点からではテーブルの上面がこの絵のように知覚されることはないが、日常知覚では異なる視点からの情報が統合されて、ひとつの場の印象を形成する。

図4-7　多視点的・非線遠近法的表現（「晩餐会」パリ国会図書館蔵）

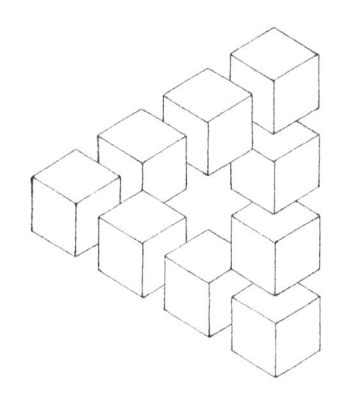

図4-8　不可能図形（オスカル・レウテルシュヴェド「作品1 no293aa」1934）

遠近法的投影像のままではなく、**恒常性**（constancy）によって修正を受けた情報を知覚しているからであろう。さらに、私たちは常に眼球運動によって注視点の移動を行い、あるいは意識の移動をともなって外界を知覚している。線遠近法のようにひとつの視点から静止した空間をながめているわけではないからでもあろう。したがって、東洋の絵画や子どもの絵、立体派の絵画のように、多視点的な表現の方が（図4-7）、空間や対象に対する素朴な認識のあり方を示しているのかもしれない。

不可能図形（impossible figure）も3次元空間の2次元平面への投射にともなう情報の欠落とそれに対する視覚系の解決方法をかいまみせてくれる（図4-8）。空間の認識と表現の問題は、知覚と創造の両面に興味深い示唆を与えてくれるものである。

線遠近法の達人であったレオナルド・ダ・ダビンチ（Leonardo da Vinci）は、遠くのものが霞んで見えたり（**大気遠近法** areal perspective）、青く見える（**色彩遠近法**）ことにも言及し、立体感を与える物体の陰影にもふれている。**陰影からの形状復元**（shape from shading）は視覚系が行っている推論の一端を示して興味深い（図4-9）。上部が明るく下部が暗いものを膨らんでいると知覚するには、光が上方から射しているという照明方向の仮説が必要である。大きさや**きめの勾配**（texture gradient）も遠近

感や立体感を感知させるのに役立っている。**重なり**あるいは**遮蔽**（2章図2-2および図2-3）は，途中で切れたものは後ろにあると仮定するきわめて単純な要因であるが，同時にもっとも基本的なものでもあり，その制約違反は強い違和感を引き起こす。

2 左右の構図

絵画は左から右に読まれるといわれる。美学者ヴェルフリン

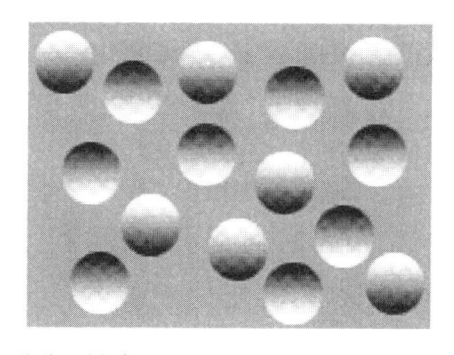

凸型図形を確認したら，本を天地逆にしてみよう。同じ図形が凹んで見えるだろう。凹凸感は，上からの光を仮定して，陰影情報にもとづいて決定されている。

図4-9 膨らんで見えるのはどれだろう？

(Wölfflin, H.) やガフロン (Gaffron, M.) はグランスパスあるいは**グランスカーブ**（glance curve）と名づけ，実際の絵画にあてはめて検討した。もっとも，これらは実際に絵を見る際の眼球の**走査経路**（scan path）を意味するものではない。絵画に限らず，眼はその人にとって情報価が高いと判断されたところに移動する。したがって，走査経路は絵画に含まれる視覚要因のみならず，鑑賞する人間の関心や能力によっても変化し，読み取るものも違ってくる。注視点周辺のどのあたりまで意識が及び，情報を収集できるかは経験のみならず処理の深さとも関係し，その範囲は**有効視野**（useful field of view）とよばれている。モルナール（Molnar, 1981）は複雑な絵画ほど注視時間が短くなることを実験的に示し，有効視野とのトレードオフを示唆したが，この結果は何も絵画に限ったことではない。

絵の重要部分は右半分にあるという指摘もある。グランスカーブとともに，大脳の**ラテラリティ**（laterality），つまり直感的・全体的に空間を把握する右脳（左視野）と，分析的・論理的に内容を理解する左脳（右視野）とのちがいに対応づけて考察されることも少なくない。しかし，絵画の左右を逆転させたフロップ画の研究では，画面の右側に重点のある作品が好まれる傾向がみられるものの，原画の正答率は高くない（村山，1988；菊池，1993）。また，左方に描かれた対象が鑑賞者にとってより近くに見えるという指摘もあるので

(Bartley & Dehardt, 1960), 前額平行面上の左右だけでなく，奥行き方向を含めての検討が行われるべきだろう。

なお，絵画空間全体での配置というより，空間中での個々の対象の向きも問題となる。これはプロトタイプとなる標準的表象，あるいは**典型的景観** (canonical view) の問題としてとらえることもできる。たとえば，自動車を思い浮かべるときにはほとんどの場合，左向きの車の側面がイメージされるだろう。もっとも，表現においては，対象それ自体の向きと観察者から見た向きの問題のみならず，絵を描く際の利き手や，文化差（書字方向），価値観にともなう象徴性，表現意図（明示性，独創性）など多様な要素が関係する。機械の仕様書に望まれる向きが，芸術作品の構図にもあてはまるとは限らない。

3 絵画のなかの時間

映画と違って，絵画は静止した表現方法である。そこに時間の要因は入ってこないはずである。それにもかかわらず，1枚の絵画や写真に時間印象を感じることがある。それではいったいどのような時間を作品から読み取り，それはどのような視覚要因によってもたらされるのだろうか？ 三浦 (1999) は一連の実験結果から，静止した作品にも停止した時間，持続する時間，変化や動き・速度感の3種の時間印象が感じられ，それらはそれぞれ余白，構図，高空間周波数という視覚要因に関係している可能性を指摘した。ここでも意識にのぼらない視覚情報が，さまざまな感性印象の喚起に寄与していることが示唆される。

6節 おわりに──今後の感性認知研究に向けて

フェヒナーの実験美学に出発点を求めるなら，感性に関する実証的研究は実験心理学の歴史とともに歩んできたといえる。造形心理学や音楽心理学，創造性心理学や官能検査，人間工学など，個々の分野で研究が積み重ねられ，発達あるいは教育的見地からも検討されてきた。しかし，新たに開発された認知科学の方法論や提示された理論にもとづき，感性認知の処理過程を解明しようという試みは緒についたばかりともいえる。

ロボット画家アーロンをはじめ人間の創作活動を模した機械や，PDPモデ

ル（序章，2章参照）を基礎とする学習型人工知能（たとえば「愛玩用ロボット犬」）はすでに私たちの感性生活にいろどりを与えつつある。また，曖昧な感性印象にもとづき消費者のニーズに合った的確な情報を提供するシステムも実用化されている。しかし，それらの多くは，知性情報処理にもとづく設計であり，必ずしも人間の感性認知過程を前提としたものではない。とはいえ，それらの「なぞり機械」を通して，人間の感性情報処理の一端を知ることは可能であろう。

芸術作品や自然美を通して感性を客観的に考察することは，それらのアウラを解体することではない。むしろ，アウラを感じる人間に対する理解を深めることである。感性研究に求められているのは，たとえば明示されていない情報や暗黙知にもとづいて人間のとる適切な処置（たとえば「フレーム問題」）や，感情・印象をともなった個人差・状況差を含む「直感的で曖昧な」感性判断など，人間の多様な情報処理のあり方に目を向け，その背後にあるメカニズムの検討を通して認知システムへの理解を深め，豊かで暮らしやすい社会のあり方を考えていくことにあろう。

▷ブックガイド

近江源太郎　1984　造形心理学　福村出版
　　幅広い観点から美と造形に関する心理学的研究をとりあげ，ていねいに紹介した古典。

大山　正・秋田宗平（編）　1989　知覚工学（応用心理学講座7）　福村出版
　　五感や空間感覚についての基礎研究から，VDTや景観における応用研究まで幅広くかつ詳しくとりあげた読みやすい専門書。

仲谷洋平・藤本浩一（編著）　1993　美と造形の心理学　北大路書房
　　視覚・脳と表現，子どもの絵，都市空間，創造性，描画テスト・療法等のほか，現代芸術と社会，自分でできる心理学実験，多彩なコラムから構成された書。

ソルソ，R.L.　1994　鈴木光太郎・小林哲生（訳）　1997　脳は絵をどのように理解するか——絵画の認知科学　新曜社
　　絵画の認知科学というより，絵画を材料に現在の認知科学の到達点を勉強したい人向き。

岩田　誠　1997　見る脳・描く脳——絵画のニューロサイエンス　東京大学出版会
　　鑑賞と描画にかかわる神経系，脳損傷患者の事例，動物の描画行動の紹介に加え，マー（Marr, D.）の視覚理論にもとづいた美術史を展開。

トピックス4

美しい橋

「緊張感がある」「力の流れが表現されている」「動感がある」というコメントは，美しい橋を称賛する際によく聞かれる。それゆえ，多くの構造デザイナーは自らの橋梁に美を与えるために，構造物内の「力の流れ」と造形を統合しようと試みる。ところが，橋梁美を表現する力の流れや動きの実体は，構造力学的にも，知覚心理学的にもいまだに明確にされていない。

そこで，認知科学の知見（RBCモデルや階層的構造記述理論など；2章参照）をもとに，構造物の形態的特徴と，それらを視覚的に認知することにより得られる「力動性」（構造物に内在する力や動き）との関係を表す法則を，「**視覚的力学**」という概念として提案することにした（石井，1998；岡本ほか，1998）。

このモデルで重要な役割を果たすのが，観察者が構造物についての知識としてもっている**プロトタイプ**である。このプロトタイプには，橋であるとか塔であるとかいった構造物の属性に関する認識と，バランスの保ち方など構造物を成立させている力学的関係（構造システム）に関する認識が含まれる。

構造物を認知する際には，それらが観察者の有するプロトタイプと照合される。構造物がいずれかのプロトタイプによって同定されると，同定したプロトタイプに構造システム（力学的関係）の認識が含まれている場合には，観察者はそのプロトタイプが有する力動性と同じものを対象に認知すると考える。

一方，構造物がいずれのプロトタイプによっても同定されない（**同定不可能・同定拒否**）の場合には，観察者はその他の手がかりによって対象を理解することを試みるか，または理解することを放棄して見たままを受け入れると考える。ここでいうその他の手がかりとは，人間が空間を把握する際に基準としている水平・鉛直や，一般的なものに対する知識である。

同定拒否に分類されるケースを巧みに利用して，力動性を表現している構造デザイナーに，スペイン人のサンチャゴ・カラトラバ（Calatrava, S.）がいる。橋梁デザインに新風を吹き込んだ，彼の代表作のひとつであるアラミージョ橋（Alamillo bridge）には，彼自身が「**結晶化された動き**（cristalized movement）」とよんでいる力動性が表現されている（図1）。

アラミージョ橋を視覚的力学モデルで説明してみよう。その形態は，道路中央に立っている1本のタワーからケーブルを介して道路面が載る桁を支える，一面吊り斜張橋形式（図2参照）とよばれるものと類似性があるので，アラミージョ橋を見たことがない者にとっては，一面吊り斜張橋のプロトタイプで同定を試みる可能性が高いと考えられる。しかし，

4章 感性認知

図1 アラミージョ橋

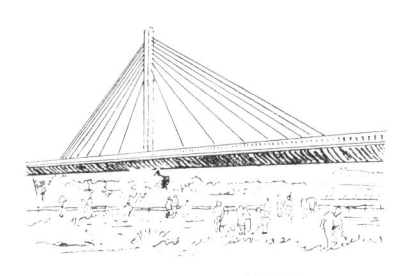

図2 一面吊り斜張橋

　一般的な一面吊り斜張橋は，タワーが直立し，ケーブルもタワーを挟んで両側に配置されるので，このプロトタイプでアラミージョ橋を同定しようとすると，両側にあるはずのケーブルが一方にしかないことや，直立しているはずのタワーが傾いていることのために，プロトタイプと対象とが認知過程で矛盾をきたし，同定を拒否することになると考えられる。

　そこから次の段階である，他の手がかりで理解しようとする場合を想定すると，アラミージョ橋の構造を成立させている基本的な要素である，タワー，ケーブル群，桁のあり様から，鉛直状態から倒れようとしているタワーと横たわる桁とがケーブル群を介して釣り合っていると理解され，その理解にもとづいた力動性が認知されるものと説明することができる。

　視覚的力学モデルによりカラトラバの他の作品も分析してみると，一般になじみの深い橋梁の形態を操作し，何らかのズレを与え，しかもそのズレは人が空間を把握する際の基準からもズレているというものが多い。これは，基本となる橋の形がなじみ深いほど矛盾が大きく感じられること，またそれが空間の基準からのズレであれば，ズレていることを認知しやすいことから，観察者の意識をより引き付けられることが期待できるという彼の造形に対する計算があるといえる。認知科学的視点から構造物の造形を解釈することによって，美しい橋をデザインするヒントが得られた事例である。

■参考図書

　アルンハイム，R．　乾　正雄（訳）1980　建築形態のダイナミクス（上・下）　鹿島出版会

　川口　衛・阿部　優・松谷宥彦・川崎一雄　1990　建築構造のしくみ　彰国社

　高橋研究室（編）　1984　かたちのデータファイル　彰国社

　山本学治　1966　素材と造形の歴史　鹿島出版会

5 章
心的イメージ

　ある知覚体験時の脳の活動状態を完全に記録し，さらにその脳状態を人工的に再現することで，もとの知覚体験をリプレイする。近未来SF映画によく出てくるこうした電脳装置は，心的イメージの認知メカニズムを考えるうえで示唆的である。

　この種の電脳装置が出てくる映画のひとつにヴィム・ヴェンダース監督の『夢の涯てまでも』（Until the End of the World）（1991）がある。この映画では，目が見えない人間の脳に視覚映像を与える装置が開発されたという設定である。主人公は視覚を失った自分の母親のために，世界各地をさすらい，いまは遠くに住む彼女の娘や孫の顔，各地の風景を見ては直接この装置に記録していく。そのデータは研究室にもちこまれ，すこしばかり仰々しい機器類を駆使して最終的には母親にその視覚体験を与えることに成功する。物語はこれで終わらない。この装置は原理的に人間が睡眠中に見る夢も映像としてモニターすることが可能であった。主人公はこの装置を使って自分の夢を「録画」し，それを何度もリプレイする。彼はいつしか自らの夢世界のなかへと耽溺していく……。

　この映画は夢イメージの映像をハイビジョン技術を使って描き出したことでも話題となった。もし他人の夢を見たり，自分の夢を再現することができるとしたら，それはいったいどんな映像になるのだろうか。ヴェンダース監督はこの映画のなかで，夢イメージを彼流の印象画風の動画像で表現してみせたが，実際のところ，私たちの夢の視覚的映像はどんなふうに「見えて」いるのだろうか。もっと一般的には，他人の頭の中のイメージ体験の世界はどのような感覚的・知覚的特徴をもっているのだろうか。

　こうしたSF小説や映画に出てくる電脳装置は，一般に夢を含む心的イメージと現実の知覚が共通の神経回路にもとづいていることを当然のこととして前提とする。しかし果たしてこうした前提はどこまで妥当なことなのだろうか。

5章 心的イメージ

かつて神経心理学者ヘッブ (Hebb, 1968) は，病気や事故で腕や脚を切断された患者が存在しないはずの手足に痛みや感覚をもつ**幻肢** (phantom limb) を例にあげ，心的イメージは脳の自発的な興奮によって生起する現象であると主張した。認知心理学における近年のイメージ研究もこうした前提をいわばひとつの作業仮説として展開してきたといえる。

図 5-1 『夢の涯てまでも』（発売：電通，販売：ポニーキャニオンより許可をとって転載）

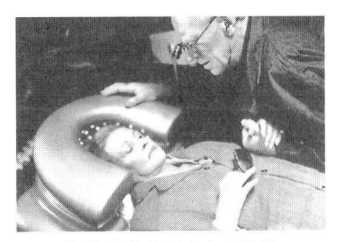

視覚体験を再生する装置

本章ではこうした視点も含めながら，認知心理学における心的イメージの最近の研究成果についてみていくことにしたい。

1節 イメージとは

1 心的イメージの定義とさまざまなタイプの心的イメージ

心的イメージ (mental imagery, imagery) は，**内的表現**（**表象** representation）のひとつの形態であり，**心像**あるいは単に**イメージ**ともよばれる。イメージという言葉は，日常生活においてはきわめて多義的な意味で使われている。たとえば，商品のイメージとか企業のイメージといったように印象や全体的な評価の意味で使われたり，ディスプレイに映る映像やビジュアルな印刷物など人工的な感覚的世界を意味したり，知覚イメージといったように知覚体験そのものを意味するなどさまざまである。ここではこうしたイメージとの区別を明確にするため，心的イメージという用語を用いることにする。

認知心理学において，心的イメージは一般に「現実に刺激対象がないときに生じる疑似知覚的経験」と定義される（たとえば Richardson, 1969）。しばしば「心の中の絵や映像のようなもの」とたとえられるが，心的イメージは視覚的経験に限定されるものではない。人の声や音楽を思い浮かべたり，料理の味

表5-1 さまざまなイメージ現象

分類	イメージ名	イメージの特徴	経験の一般性	定位	鮮明性	現実性吟味
意識的な認知活動において生じるイメージ	思考イメージ (thought imagery)	日常生活のなかでもっとも一般的に経験されるイメージ。記憶の想起として浮かび上がる場合は記憶イメージ,新たに創出された内容を含む場合は想像イメージとして区別される。	誰にでも一般的に経験される	通常内的	多様	○
	空想 (fantasy)・白昼夢 (daydream)	意図的統御が比較的弱い状態で進行するイメージ。とくに夢様に展開されるとき白昼夢とよばれることがあるが両者の区別はそれほど明確ではない。	誰にでも一般的に経験される	通常内的	多様	ある程度○
知覚と密接に結びついたイメージ	残像 (afterimage)	ある刺激を凝視した後に他の面に視線を移したり,眼を閉じたりしたときに生じる感覚興奮の一時的残存。知覚した刺激からだけでなく想像された刺激からも生起する。	誰にでも一般的に経験される	外的	多様	○
	回帰像 (recurrent imagery)	長時間にわたって繰り返し刺激が眼に与え続けられた結果,その感覚印象の再現として生じる鮮明なイメージ。	少数の人にまれに	外的	鮮明	○
	直観像 (eidetic imagery)	過去の視覚的な印象が外部空間の一定の位置に定位され,実際に対象を知覚しているように見ることができ,ときには細部にわたって明瞭に現れるイメージ。	ごく少数の人に	外的	鮮明	○
幻覚性イメージ	入眠時像 (hypnagogic imagery)・出眠時像 (hypnopompic imagery)	覚醒と睡眠のあいだのまどろみのなかで出現する鮮明なイメージ。光斑や閃光,幾何学模様の無意味イメージのほかに,顔や風景などの有意味イメージが現れる場合がある。	少数の人にまれに	外的	鮮明	○
	幻覚 (hallucination)	客観的実在性が当然のこととして想定されている知覚様のイメージ。精神疾患の兆候として現れることがあるが,睡眠,薬物摂取,感覚遮断などの条件下では健常人でも経験する。	特殊	内的にも外的にも定位	鮮明	×
	夢 (dream)	睡眠状態において体験されるイメージ。	誰にでも一般的に経験される	外的	多様	×
その他	幻肢 (phantom limb)	腕や脚などが切断されたあとでもそれがまだあるように感じたり,すでにない手足の指先に痛みを感じたりする現象。	特殊	外的	鮮明	○
	共感覚 (synaesthesia)	ひとつの感覚モダリティを刺激すると刺激されていない他の感覚モダリティでの感覚印象を生じる現象。	ごく少数の人に	内的にも外的にも定位	多様	○
	想像の遊び友だち (imaginary playmates)	実際には存在しない想像上での友だち。リアルな存在としてコミュニケーションの対象になる。	少数の人に	内的にも外的にも定位	多様	○

や匂いを反芻したり，テニスやスキーのフォームをベッドの上に横になりながら確認したりなど，視覚以外にもそれぞれの感覚モダリティに対応したイメージが存在すると考えられる。そうした感覚モダリティに特異的なイメージはそれぞれ視覚イメージや聴覚イメージなどとよばれる。さらに，そうしたすべての感覚をともなう体験そのものの再現やシミュレーションとしての「イメージ体験」がある。これはある意味で，電脳装置を必要としない「自発的なバーチャル・リアリティ」の体験ともいえるだろう。

以上の定義にはきわめて多様なタイプの心的イメージが含まれる。**残像，回帰像，直観像，幻覚，夢，白昼夢，入・出眠時像，記憶イメージ**および**想像イメージ**など，多種多様なイメージ現象がある。表5-1には，そうしたイメージ現象の種類とその特性の一覧をあげてある。このなかで認知心理学で主としてとりあげられるのは，日常生活のなかで誰もが経験する記憶イメージと想像イメージである。両者は合わせて**思考イメージ**とよばれることもある。

2　心的イメージ研究の変遷

心的イメージの研究は，古くは心理学の中心テーマであった。しかし，行動主義の台頭とともに，きわめて内的で主観的な現象である心的イメージは意識と同様，心理学の研究対象からは排除されることになる（序章参照）。心的イメージの研究が「追放されたものの帰還」(Holt, 1964) として心理学の研究に再登場するのは，1960年代に入り，主観的な現象も積極的に研究対象としてとりあげる認知心理学の研究が盛んになってからである。

近年，心的イメージの研究はいちじるしい発展をとげている。「帰還」後のイメージ研究は大きく3つの時期に区分することができる。第1の時期は，記憶や学習に果たすイメージの役割が研究され，その成果をもとにペイビオ (Paivio, A.) が，言語とイメージの**二重コード化説**を提出した時期。第2の時期は，イメージと知覚の共通性に関して，シェパード (Shepard, R. N.) の心的回転やコスリン (Kosslyn, S. M.) の心的走査などさまざまなイメージ課題を用いた実験的研究が行われた時期である。この時期には，イメージを感覚的特性をもつ内的表現と考えるアナログ派と，イメージは抽象的・命題的な内的表現からのみなるものであって感覚的なイメージの機能をまったく認めない命題派との間で，いわゆる**イメージ論争**が行われた。その論争を通して，心的イ

メージは両方の表現形式から成立すると考えるコスリンのイメージモデルへと集約されていく。第3の時期に入った現在，中心的な関心がイメージの神経生理学的基盤の解明へと向かうとともに，日常生活や文化におけるイメージの機能に関する研究にも目が向けられるなど，心的イメージ研究はさらに大きなひろがりをみせるようになっている。

2節　心的イメージと知覚

1　心的イメージと知覚の共通性に関する実験心理学的研究

　心的イメージは主観的には知覚しているときの感覚モダリティ（感覚の種別）に対応する感覚印象をともなう現象である。視覚イメージでは心の中で「見える」印象が起こるし，聴覚イメージでは「聞こえる」印象が，運動イメージでは身体を「動かした」印象が生じる。すなわち，心的イメージは主観的には知覚と類似した経験として意識される。たとえば，「バナナとレモンの黄色はどちらが濃いか」という問いに答えるとき，ほとんどの人は視覚的な映像を頭の中に浮かべ，それを「見ている」ような感覚的印象をもつことだろう。このことから，心的イメージは知覚と共通した感覚的成分を含むアナログ的な内的表現あるいは過程ではないかと仮定されてきた。そして，心的イメージに関する認知心理学的研究は，とくに視覚モダリティにおいて，こうした仮定がある程度正しいことを数多くの興味深い実験的研究によって明らかにしてきたのである。そうした実験の代表的なものを以下にいくつか紹介することにしよう。

a　心的イメージと知覚の類同性

　もっとも有名なものは**心的回転**（mental rotation）の実験であろう。この実験は，心的イメージの特性が反応時間を用いて精神物理学的に測定することが可能であることを示し，イメージ研究に新たな道を開いたという点でも重要である。シェパードとメッツラー（Shepard & Metzler, 1971）が最初に発表した実験では，図5-2のようなコンピュータグラフィックスによって作成された3次元立体の線画が刺激図形として使われた。被験者にこれら角度差の異なる2つの図形を同時に呈示し，それが同じ形かどうかを判断するように求めると，判断に要する時間は刺激図形間のなす角度差に比例して増加した。この結果か

ら，被験者は一方の立体のイメージをもう一方の立体に重なるところまで心の中で回転させ，両者が一致するかどうか判断していると解釈された。つまり，私たちは実空間内の物体の回転を知覚するのと同様に，イメージされた物体も心の中で回転させることができ，その回転というイメージ操作には物理空間内の事象と同様に一定の時間がかかることが明らかにされたのである。

イメージと知覚の類似性を示すもうひとつのよく知られた実験は，イメージされた対象の**心的走査**（mental scanning）に関するものであろう。コスリンら（Kosslyn *et al.*, 1978）は，被験者に小屋や井戸など7つのランドマークが描かれた架空の島の地図（図5-3）を十分に覚えさせ，その島の地図をはっきりとイメージできるまで練習させた。その後でその地図のイメージを思い浮かべてもらい，そのなかに描かれているいくつかのランドマーク間を視覚的に走査（視線を移動させて視野内にある対象を探索していくこと）させ，ある地点から別の地点へ走査してたどり着くまでの時間を測定した。その結果，ランドマーク間の距離が長いほど，走査の時間も長くなるという結果が得られた。イメージした対象を走査する場合も，実際の対象を視覚的に走査するのと同様に，物理的距離に応じて時間がかかったのである。

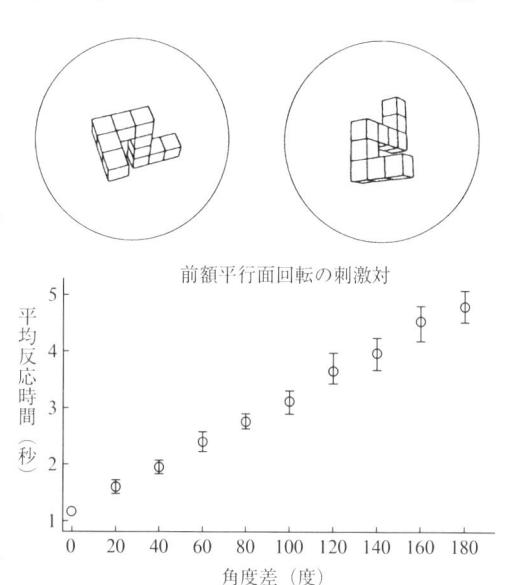

図 5-2 心的回転の実験で用いられた刺激の例と平均反応時間 (Shepard & Metzler, 1971)

図 5-3 心的走査の実験で用いられた架空の島の地図 (Kosslyn *et al.*, 1978)

b 心的イメージと知覚の相互作用

心的イメージと知覚との相互作用を検討した研

図 5-4　ブルックスの図形課題の例と指さし条件の解答用紙（Brooks, 1968）

輪郭をたどるための出発点（＊印）と，方向（矢印）が示してある。

究からも，同一モダリティにおけるイメージと知覚の共通性を示す実験結果が得られている。シーガルとフッセラ（Segal & Fusella, 1970）は，イメージの生成が外部刺激の検出感度にどのような影響を与えるかを調べた。この実験では，被験者は視覚的イメージ（たとえば樹木や机）あるいは聴覚的イメージ（たとえば電話の鳴る音や楽器音）を思い浮かべ，その状態で認知閾値すれすれの強度で呈示される色刺激や純音の検出課題を行った。その結果，視覚刺激の検出成績は視覚的イメージを浮かべているときには大きく低下したのに対して，聴覚的イメージを浮かべているときにはそれほど低下しなかった。逆に，聴覚刺激の検出は聴覚的イメージを浮かべているときに大きく損なわれたのに対し，視覚的イメージを浮かべているときにはわずかしか低下しなかったのである。これは同じ感覚モダリティ内ではイメージと知覚が競合し干渉しあい，イメージ想起が知覚の情報処理に妨害的にはたらくためと考えられる。

　ブルックス（Brooks, 1968）の実験でも，同じような選択的干渉が報告されている。その課題のひとつで，被験者は，図 5-4 左のようなブロック文字の線図形を記憶し，それを視覚的にイメージしながら，文字のコーナーが上端あるいは下端にあるかそれ以外の場所にあるかを出発点から線にそって「はい（Y）」「いいえ（N）」で分類するよう求められる。そのとき，反応用紙上に印刷された選択肢「Y」「N」を上から順に指差しで答えていくと，同じことを「はい」「いいえ」と口頭で答えた場合よりもずっと時間がかかってしまうのである。ここでもイメージと知覚は同一感覚モダリティにおいて処理過程を共有していることが示唆されている。

2　知覚システムとイメージモデル

　このように多くの実験的研究によって心的イメージと知覚との共通性が明ら

かにされるなかで，心的イメージを知覚システムのなかに位置づけ，イメージと知覚を包括的な枠組みで理解しようとする理論モデルが提出されてきた。

ヘッブ（Hebb, 1968）は，心的イメージを外部からの感覚入力なしに起こる大脳中枢の神経回路の自発的興奮であると考えた。彼によれば，この

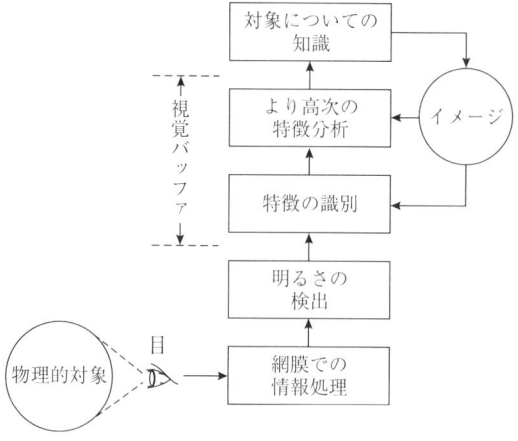

図 5-5 フィンケの知覚とイメージの機能的等価性のモデル（Finke, 1986 より改変）

神経回路は低次から高次までの階層構造をなしていて，高次になるほど一般的・抽象的情報にかかわっている。通常の知覚では，感覚入力によって低次から高次のすべての神経回路が興奮する。一方，一般的な思考イメージを想起したような場合では比較的高次の神経回路だけが興奮する。そのため知覚ほど感覚的な鮮明性はともなわない。幻覚や直観像のような鮮明なイメージはもっとも低次の神経回路が興奮した場合に生じる現象と考えられている。

フィンケ（Finke, 1980, 1986）の**知覚とイメージの機能的等価性**（functional equivalence between perception and imagery）のモデルは，ヘッブのモデルをさらに進めて，イメージと知覚が視覚処理過程のどのレベルまでを共有するかを明確にしようとしたものである（図 5-5）。彼は多くの実験結果から，網膜レベルから高次に至る視覚処理過程のなかでイメージと知覚が機能的等価性をもつのは，視覚野のようなパターンの特徴の識別にかかわるレベルからであり，網膜レベルや明るさやコントラストの変化の検出メカニズムがあるとされる前皮質（網膜から大脳皮質の中間）レベルでは，イメージは視知覚と同様の機能をもつことはないと考えた。

コスリン（Kosslyn & Shwartz, 1977 ; Kosslyn, 1980）の**ブラウン管**（CRT）**メタファーモデル**では，**長期視覚記憶**に貯蔵されている対象についての命題的な意味情報が，**視覚バッファ**（visual buffer）に呼び出されることに

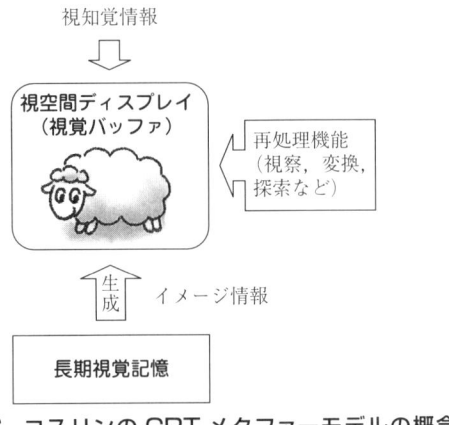

図5-6 コスリンの CRT メタファーモデルの概念図 (Kosslyn, 1980より改変)

よって、視覚的イメージが生成されると考えている（図5-6）。これは、ちょうどパソコンのディスプレイ上に映し出される画像とコンピュータプログラムにたとえられる。視覚バッファは視知覚の入力処理にも使われ、視覚的短期記憶の役割も担っている。視覚バッファにおいて視覚イメージは視知覚と同じように再処理され、そのイメージの「視覚的」特性はこの視覚バッファの活性化パターンや情報量の程度によってきまってくる。コスリンらのモデルはイメージの生成、視察、変換などイメージ想起にかかわるさまざまな処理モジュールが想定されており、コンピュータシミュレーションが可能なモデルになっている。

以下にみていくように、最近のコスリンらの関心はこうした情報処理モデルと神経生理学的過程の対応づけに向かっている。こうした領域は**認知神経科学**（cognitive neuroscience）などとよばれている。コスリンのモデルでは、とくに視覚バッファに対応する神経生理学的基盤として**視覚野**（visual cortex）が想定されており、この視覚野が視知覚と視覚イメージの双方の処理過程にどの程度共有されているかが研究課題となっている。

3　心的イメージの大脳生理学的基盤

最近の神経心理学の急速な発展によって、心的イメージ過程と知覚過程との共通性を大脳レベルで直接確認するような研究成果が蓄積されている。

a　視覚障害と心的イメージ

脳損傷の患者の症例研究においては、ある損傷によって生じる視覚障害が心的イメージでもパラレルに生起することが知られている。たとえば、色覚の異常とともに、色を思い浮かべることができなくなったり、よく知っている人の

顔を見ても誰なのかわからなくなる**相貌失認**（prosopagnosia）の障害をもった患者が，顔の視覚イメージもまたまったく想起できなくなったりする症例が報告されている（Shuttleworth et al., 1982）。

大脳左右両半球の一方に受けた損傷によって視野の片側半分がまったく無視される**半側空間無視**（unilateral spatial neglect）という視覚障害がある。ビジアキとラザッティ（Bisiach & Luzzatti, 1978）は，視覚においてみられる半側空間無視が心的イメージでも同様に生じる症例を報告している。彼らは，この患者がよく知っているミラノの大聖堂前の大通りを大聖堂を背にしてイメージさせ，その位置から見えるものを報告させたところ，患者は右側にある建物や通りだけを答えた。また反対に大聖堂の方を向いた視点でイメージを報告させると，やはり右側にある建物や通りだけを答え，左側にある対象は，先ほど見えると答えたばかりなのにまったく無視したのである。つまり，この患者は知覚において視野の左半分が欠落しているだけではなく，イメージにおいても左半分が欠落していたのである。このことは，損傷を受けている大脳構造が知覚だけでなくイメージにもかかわっているということを意味するものである。

b　視覚野と視覚イメージ

最近では **PET** や**機能的 MRI**（fMRI）などの最新の脳内イメージング技法を用いて，心的イメージ，とくに視覚イメージ形成時にかかわる大脳活動部位を，健常被験者で直接確認することができるようになってきた。たとえば，コスリンら（Kosslyn et al., 1995）は，PET を用いて，目を閉じてさまざまな対象の心的イメージを浮かべているときの脳内の血流量を測定した。その結果，浮かべるイメージの大きさによって活動部位が変化し，小さなイメージを浮かべたときには一次視覚野後部の活動が，大きなイメージを浮かべたときには一次視覚野前部の活動が増大することを確認した（図 5-7）。これは実際に大きさの異なる対象を見ているときの一次視覚野の活動部位とほぼ一致するものであった。

コスリンらの最近の実験（Kosslyn et al., 1999）では，図 5-8 のような 4 つの縞パターンのなかから 2 つずつを指定し，目を閉じて心的イメージ上で，縞の太さ，長さ，方向の比較判断を行わせて，そのときの脳内活動部位を PET によって観測した。その結果，この課題の遂行時においても一次視覚野，とくに 17 野の活性化が明瞭に認められた。また，彼らは，別の実験で同様の課題を

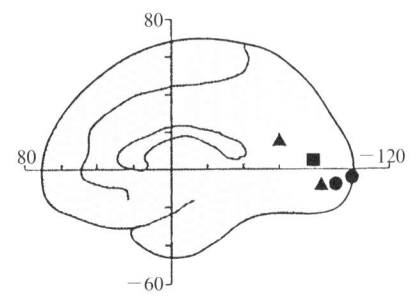

小さいイメージ(●),中位のイメージ(■),大きいイメージ(▲)を想起したときのそれぞれの活性部位

図 5-7　PET によって観測された心的イメージ想起時の活性部位 (Kosslyn et al., 1995)

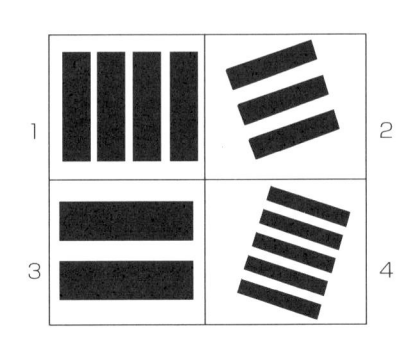

図 5-8　コスリンらの実験で用いられた刺激パターン (Kosslyn et al., 1999)

行う直前に,被験者の後頭葉の17野付近をターゲットに,頭蓋の外部から**反復的磁気刺激**(rTMS：repetitive transcranial magnetic stimulation)を与えることによって,実際に刺激が呈示された場合でも,また心的イメージを用いた場合でも,課題の遂行が同様に損なわれることを明らかにしている。

　これらの研究結果は,ヘッブが仮定したように,心的イメージが生成されているときに大脳皮質における感覚レベルの自発的な興奮が実際に起こっていることを直接確認したものといえる。またコスリンモデルが想定したように,視覚イメージの想起には視覚野が確かに関与しており,それがいわばスクリーンのようなはたらきをして「視覚的」経験の基盤を形成していることを示すものであろう。

　ただ,ここで注意しておかなくてはならないのは,視覚イメージの過程には視覚野だけでなく他の大脳の多くの領域が関与しているということである。ファラー(Farah, 1984)は,コスリンモデルにもとづいて多くの症例を認知神経心理学的に分析し,イメージを用いた課題の遂行は複数の**モジュール**(機能単位)からなる複雑な過程であって,そこには多くの大脳過程が関与していることを示した。従来しばしばいわれてきたイメージ処理は右半球機能という単純な知見は,心的イメージの形成に複数の処理モジュールを想定した**成分分析アプローチ**(componential analysis approach)(たとえばFarah, 1984；Hellige, 1993)の視点から見直されつつある。右半球とか左半球とかではなく,

実験課題に用いられるイメージ課題にどんな処理モジュールがかかわっているかによって，それにともなう大脳の活動部位も異なってくるのである。心的イメージの神経生理学的基盤の研究においてはこうした成分分析的な視点が今後ますます重要になってこよう。

4 リアリティ・モニタリング

以上みてきたように，大脳レベルでは現実の知覚世界と鮮明に想起された心的イメージ世界を区別することはそう簡単なことではないように思われる。よく覚えているある夢の中の場面を思い出したとき，それがどうして現実の出来事でなく夢の中のことであったと判断できるのか。夏休みの旅先で見た美しい風景。それがなぜ実際に見たものであって夢や想像した風景ではないと断言できるのか。プリンストン大学のマーシャ・ジョンソンが行っている**リアリティ・モニタリング**（reality monitoring）に関する一連の研究はそうした想像と現実の区別に関する問題を記憶の情報源の観点から検討したものである（Johnson & Raye, 1981；Johnson *et al.*, 1993）。

リアリティ・モニタリングとは，その記憶が現実に知覚したり経験したことにもとづくものなのか，それとも想像したり，夢で見た出来事のように内的に生成された情報にもとづくものなのかを区別する過程であり，**情報源モニタリング**（source monitoring）ともよばれる。

ジョンソンは，私たちがある記憶の情報源を区別するときには，外的に形成される記憶と内的に創られる記憶のもとになっているその体験の現象的な特徴の違いを手がかりにしているという。つまり，現実の知覚体験にもとづく外的記憶は，通常は感覚的に鮮明であり，意図的な操作やトップダウン的な処理過程の関与が少ない自動的，非意図的な過程で，時空間的に前後の文脈情報の中に位置づけられるという特徴をもっている。それに対して，心的イメージや想像的経験あるいは夢などの内的記憶は，感覚的にそれほど鮮明でなく図式的で，その経験を自発的，意図的に生み出した内的操作過程の痕跡が残されており，前後の文脈から独立した記憶事象としての特徴をもっている。こうした特徴の相対的な強さを手がかりにして，私たちは自分の体験の記憶が現実体験のものか心的イメージにもとづくものかを区別しているというのである。したがって，内的に経験されたイメージ体験の記憶であっても，感覚的に鮮明で，前後の文

脈情報が豊富で，かつ自然発生的で内的な認知的操作の関与が少ない場合には，現実に起こった出来事の記憶と混同される確率が高くなりうるし，逆であれば現実の体験の記憶であっても夢や空想上の出来事として判断されることもあると考えられる。

事実，ジョンソンらは多くの実験によって，こうしたイメージ体験と現実体験の混同あるいは誤帰属について検討し，彼女のモデルが正しいことを確かめている。たとえば，鮮明なイメージをもつ人ほど実際に見たものとイメージしたものを混同しやすいこと（Johnson et al., 1979）や，意図的な認知的操作の関与がほとんどないと考えられる夢の記憶は現実上の記憶と混同されやすいこと（Johnson et al., 1984）などが明らかにされている。

3節　心的イメージの機能

1　創造性と心的イメージ

心的イメージは創造的な思考にきわめて重要な役割を果たすと考えられている（Shepard, 1978）。ケクレ（Kekulé, A.）のベンゼン環の発見，ワトソン（Watson, J.）とクリック（Crick, F.）のDNA二重らせん構造の発見は，いずれも夢うつつの中で見た視覚イメージがもとになって生まれたという。アインシュタイン（Einstein, A.）の相対性理論の基本構想は論理的というよりも，自分が光線にのって旅をするところを視覚化する思考実験を繰り返していくなかで直観的に思いついたといわれている。

フィンケ（Finke, 1990）は，このような**創造的発見**（creative discovery）における心的イメージの機能をユニークな方法を用いて実験的に検討している。被験者は15個の単純な物体（図5-9）の中から指定された（または自由に選んだ）3つを使って，それらを組み合わせて何か「おもしろくて役に立ちそうなもの」を目を閉じて視覚的イメージを思い浮かべながら作るよう教示された。2分間が与えられた後，被験者は自分の「発明品」を紙に描いて，さらにそれについての説明を求められた。こうして被験者が作成した発明品の創造性は，2人の判定者によって実用性と独創性の2つの側面から得点化され評価される。図5-10は創造的アイデアとして評価された発明品の具体例である。ごく短時間の実験室的な状況のもとで，はじめて行った課題であるにもかかわらず，被

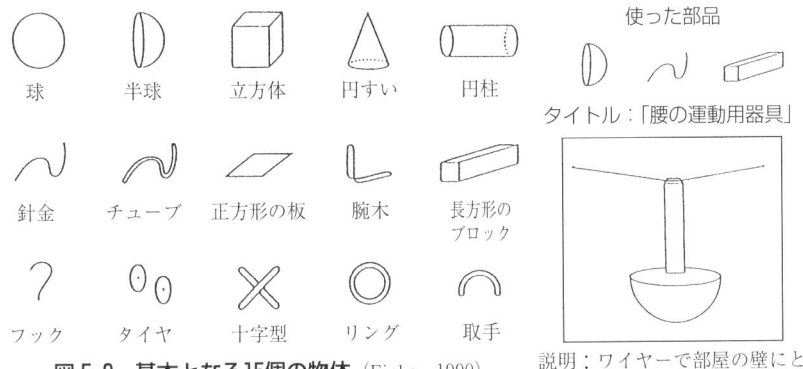

図 5-9 基本となる15個の物体 (Finke, 1990)

図 5-10 創造的発明品の具体例 (Finke, 1990)

タイトル：「腰の運動用器具」
説明：ワイヤーで部屋の壁にとめてある。半球の上に乗ってバランスをとり，腰を左右に動かして使う。

験者は創造性に富んだ多くのアイデアを比較的容易に生み出すことができることが明らかにされた。被験者は組み合わされた結果として作り出された新たな対象のイメージにあれこれと操作・変換を加えたり，イメージ上で探査・解釈を行うなかで，それまでにない意味と機能に直観的に気がつくのである。フィンケたちは，こうしたイメージを用いた心的合成課題が，商品開発における新しいアイデアの発掘や芸術や科学における創造的発想力の訓練にも役立つと考えている (Finke, 1990)。

2 日常生活と心的イメージ

それではとくに創造活動などに従事していない一般の人々の日常生活では，心的イメージはどのように利用されているのだろうか。コスリンら (Kosslyn et al., 1990) はこうした日常生活におけるイメージの機能を確かめるために，ハーバード大学の学生たちに，実生活のなかでどんなイメージがどのような状況で生起し，それがどのように利用されたかを1週間のあいだ日誌法によって詳細に記録させてみた (表5-2)。その結果，学生たちのイメージの大部分は特定の

表5-2 日常生活におけるイメージの機能
(Kosslyn et al., 1990 より改変)

イメージの目的	頻度	(%)
連想的イメージ想起	198	(58%)
問題解決	42	(12%)
説明・記述する際に利用	9	(3%)
説明・記述の理解に利用	38	(11%)
メンタル・プラクティス	16	(5%)
記憶の再生	16	(5%)
感情の誘導	20	(6%)

目的をもたない自然発生的連想によって想起された断片的なイメージであって，イメージがある特定の目的で意図的に使われるようなことは，そう多くはないことがわかった。現代社会において心的イメージを意図的に制御し，特定の目的で有効に利用するような認知的スキルはまだ十分に共有されてはいないようである。人間能力の開発の余地がこの方面にまだ多く残されているといえるだろう。

4節　おわりに──今後のイメージ研究に向けて

　すでに述べたように認知心理学におけるイメージ研究は今や新しい段階に入っている。脳内イメージング技法を用いた神経生理学的な研究は心的イメージの脳内基盤を直接的に解明しつつある。従来の視覚イメージ中心の研究だけでなく，聴覚イメージ（Smith *et al.*, 1992；Okada & Matsuoka, 1992）や運動イメージ（徳永・橋本，1991）を対象とした研究（トピックス5参照），さらには五感すべてをともなう感覚的体験としての心的イメージ（Richardson & Patterson, 1986；菱谷，1991）についても研究が進められている。そうしたイメージ体験には不可欠な心的イメージの感情的側面の研究も，すでにいくつかが着手されている（上杉，1998；Martin & Williams, 1990；宮崎・菱谷，1999）。

　一方，新しい研究分野もひろがりをみせつつある。従来は生理心理学的側面と臨床の夢解釈的な側面からのみ進められていた夢研究も，ここに至って，夢の認知的側面からの研究が盛んに行われるようになってきた（Foulkes, 1985；Cicogna *et al.*, 1991；Rechtschaffen & Buchignani, 1992）。麻生は「子どもの夢」や「想像の遊び友だち」，そして「サンタクロース」などの研究（麻生，1989, 1991, 1996a, 1996b）を通して，コミュニケーションの発達的側面から想像世界と現実世界の関係の検討をすすめている。これらの研究は今後の認知心理学におけるイメージ研究の新しい方向を示すものかもしれない。

　心的イメージは人間が外界の情報を処理し，外界に適応するうえで積極的な役割を果たしている（箱田，1991）。こうしたイメージの果たす機能が今後重要な研究課題となってこよう。いまや時代は，SF映画の世界を現実のものにしつつある。人工的な感覚代行装置の開発とその実用化は急速な勢いで進んで

おり，単なる視聴覚レベルを超えてよりリアルな感覚体験を可能にする装置は，いずれ TV に代わって多くの人が日常的に接するものになっていくにちがいない。一方で，このように外部から，なかば強制的に作り出される人工的な感覚的世界が，想像力と創造性にみちた人間の内発的思考の衰退をもたらすことを危惧する人もいる。心的イメージは知覚や行動の内的シミュレーションの機能をもっている。そして，それは外発的に生み出される人工的な仮想現実とは異なり，意識の統御下にあって，意図的で自発的な操作が可能な創造的な感覚的・感性的世界をもたらすものなのである。

▶ブックガイド

リチャードソン, A. 1969 鬼澤 貞・滝浦静雄（訳）1973 心像 紀伊國屋書店
現代イメージ研究の草分け的存在であるオーストラリアのリチャードソンの主著の邦訳。イメージを残像，回帰像，直観像，記憶心像，想像心像と分類し，各タイプの心像研究を細述。

北村晴朗 1982 心像表象の心理 誠信書房
心的イメージのすべての領域にわたり，心理学の黎明期から現代のイメージ研究まで懇切丁寧に解説されている。イメージ研究の定本。

水島恵一・上杉 喬（編）1983 イメージの基礎心理学 誠信書房
シリーズ化されており，認知心理学の分野のみならず，広範な分野のイメージ研究が網羅されている。

箱田裕司（編著）1991 イメージング サイエンス社
イメージの機能について，主として著者たち自らの最新の実証的な研究資料をまとめたもの。デザインの創造過程におけるイメージ，スポーツにおけるイメージ，珠算と太極拳のイメージエキスパート，そしてイメージと脳機能，イメージと知覚の共通性など多彩。

菱谷晋介（編著）2000 イメージの世界 ナカニシヤ出版
認知心理学の分野を中心にイメージのさまざまな側面についての研究が一冊にまとめられている。イメージの新しい知識や理論を獲得するのに役立つ。

トピックス5

スポーツとイメージ

今やスポーツ界では，**イメージトレーニング**を知らない人はいないだろう。しかし，実際の練習や試合の中で系統的・組織的に行っている人は少ない。ここでは実践的な活用法を紹介してみたい。なお，くわしくは徳永（1991，1997）を参照されたい。

1 具体的なイメージトレーニング

(1) **イメージの基礎練習** 好きな色や風景のイメージ，スポーツ用具のイメージ，試合場全体のイメージ，「見ている」イメージ，「している」イメージ，ベストプレイ（成功）イメージを練習する。とくにベストプレイのイメージは過去の大会でのもっとも良いプレイを思い出し，そのときの会場，プレイの状況，終わったときの喜んでいる姿や感情などを描けるようにする。

(2) **技術練習のイメージ** 自分が上手にできるようになりたい動き，演技，技術などをイメージでリハーサル（予行演習）する。上手な人のプレイを実際に見たり，ビデオで見たりして，自分がしているイメージを描く。そのとき，ポイントとなる動きを言葉でメモに書いたり，絵や図にカラーで描いておくとよい。

(3) **作戦練習のイメージ** 少なくとも試合前1週間くらいから，試合用の作戦をイメージに描く。作戦は技術的なこと，体力的なこと，心理的なことに分けてメモに書く。また，その大会で起きそうないろいろな条件を想定して，それに対応する作戦を考えておく。逆転の作戦もその1からその3くらいまで作っておく。さらに，時間が関係するスポーツではタイムトライアルをするとよい。イメージの中で目標タイムに合うように100mを泳いだり，走ったりするなどの練習である。

(4) **イメージの描き方** イメージは視覚的に描くだけでなく，感情（気持ち），音，筋感覚が反応するように描く。また，静かな部屋で椅子にリラックスして座り，目を閉じて，「1分間イメージ→1～2分休憩→1分間イメージ→1～2分休憩→1分間イメージ（合計10分間くらい）」をする。慣れてきたら，イメージの時間を2～3分間に延ばし（合計20分くらい），自宅や練習の前後で1日に1～2回行う。

2 イメージと本番（試合）を近づける

パフォーマンスを高めるためには，イメージしただけでは十分ではない。イメージしたことを実際の動きやプレイとして表現できるようにしておくことが大切である。

ここでは図1のようなコートや競技場をカラーで描いたイメージカード（30cm×40cmくらい）を作り，自分の部屋などに貼っておくことを奨めたい。自分がイメージすることをカードの中で確認する。そして，カードを見ながら素振りをした

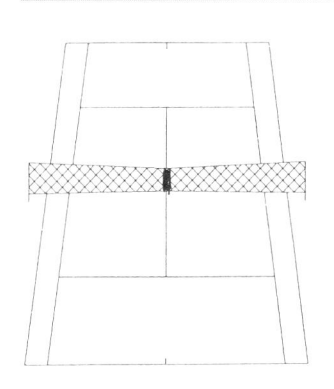

図1 イメージカード

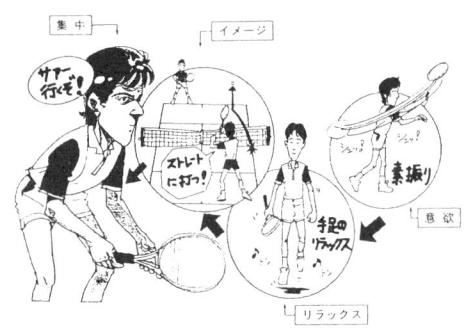

図2 セレモニー（儀式）化して集中力を高める
（徳永，1995）

り，実際の動きやプレイをリハーサルするのである。そして，イメージしたことを練習場でリハーサルするのは当然である。

3 試合中のイメージ

試合直前には，自分の目標とした作戦を描くし，試合中には状況に応じて作戦を切り換えたり，図2のようにプレイ直前にイメージを利用する。また，試合後には良かったプレイ，悪かったプレイをイメージで確認する。単にイメージするだけでなく，スポーツ日誌の中に言葉や絵，図を用いて記入することが大切である。とくに，試合中のイメージは図2のようにプレイを始める直前には，素振りをして意欲を高め，手足を動かしリラックスして，次にすることをイメージし，集中するといった一連の**セレモニー**（儀式）を行いながら集中力を高めていくことになる。試合はこのような動作の連続であり，イメージが随所に利用される。

6 章
注　意

　突然の大きな音に驚かされたときは，人は必ずその音のした方を振り返る。これは，外来の刺激により自動的に**注意**（attention）が引きつけられたことを示している。この行動は，視野の特定の場所に提示された情報を，他の場所に優先して選び出し，それについて処理を加える心のはたらきの現れであり，**空間的注意**（spatial attention），あるいは**注意の定位**（attentional orienting）とよばれている。突然現れた視覚刺激や音が自動的に注意を奪う現象は，注意の**自動的奪取**（attentional capture）とよばれる空間的注意の研究テーマのひとつである。

　また，子どもの好きな絵本に『ウォーリーを探せ』というのがある。この絵本では，ページごとに数多くの人やものにまぎれているウォーリーを探し出すおもしろさが子どもの心をいたく引きつけるようである。こうしたある特定の対象（ターゲット）を探すという行動は，**視覚探索**（visual search）とよばれ，これも注意の分野での重要な研究テーマとなっている。

　本章では，注意に関する多様な問題のうち，**選択**（selection）と**統合**（integration）にかかわる問題を主としてとりあげる。1節でまず注意とはどのような行動であるかについて簡単にふれ，2節では空間的注意，3節では視覚探索についてそれぞれ紹介する。4節では，古くから心理学の重要なテーマであった意識と注意の関係について簡単に論じてこの章を終える。

1節　注意とは

　注意は，心理学の歴史とともに古い研究テーマである（LaBerge, 1990）。行動主義の時代には，他の多くの高次精神機能と同様，日陰に追いやられていたが，認知心理学が隆盛を極めるようになってまた盛んに追求されるようにな

った(序章参照)。こうした研究の歴史を振り返ってみると,注意については,大きく2つの側面について研究されてきた。

そのひとつは,計器をじっと監視し続けるときのように,注意の維持・集中の問題であり,**ビジランス**(vigilance)とよばれている研究テーマである。もうひとつは,複数の情報源から必要な情報を選択的に取得するはたらきであり,これは**選択的注意**(selective attention)とよばれる。

2節 空間的注意

1 空間的注意の損益分析法

通常,注意を視野のある位置に向けたいと思ったときには,人は目をそちらに向ける。しかし,パーティで誰かと立ち話をしているときに,隣で進行している別の会話が気になったときにみられるように,目の前の相手を見つめながら別の方向に注意を向けることも可能である。目を動かして注意した場合を,**行動に表れた注意**(overt attention)とよぶことがある。これに対し,目を動かさないで注意のみ移動した場合には,**隠れた注意**(covert attention)とよばれる(Posner, 1980)。視覚探索課題では,通常被験者は,ターゲット(目標物)を検出するために目をその位置に移動させるので,この課題での注意は,行動に表れた注意を反映している。これに対し,空間的注意の実験では,被験者は目を凝視点に固定するようにと要請されるのが一般的なので,この課題ではたらいている注意は,隠れた注意である。

空間的注意は,しばしばスポットライトやズームレンズにたとえられる。スポットライトが舞台の登場人物のなかから,特定の俳優を浮かび上がらせるように,空間的注意は視野の特定の対象に対しそれを他の対象から際だたせるように作用する。また,ズームレンズの視野がズームイン・アウトすることで変わるように,注意のひろがりは,刺激により,あるいは意図的にその大きさが変化する。

空間的注意の実験では,注意を視野の特定の場所へと誘導する目的で,その付近に手がかりとなる刺激を事前に呈示するやり方が昔からひろく行われてきた。視野の特定の部位に注意を向けることが,処理にどのような影響を与えるかを,注意を向けなかった位置での処理を含めて検討できるようにしたのが,

ポズナーが考案した**損益分析法**（cost-benefit analysis）である（Posner, 1978）。

　この方法では，手がかり刺激によりターゲットの位置を予告するときに，手がかりの有効性をそれまでのように100％としないで，75～80％程度にした。こうすることで，手がかりが指示した場所とは異なる場所にターゲットが出現する試行を導入できた。この試行で得られた反応は，注意は手がかりの示す位置に移動したと想定されるので，注意が向けられなかった場合の反応ということになる。ただし，多くの場合，ターゲットは単独で呈示されるので，手がかりとは異なる位置にターゲットが呈示されたときには，被験者は注意を素早くターゲットの位置に向け直すものと想定された。この注意の再配置には一定の時間がかかり，そのため反応時間は遅延することになる（典型的な実験例を図6-1に示した）。

　損益分析法では，手がかりが正しくターゲットの位置を指示した試行を有効な試行とよび，別の位置を示した試行を無効な試行とよぶ。この2つの手がかりの操作に加え，手がかりがターゲットの位置に関して情報を与えない中立条

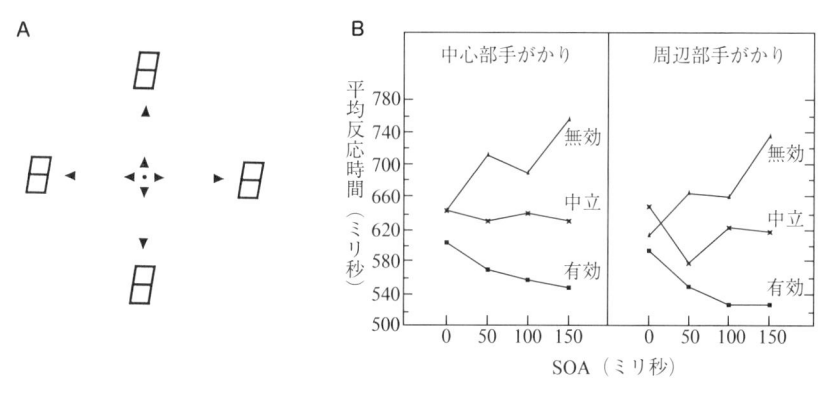

Aは，実験で用いられた刺激。中心の凝視点付近に呈示した手がかりと周辺のターゲットの付近に呈示した手がかりをターゲット刺激とともに示した。この実験での被験者の課題は，瞬間的に呈示された数字が何であったかを判断することであった。Bは，得られた結果を示す。どちらの手がかりでも，SOA（stimulus onset asynchrony：手がかり呈示からターゲット呈示までの時間間隔）が長くなるにつれ有効な試行の反応時間は短くなり，無効な試行の反応時間は長くなっている。これに対し，中立条件では反応時間は手がかりのSOAにかかわりなくほぼ一定である。

図6-1　典型的な損益分析法の実験例（Warner *et al.*, 1990）

件が設けられた。この条件を入れたことで，注意を向けなかったことが引き起こす損失（中立条件と無効条件の差）と注意を向けたことによる利益（有効条件と中立条件の差）を分けて検討することが可能となった（ただし，中立条件の使用に関しては異論〔Jonides & Mack, 1984〕もある）。

　損益分析法により，注意を可能にしている処理のコンポーネントをより細かく検討することが可能になった。ポズナーのグループ（Posner et al., 1988）は，**注意の移動**は，①注意をすでに向けた場所から注意を引き剝がし（disengagement），②それを別の場所に移動し（shift），さらに③移動した先にある対象に対し注意を作用させる（engagement），という3つの段階からなると主張した。損益分析法により，ポズナーら（Posner et al., 1984）は，空間的注意に関係することが知られている頭頂葉に損傷を被った患者では，注意の引き剝がしに障害があることを報告している。

2　早期選択説と後期選択説

　選択的注意の研究では，注意が処理のどの段階で作用しているかが，長く主要な論争点であった（Lambert, 1985）。初期に行われたのは，**両耳分離聴**（dichotic listening）の実験であった。この実験では，それぞれの耳から別々のメッセージを同時に聴き，一方のメッセージにのみ注意を向けるようにと被験者に教示を与える。被験者が実際に指示された耳から聞こえるメッセージに注意を向けていることを確認する意味で，その内容をオウム返しに復唱させる。この手続きを**シャドウイング**（shadowing）とよぶ。

　シャドウイングを受けなかった内容がほとんど理解できなかったという発見から，注意を向けなかったチャンネルの情報は，ちょうどテレビのチャンネルを別の局に合わせたときのように，入力の早期の（まだ，刺激の物理的処理しか終了していない）段階でフィルターにかけられて，失われてしまうと考えられた。これがブロードベント（Broadbent, 1958）の唱えた**早期選択説**である。これに対し，その後の研究では，注意を向けなかったチャンネルについて，高次の処理（たとえば意味内容にかかわる処理）が行われていることを間接的に示す証拠が種々得られたことで，**後期選択説**（代表的な初期の論文にドイッチュとドイッチュ〔Deutsch & Deutsch, 1963〕がある）が唱えられ，一時は後者の説が有力となった。

しかし，PET（ポジトロン・エミッション・トモグラフィー）やfMRI（機能的核磁気共鳴診断装置）などを用いて関係する脳の活動領域を調べる実験（Shulman et al., 1997）や動物での神経生理学的実験（Desimone et al., 1990）により，たとえば視覚系では，V4やV5とよばれる大脳皮質の領域（これは，視覚情報処理のかなり早期の段階であり，とうてい意味情報の処理を行っているとは考えられない段階である）での注意の作用を示す証拠（たとえば比較的初期の研究としては，Corbetta et al., 1990がある）が得られたことで，注意は早い段階から影響を及ぼしていることが確実になってきた。

こうした経緯もあり，現在では，注意の影響が早い段階か後の段階かの二者択一を論ずるよりも，注意の影響は複数の段階でみられることを前提として，特定の段階での注意のはたらき方がどのようなものかを調べることに研究の焦点が移ってきている（たとえばLuck & Hillyard, 2000）。

3節　視覚探索と特徴統合

1　視覚情報処理の2つのステージ

一般に視覚系の処理は2つのステージからなるとされている。日常の光景では，視野中に複数の対象が同時に存在するのが普通であり，外界を認識するには，まずそれらを別々の存在として分離することから始める必要がある。これに失敗すれば，擬態にみられるように，対象は背景と融合したまま，個別の対象としては認識できなくなる。したがって，初段の処理は，プリミティブな特徴（たとえば，明るさや色，あるいは運動や奥行きなど）にもとづいて視野を対象領域へと分解するためにある。この段階は，複数のチャンネルが同時かつ**並行処理**（parallel processing）され，選択的注意の関与する余地はないので，**前注意的過程**（preattentive process）とよばれている（Broadbent, 1977）。

次の段階の処理では，こうして分解された個々の領域に対し，個別に注意を向けることにより，それらがおのおの独立の対象として認識される。この過程は，注意をともない一度にひとつの対象しか処理できない**継時的過程**（serial process）であり，**注意過程**（attentive process）とよばれる。

近年の神経生理学的研究により，脳内には視覚にかかわる数多くの領域が存在することが判明し，さらに，そうした領域にある神経細胞はそれぞれ異なる

刺激の特徴（たとえば色や運動，それに形態など）に対し特異的な応答を示すこともわかってきた。もし，知覚が脳の処理様式をダイレクトに反映するとすると，私たちが見ている世界は，色や形がバラバラに存在する抽象画のような世界になるはずである。しかしながら，幸いなことに，現実の知覚世界の様子は，ひとつの刺激を構成する種々の特徴はその刺激に対応した特定の対象に属するものとして統合された状態（こうした状態をカーネマンとトリースマン〔Kahneman & Treisman, 1984〕は，**対象ファイル**〔object file〕とよんでいる）で自覚される。

脳がいかにして別々の領域で行っている処理の結果をひとつの知覚体験としてまとめあげるかは，**特徴結合問題**（feature binding problem）とよばれている（Treisman, 1996）。この問題は，脳で行われている処理とその結果が反映して成立すると思われている意識状態との関係を理解するうえでの難問のひとつとなっている。現在のところ，どのようなしくみによりこれが実現されているのかについては，統一した見解は得られていない。

2 特徴統合説

よく知られているように，トリースマンは，この問題に対しひとつの解決策を提案している。**特徴統合説**（feature integration theory；図6-2）として知られている彼女の理論では，特徴間を統合する接着剤の役割を果たすのは，空間的な注意であるとされている（Treisman, 1988; Treisman & Gelade, 1980）。前注意的過程に対応すると思われる脳の領域には，異なる特徴（たとえば色や傾き）を

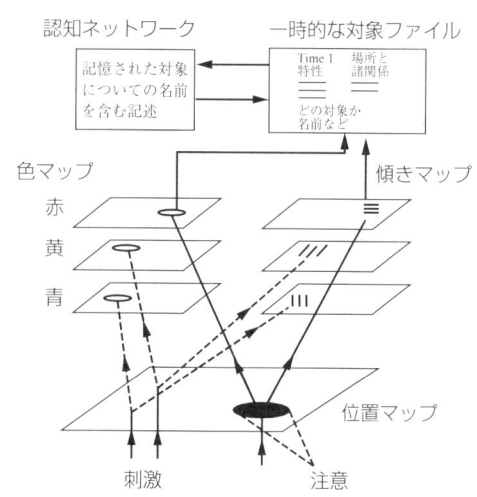

この図では，色と傾きに応答する処理モジュールが例として描かれている。注意により網膜上の位置に対応したある部位（黒く塗られた領域）が選択され，それぞれのモジュール内の対応する位置の情報が対象ファイルにまとめられる。

図6-2 トリースマンの特徴統合説（Treisman, 1988）

処理する領域（**特徴処理モジュール**）が個別に存在し，網膜位置にもとづいて並列処理を行っている．空間的注意を担う系も同じく網膜依存のマップをもち，そのマップにより注意を向けるべき位置を決定している．注意が複数の特徴処理を担うそれぞれの領域のマップ上で，同じ網膜上の位置に対応する部位に作用することより，複数の特徴がひとつの対象に属する特徴群として統合される．この結果，私たちはその特徴を対象の属性として意識的に知覚することになる．

3　特徴統合説を支持する研究

特徴統合説の根拠となる証拠として，トリースマンらは主として2種類の実験結果をあげている．

そのひとつは，注意を向けなかった複数の項目間で特徴の混同が起こるというトリースマンとシュミット（Treisman & Schmidt, 1982）の知見で，**特徴浮遊**（feature migration）とよばれている現象である．

この実験では，一例として，被験者に図6-3のような配置で文字と数字を瞬間呈示し，両側の数字に対し注意を向けさせておき，それが何という数字かをまず答えさせた．次に副次的な課題として文字の種類と色を答えさせた．被験者の注意が，この課題に向けられなかったときには，実際に呈示した刺激とは異なる色と形の組み合わせが報告された．こうした混同が生ずるのは，注意が向けられなかった刺激では，それぞれの刺激がもつ特徴（たとえば色と形）の網膜上の位置が定まっておらず自由に移動するためであると，彼女たちは解釈した．日常においても，とくにひらがなやカタカナでは，よく注意しないで読むと，単語を構成する文字の位置を誤って知覚することがある．個人的な経験から例をあげると，最近，あるウェブサイトの記事を読んでいて，「グッドイヤー」という言葉だとばかり思っていた単語が，後でよく見たら実は「ドッグイヤー」だったということがあった．これは，「ドッグイヤー（犬の耳）」よりも「グッドイヤー（アメリカのタイヤメーカー）」の方が言葉としてなじみがあるから起こった間違いであろう．こうした文字の位置の交替も特徴浮遊の例である（文字の浮

3 X P L 5

この実験の主課題は，両端にある数字の読み取りである．被験者は，主課題の後で数字にはさまれた3つの図形の色（濃淡で表す）と形を報告する．

図6-3　特徴浮遊で用いられた刺激パターンの例（Treisman & Schmidt, 1982）

6章 注　意

遊については，モザーの実験〔Mozer, 1983〕がある）。

もうひとつの証拠は，**視覚探索**課題での2種類の探索成績のありようから導かれた。視覚探索課題とは，人混みの中に友人の姿を探す場合や，本屋で欲しい本を探す場合のように，心の中にあるターゲット（目標物）を保持した状態で，それが外界に存在するかどうかを知ろうとして外界を目で探す（走査する）行動をいう。

この場合，探している対象に顕著な特徴があると，探索は容易であり，あればすぐそうとわかるし，ない場合でもないとただちに判断できる。これに対し，そうした顕著な特徴がなければ，探しているものを見つけるには，ひとつひとつの対象を順番に見ていかなければならない。後者のことが起こるのは，はっきりした特徴がない（人の姿は皆似ている）か，あるいは異なる種類の特徴が結合した場合か（本は，形や大きさが異なるだけでなく，その装丁も皆バラバラで，特定の特徴に頼って探すことはできない）である。このような複数の特徴が組み合わされて構成された刺激をターゲットとして探索する課題は，**結合探索**（conjunction search）とよばれている。

実験室でこうした日常の行動を再現すると，単一特徴探索（単独の特徴の違いにもとづく探索）では，特徴の違いが顕著であれば，

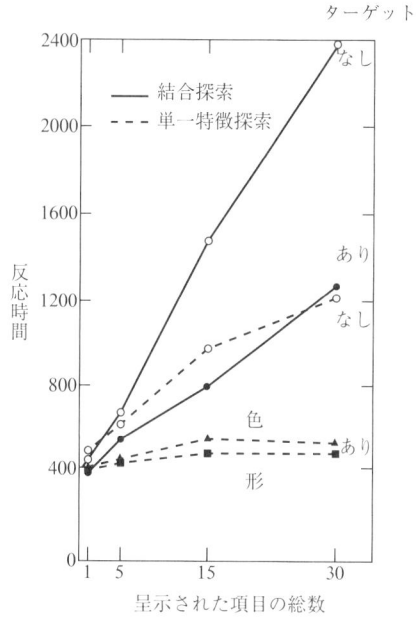

はっきりとした単一の特徴（ここでは色か形）にもとづく探索は，ターゲットが存在するときには，妨害刺激の数に依存せず探索時間はほぼ一定となる。これに対し，結合探索（ここでは色と形の組み合わせ）では，探索時間は妨害刺激の数に比例して増加する。また，この場合，ターゲットがない試行での妨害刺激と反応時間の関係を表す直線の傾きは，ターゲットがある場合のほぼ2倍となっている。これは，探索が継時的（serial）でなおかつターゲットが見つかった時点で停止する自動打ち切り走査（self-terminating search）だからである。

図6-4　視覚探索実験の例（Treisman & Gelade, 1980）

ターゲットの検出は背景を構成する**妨害刺激**（distracter）の数に依存せず，妨害刺激数と探索時間の関係は，フラットな直線となる。これは前注意的段階での並行処理により，その特徴の状態（たとえば「赤い色」）が他の状態（「緑色」）からただちに分離され，これが注意を引きつけるからである。こうした場合，主観的印象としては，刺激の方から「目に飛び込んでくる（**ポップアウト**）」ように感じられる。これにより，注意はただちにターゲットに向けられ，探索に要する時間は背景刺激の数によらず一定となる。

これに対し，ターゲットが複数の特徴の組み合わせである場合（結合探索課題）では，特徴の組み合わせを確認する（特徴を統合する）には，個々の項目に注意を向ける必要があるので，探索に要する時間は，妨害刺激の数に比例して延長することになる（図6-4）。

4　特徴統合説の問題点

トリースマンの特徴統合理論は，数多くの実験心理学的データに支えられ確固とした基盤に立っているように思われる。しかしながら，特徴浮遊での注意の影響を調べた実験（Cohen & Ivry, 1989）では，注意の範囲外にもかかわらず，被験者は文字とその色の組み合わせを半数以上の試行において正しく報告した。これは，注意が主課題からそれて副課題に向いてしまったためと考えるにはあまりに高い数字のように思われる。

また，最近，ウォチュリクとカンウィッシャー（Wojciulik & Kanwisher, 1998）は，両側の頭頂葉損傷により**バリント症候群**（Balint's syndrome；本章末のトピックス参照）を呈している患者を被験者として，顕在的（言語報告）にはチャンスレベルでしか正しく特徴を統合できないにもかかわらず，**ストループ課題**（色名〔たとえば赤とか緑とか〕を色インクで印字し，色名ではなく，インクの色を判断させる課題。色名とインクの色が一致しないときには，一致したときに比べ，判断により多くの時間がかかる）を用いた潜在的な特徴の混同を探った課題では特徴どうしが正しく結合していることを示す証拠を得ている。

こうした知見を考慮すると，注意と特徴浮遊との関係は，特徴統合理論が想定するよりもっと複雑である可能性がある。

視覚探索実験から得られたデータについても，多くの反論や反証が出ている。

ウォルフら (Wolfe et al., 1989) は，結合探索課題であっても，トリースマンらが実証したような妨害刺激の数に依存して急激に探索時間が増加するような線形関係が得られるとは限らないこと，また，組み合わせる特徴の種類を通常の2個から3個に増やしても，項目あたりの探索時間は長くなるどころかむしろ短くなることなどから，特徴の組み合わせにより探索範囲が限定されるという**誘導探索モデル** (guided search model) を提案している。

さらに，ダンカンとハンフリー (Duncan & Humphreys, 1989) は，トリースマンがいうような視覚探索における2つの探索の質的区別（前注意的処理を反映する並行探索と注意に依存した継時探索）に反対し，探索の時間を決める要因は，呈示される刺激間の類似性であるとする説を提案している。彼らの実験結果は，視覚探索のあり方は，ターゲットと妨害刺激の間の類似性が高くなると，また，妨害刺激の非類似性が高まる（妨害刺激の種類が増える）と，より継時的になることを見出している。こうした反論に加え，結合探索課題であっても，特別な特徴の組み合わせ（たとえば奥行きと色あるいは運動の結合；Nakayama & Silverman, 1986) では，単独の特徴にもとづく探索と同様に背景刺激の数にほとんど依存しないフラットな関係が得られる場合があることも報告されている。

5 同期発火による特徴統合

心理学的実験とはまったく異なる神経生理学的実験で得られた知見から，特徴結合問題を説明しようとするまったく違った試みが，ドイツのジンガーらの一派（彼らの研究をまとめたものとしては，Singer & Gray, 1995が参考になる）によりなされている。彼らは，異なった受容野をもつ神経細胞の発火が，同一の対象により刺激された場合にのみ約40Hzで同期するという発見から出発して，それぞれ異なる特徴を処理している神経細胞が同じ対象に属する特徴を処理していることを表す符号として，神経細胞群の発火の同期を提案している。

この説によれば，特徴を対象へと統合するのは，対象により駆動された神経細胞群の発火の自己組織的な同期であって，注意という上からの能動的なはたらきによるのではないことになる。

4節　注意と意識の関係

1　注意しないものは見えていないのか

　古くから**注意と意識**の間には密接な関係があると考えられてきた。その関係のあり方は，注意と意識を同じものとみなす立場から，しだいに両者は別のはたらきだとするものへと変わってきている。ここでは，注意と意識とは関係が深いものの別の機構により実現されたものだとする立場（Iwasaki, 1993 ; Crick & Koch, 1998）から，両者の関係を論じてみたい。

　注意したものが意識にのぼる，あるいはその結果として記憶にとどまることは誰も否定しない。それではその裏命題といえる「注意を向けられなかった対象は意識されない」は，正しいであろうか。論理学では，一般的に元の命題が真であっても裏命題は真とは限らないとされている。注意と意識の関係では，果たしてどうだろうか。

　すでに述べたように，古典的な注意の実験に両耳分離聴でのシャドウイングというテクニックがある。日常生活でこうした実験に近い事態としては，最近問題となっている携帯電話をかけながらの運転がある。この場合，電話に夢中になると，運転中の他の出来事については後で振り返っても記憶がないことが多い。ある意味では，その時のことは意識しなかったといえる。しかし，注意が電話の話を理解することに全面的に向けられていたからといって，運転中に見聞きしたことを，運転していたその瞬間，瞬間にまったく意識しなかったといえるだろうか。運転者の意識には何らかの意味で前方の視界に生ずる出来事が反映されていたのではないだろうか。個人的な内省によれば，こうした注意を別のチャンネルに向けている事態であっても，少なくとも視野がブランクになるような印象は生じないように思える。

2　見えていたものが消える──同時失認のケース

　神経心理学的研究から，注意と意識の関係に関して示唆に富む症例が報告されている。両側の後頭葉から頭頂葉にかけての領域に損傷を受けた患者（Gottlieb et al., 1991 ; Watson & Rapesak, 1989）やアルツハイマー病が疑われている患者（Mendez et al., 1990）のなかに，「目を向けたものが消えてし

まう」と訴える人がいる。これは**同時失認**（simultanagnosia）とよばれる症状である。目を向けるという行動は，顕在的な注意であるから，この症例の訴えは，注意により像の消失が促進することを示唆している。こうした症例では，頭頂葉へ信号を送っている経路に変成が認められる。頭頂葉は空間的注意にとって重要な領域であることが知られているので，同時失認は，注意にかかわる機能の障害だと推測される。

それでは，同時失認では見たい対象に注意ができないから，いいかえれば注意するという機能に障害があって，像が消えるのだろうか。この説明は，一見すると従来の注意と意識の関係からしてもっともらしく思えるが，よく考えてみると事実と合わないことがわかる。まず，患者さんは，「像が消える」と訴えているのであって，最初から「像が見えない」とはいっていない。つまり，注意を向けられなくて見えないのではなく，注意は向けたのだが，その持続により像が消えたと考えるべきである。

こうした注視にともなう像の消失現象としては，古典的な**静止網膜像**（stabilized retinal image）の消失（Prichard, 1961）がよく知られている。静止網膜像とは，網膜に投影された像が目の微細な運動にともなって網膜上でわずかに移動している状態を止めると，像の見えが改善するどころか，むしろその逆で，数秒のうちに見えなくなってしまう，という直観に反するように思える現象である。同時失認の患者でみられる現象も，おそらく，この静止網膜像での現象と同一の機構から生じていると推測される。ただし，静止網膜像では，像の網膜上の動きをコンタクトレンズのような人工的な手段を用いて止めたが，同時失認の場合には，神経細胞の脱落により，微小な動きに対する感度が低下したことが，実質的に静止網膜像状態を生み出し，持続的に注視した対象が消失したのではないかと考えられる。

正常な被験者を対象とした実験でも注意したものが選択的に消えることは，すでに1961年にスミス（Smith, 1961）が観察し，『ネイチャー』に報告している。最近，香港のロウ（Lou, 1999）や岩崎（Iwasaki, 1997）も同様の観察を報告している。注意による像の消失の促進を示すこれらの観察結果は，注意の作用が単に知覚に対し促進的に作用するばかりではないことを示唆する点でも興味深い。

3 注意と意識の機能局在

神経心理学的研究は，脳の**機能局在**について多くの興味深い知見を与えてくれる。これまでの多くの研究を総合すると，機能局在がはっきりしない心のはたらきとして，知能，記憶，および意識をあげることができる。こうした心のはたらきが局在できないのは，すでに記憶の機能局在（Squire, 1987）に関して明らかになってきたように，こうした機能が単一の機能ではなく，複数の独立した機能を担うモジュールの集合体だからであろう。

これに対し，選択的注意では，複数の下位のモジュールが存在し，それらの局在もはっきりしているが，全体としてひとつの目的に奉仕するものとされている（Posner & Petersen, 1990）。こうした意識と注意の局在のあり方の違いを考慮しても，この2つの心のはたらきが，脳のしくみとしては異なっていることが推定される。

▷ブックガイド

安西祐一郎・苧阪直行・前田敏博・彦坂興秀 1994 注意と意識（岩波講座 認知科学9） 岩波書店
　　注意と意識の問題について，心理学的研究のみならず，生理学的研究についても広く紹介している。

ポズナー, M. I. & レイクル, M. E. 1994 養老孟司（訳）1997 脳を観る——認知神経科学が明かす心の謎 日経サイエンス社
　　心のはたらきと脳のはたらきを結びつける好著。注意に関しては7章にポズナーの考えが詳しく紹介されている。是非，全体を一読してほしい。

リンゼイ, P. H. & ノーマン, D. A. 1977 中溝幸夫ほか（訳） 1984 情報処理心理学入門II——注意と記憶 サイエンス社
　　情報処理という観点から認知をみた古典的名著。注意の古い研究について知るのには有用である。

トピックス6

バリント症候群の注意障害（同時失認）

　バリント症候群は，バリント（Balint, 1909）が記載した視空間知覚障害で，以下の3症状からなる。①**精神性注視麻痺**：視覚刺激に対し自分の意志で視線を移動したり，固定したりできない。②**視覚失調**：注視した対象をつかもうとすると，位置を間違いうまくつかめない。③**視覚性注意障害**：一時に少数（典型的にはひとつ）の対象しか知覚できない，つまりあるものを見ると他のものすべてが見えなくなってしまう。

　バリント症候群は，両側大脳の外側，後頭葉と頭頂葉の境界部に脳梗塞などの病変があると生じる（図1）。それぞれの単独症状のみを示す症例の報告があるので（Waltz, 1961；Damasio & Benton, 1979；Rizzo & Hurtig, 1987），これら3症状があいともなって生じるのは，それぞれを引き起こす場所が解剖学的に近いためで，同一のシステムの破綻によるものではないことがうかがわれる。ここでは，視覚性注意障害について述べる。

　患者は，視力，視野には問題なく，見ることができた対象は正しく認知できるにもかかわらず，一度にごく少数の対象しか視覚的に認知できない。同時に複数のものを認知できないので，**同時失認**ともよばれる。たとえば，ライトを見せ，ライトに注意している状態でマッチの火をライトに近づけても，マッチの火には気づかず，ただライトだけが見えている（山鳥，1985）。タイラー（Tyler, 1968）の患者は，ラクダに乗った男性がピラミッドを見ている絵（図2a）を，はじめに示されたとき「山」，次に示されたとき「男の人」が見えたと言い，長い間見せられ個々の対象を頭の中でつなぎあわせてようやく「山を見ている男の人」と述べた。しかし，ラクダにはまったく気づかなかった。

　一度に注意を向けることができる視野や空間の範囲，位置が制限されているのではなく，対象の数が制限されているのである。また，どの対象だけが一度に見えるかを決めるのには，トップダウン処理の影響が強くはたらいている。このことは，次のような症例からわかる。ダビデの星（図2b）の成分にあたる2つの三角形を一方は赤，一方は青で描いて示すと，見えるものは「赤い三角」あるい

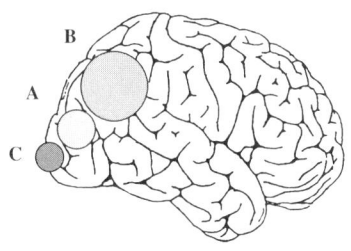

　Aの病変が両側大脳半球にあるとバリント症候群を起こす。Bの病変では左半側空間無視を起こす。Cの領域が初期の視覚皮質である。

図1　大脳半球側面（右半球）

(a) タイラー（Tyler, 1968）の患者は，この絵を長時間見回した後，「男の人が山を見ている」と言い，ラクダにはまったく気づかなかった。
(b) ルリア（Luria, 1959）が用いたダビデの星。実際には実線の三角が赤線，破線の三角が青線で描かれている。これを示された患者は，赤い三角，あるいは青い三角しか報告できなかった。

図2 バリント症候群の症例

は「青い三角」としか答えられなかった（Luria, 1959）。患者は，長い文章の右端の単語しか読めなかったが，その1単語を読めなかった文章と同じ大きさで視野全体を覆うよう呈示したときには単語全体を読むことができた（Williams, 1970）。

この現象の原因はいまだ明らかでないが，ヴェルファーレ（Verfaellie et al., 1990）は，ポズナー（Posner et al., 1984）の手がかり刺激を用いた注意課題（6章参照）を用いて，バリント症候群の患者は，それ以前にどこかに向いていた視覚的注意を解放して左あるいは右の新しい対象に向けることが困難なことを示した。頭頂葉の一側性の病変（図1）は，視覚に限らず聴覚，触覚などでも反対側（たとえば大脳の左半球に病変が起きたときには本人の右側）に与えられた刺激を無視する症状（**半側空間無視**）を起こすので，感覚様式に関係なくその空間へ注意を向けていると考えられる。バリント症候群の病巣はこれと初期視覚皮質の中間の解剖学的位置に存在するので，両者に介在して視覚についてのみ注意のスポットライトをコントロールする機構が存在する場所なのかもしれない。

前述した左右対称の位置に梗塞が起こる確率は低いので非常にまれな症候群とされてきたが，痴呆の原因では一番多い**アルツハイマー病**の患者のなかにこの症状を示すものが少なからず存在することがわかってきた（Mendez et al., 1990）。筆者らの調査でも，軽症のものを含めればアルツハイマー病患者の約30％にこの症状を認めた。したがって，その本体を知ることは多くの痴呆患者のハンディキャップを補ううえでも重要なのである。

7 章
記　憶

　1931年2月半ば，ニューヨーク市の酒類密売店に2人の強盗が押し入った。駆けつけた2人の警官と撃ち合いの末，強盗1人と警官が1人死んだ。警察は，死亡した強盗の身元を調べ，そこからその友人を割り出した。最終的に以前その密売店の従業員だったハリー・カシン，19歳を取り調べた。カシンが事情聴取のために警察に来たとき，彼が犯人だと言った目撃者は1人もいなかった。2カ月後，事件当時店にいたと思われる売春婦がカシンを犯人であると供述した。この売春婦も，捜査の初期には彼が犯人であるとはいえないと言っていた。また，他のさまざまな証拠はカシンが犯人でないことを示していた。しかし，売春婦の供述によって彼は殺人の容疑で逮捕され，裁判にかけられたのである（Loftus, 1975）。

　このハリー・カシン事件では，売春婦には事件直後カシンが犯人であるという確信はなかった。売春婦が事件の2カ月後にカシンが犯人であるという証言をしたのは，彼女が突然に思い出したためであろうか，それとも彼女はいつのまにか思い違いをしていたのであろうか。

　私たちの日常生活では，思い違いをしていたという経験とともに，思い出せないという経験も数しれない。あるときには思い出せなかったものが，突然思い出せるようになるには，何かのきっかけがあることがしばしばである。それは，25年という長い時を経た場所の記憶であっても生じることがある。

　父が25年ほど前に住んでいた都市を久しぶりに訪れることになったときのことである。父は住んでいた家がどこにあったかはまったく覚えていなかったが，大学から家に向かってまっすぐの道を帰ったということだけを覚えていた。大学からその町にいく途中でも，「もうすっかり忘れてしまった。何も覚えていない」と何度も繰り返していたが，大きな池のあたりに着いた途端，「そこそこ，その次の角を右に曲がって」と，たちまち住んでいた場所を思い出したの

である。幸いにも町があまり変わっていなかったために，その後次々と思い出されたランドマークは25年の時を隔てても確認することができた。

1節　記憶の変容

過去の記憶はそのまま保持され続けるのだろうか。それとも変容するのだろうか。

1　干渉による変容

警察は，ある事件に目撃者がいる場合には，通常の手続きでは最初に何枚かの写真の中に犯人がいるかどうかを尋ねる。犯人として特定の人が選ばれると，その後，複数人を並ばせた面通しを行う。この面通しのときに，写真を見た作業自体が目撃した記憶に影響を与えるという報告がある。

ブラウンら（Brown et al., 1977）の研究では「目撃者」役となった人が25秒間，まったく見知らぬ人たちで構成された「犯人」グループを目撃した。「目撃者」役は，「もしかしたら，その日に写真から犯人を選び出してもらうかもしれない。また1週間後に面通しで犯人を割り出してもらうかもしれない」と告げられ，そのために注意深く見るように言われた。1時間半後，「目撃者」役は「犯人」が数人含まれた15枚の写真を見せられ，いわゆる写真面割りが行われた。1週間後には，面通しが何回か行われ，それぞれの人物が「犯行」現場にいたかどうかの判断が求められた。その結果，実際に目撃した「犯人」でもないのに，前もって写真で見せられていたために，以前に会ったこともない人を犯人のひとりとした人たちが20％もいた。写真で見せられたために面通しで犯人として「思い出された」のである。

第2の実験では，「目撃者」役は後で思い出す必要があるとは知らされないで犯人を目撃した。すなわち，注意深く見るようには言われなかった。2，3日後，「目撃者」役は写真を見る。その後4，5日たって面通しによる証言を行った。誤りは第1実験よりも多く，人物の写真を途中で見せられると，一度も目撃していない人物が「犯人」と判定されるパーセンテージは29％に上がった。この2つの実験は写真による明らかなバイアス誘導効果を示している。

目撃のような，自分の経験をもとに「いつ」「どこで」というように特定の

時間と空間をもっている記憶は**エピソード記憶**（episodic memory）とよばれる。たとえば，今朝，ご飯は何を食べたかなと聞かれて，今日のメニューを思い出して答えるようなものである。

2　意味的体制化による変容

目撃者の記憶では，出来事のあとにそのことに関連した情報が与えられると，事実の記憶がそのような事後情報によって歪められてしまう**事後情報効果**が報告されている（Loftus, 1975）。また，誘導尋問のように返答の内容を方向づける言葉を含めた質問によっても，記憶が変容することがあり，これを**語法効果**として報告している。

このように現在の解釈によって過去の記憶が変容する場合がある。たとえば，子どものときに通った学校や昔住んでいた家をおとなになって久しぶりに訪れたときに，思ったよりも建物が小さいと感じることがある。この場合，子どものときの自分の体の大きさを基準として建物の大きさを記憶していたが，現在ではおとなになった体の大きさから建物の大きさを思い出しているためである（戸沼，1978）。このように，思い出されるものは，過去の事実だけではなく，思い出している現在の状況も反映している（大橋，1993）。

これは，エピソード記憶やすでに意味的にまとめていた記憶にさらに新しい情報が組み込まれ，新たな意味へと変容するためである。バートレット

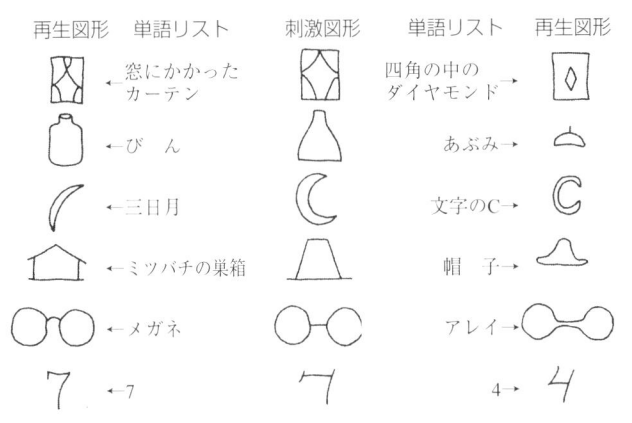

再生図形	単語リスト	刺激図形	単語リスト	再生図形
	←窓にかかったカーテン		四角の中のダイヤモンド→	
	←びん		あぶみ→	
	←三日月		文字のC→	
	←ミツバチの巣箱		帽子→	
	←メガネ		アレイ→	
	←7	7	4→	

図7-1　刺激図形（中央）が言語的命名によって変形した再生図形の例（左側および右側）（Carmichael *et al.*, 1932より一部改変）

(Bartlett, 1938) は，これを**スキーマ**という概念によって説明した。カーマイケルら（Carmichael et al., 1932）が記憶の歪みに関する古典的な実験で示した図形のラベリングによる記憶の変容は，その典型である（図7-1参照）。

このように意味的関連性によって言語的体制化がなされている記憶は，**意味記憶**（semantic memory）とよばれる。これらの記憶がどの時点で変容しているかを決定することは難しい。意味記憶はエピソード状況そのものを知識にまとめ直しているので，意味記憶の段階ですでに現実から切り取られて記憶は変容していることになる。さらに，知覚される段階からトップダウン処理やデータ駆動型処理があることから，その時点ですでに意味の汲み取りが行われているとすれば，歪みの時期は，情報の入力時期へとさかのぼることになる。

2節 記憶の手段

1 検索手がかり

時として，意図せずに何かの拍子に過去の出来事を突然思い出すときがある。また，ある状況の下であれば思い出すことができることもある。場所の記憶の例のように，空間的な記憶は風景のなかに手がかりが存在することが多く，そのために記憶を呼び起こしやすい。これは，**文脈効果**とよばれているものである。記憶するときの手がかりが覚えたときの文脈内にあるためで，思い出すときに覚えたときの手がかりが手元にあると思い出しやすい。たとえば**状態依存学習**の実験では水中で学習したあとに，同じ場所で再生した方が異なる場所において再生したよりも結果がよいという（Baddeley, 1982）。

トムソンとタルヴィング（Thomson & Tulving, 1970）によると，あることが検索の手がかりとして有効にはたらくのは，手がかりと思い出す事項が覚えるときに一緒に**符号化**（encording）されているためである。これを**符号化特定性原理**（encoding specificity principle）という。

記憶の実験手続きでは，手がかりがなく思い出す場合を**再生**（reproduction）といい，選択肢が与えられて思い出す場合を**再認**（recognition）という。それらの想起量を比較するとほとんどの実験結果では再認の方が再生よりも成績がよい。再認の場合には，思い出すべきもののコピー（選択肢）と記憶表象のなかのオリジナルとを照合すればよいが，再生の場合には，検索の手がかり

を自分で作り出し，それから思い出される候補が記憶表象と一致するかどうかを調べることになる。このように，2段階を経ることから**2段階説**（または，**生成－再認説** generation-recognition theory）という（Kintsch, 1970；Anderson & Bower, 1972；図7-2参照）。

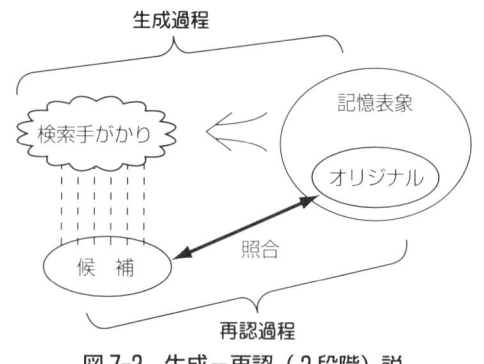

図7-2　生成－再認（2段階）説

では，ある事象を想起することを考えてみよう。たとえば，古い友だちの名前が思い出せないとき，似たような音を繰り返してみる。このとき思い出しているのはたとえば「た」のつく名字である。「高橋，田中，田島……」，そのひとつひとつを思い出しているときに，記憶表象の中の名前と照合し，一致するかどうかの判断を行っている。もし，覚えていた名前が，音韻的な手がかりではなく視覚的なものであったなら，名札に書いてあった書体などを思い出しているうちに，一致した字を思い出すこともある。覚えたときと同じ手がかりを探ることが大切である。思い出すことができないのは関連している適切な手がかりへとアクセスできないためであり，**検索失敗説**とよばれている（Tulving & Thomson, 1973）。

2　記　憶　術

ギリシャ・ローマ時代から，効率のよい検索の手がかりを作る方法は**記憶術**とよばれ種々の方法が考案されてきた。いつも通る通学路の目印ひとつひとつに思い出したいものを関連づけていく**場所法**（method of location）や，**ペグワード法**（図7-3参照）のように数字の連想イメージと覚えるべきものを連合させて覚える方法などがある。

記憶方略は，また，**展望記憶**の分野でも調べられている。展望記憶（または**未来記憶** future memory）とは，今より先の時点において，あるアクションを起こしたりプランを実行することを覚えている記憶である。ミーチャムとシンガー（Meacham & Singer, 1977）は，指定した日に葉書を忘れずに投函する

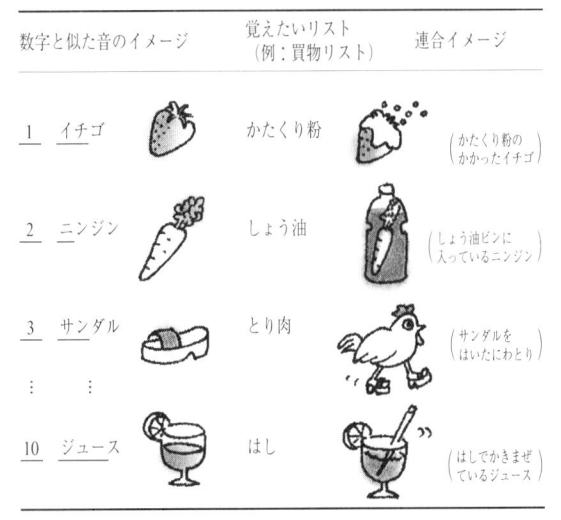

数字と似た音のイメージ	覚えたいリスト (例：買物リスト)	連合イメージ
1　イチゴ 🍓	かたくり粉	(かたくり粉のかかったイチゴ)
2　ニンジン 🥕	しょう油	(しょう油ビンに入っているニンジン)
3　サンダル 👡	とり肉	(サンダルをはいたにわとり)
⋮　⋮		
10　ジュース 🥤	はし	(はしでかきまぜているジュース)

図7-3　ペグワード法の例

という課題を出された大学生のなかで動機づけの高い学生は，低い学生より多く**リハーサル**を行ったり，外部的，補助的記憶手段を利用して正確に実行することを見出した。メモに書くことは，外部手がかりの利用であるが，このことが手がかりとして意味をなすのは，そのときに手帳を見て思い出すためばかりではない。メモを書くという行為自体とこの行為の行われた状況，たとえば手帳のどのあたりに書いたかとか，何色のペンで書いていたか，また，どんな字だったかのように，視覚的にコード化された状況の記憶などがそれぞれ手がかりのひとつとなっている。

　記憶術の知識とともに，それらをどのように活用するか，自分の能力の限界はどれぐらいかといった知識は，**メタメモリー**（metamemory）とよばれている。メタメモリーは経験によって獲得されることが多く，受験勉強においては，記憶するために手がかりを多く作成することやイメージや体制化を行うことよりも，ただ単に何度も繰り返せばよいというあやまった記憶術が信じられているケースもある。

　漢字の記憶についておもしろい現象が知られている。「けいたいでんわ」という漢字を思い出してみよう。思わず空中や机の上に指で書いた人はいないだろうか。この行動は空書行動と名づけられている（佐々木，1984）。その行動は，小学校に入ってしばらくしてから急増することから，漢字を書いて覚えた経験の反映であろうと考えられる。現在の子どもたちは，書いて覚える以外に国語の漢字の授業中に，同じ傍（つくり）をもつ漢字を探したり，一部分を共有する漢字を探したりするゲーム感覚の練習を行う。

（例）　黒□……返却……□刷……□益　　□の中に前後の漢字の一部分をとって適当な一語を入れよ。

このようにして覚えた漢字の場合には，子どもたちは覚えている漢字の部分を組み替えながら，視覚痕跡に一致したときに漢字として思い出すのである。同じことを覚えるにもさまざまな手がかりを作ることが記憶術である。

3節　記憶へのアプローチの変遷——量から機能へ

記憶の研究は古くから関心がもたれてきた。しかし，ようやく19世紀になって，エビングハウス（Ebbinghaus, H.）の実験によって組織的な研究が始まった。また，覚えること，覚えていること，思い出すことを情報処理の考えから，情報の流れを符号化（**記銘**），貯蔵（**保持**），検索（**想起**）の3つの段階として分類し，それぞれの段階の特徴を分析するようになった。

1　容量の限界

古典的な研究においては，エビングハウス（Ebbinghaus, 1885）が記憶の保持曲線（curve of retention）を表したように，記憶が時間とともに忘れ去られていくことは，さまざまな研究結果で確かめられている。エビングハウスは意味のバイアスや個人の違いが生じないように，**無意味綴り**（例：TWM）を使って記憶量が時間とともに変化する割合を調べた（図7-4）。この結果のように，時間とともに記憶量が減ることから，記憶は石に刻まれた跡のようなもので，年月とともに風化してその跡が薄れていく，という記憶痕跡消衰説が考えられていた。しかし，2節でみてきたように，適切な手がかりによって思い出される場合もあり，時間によって必ずしも忘却するわけではない。

記憶は保持時間の違いか

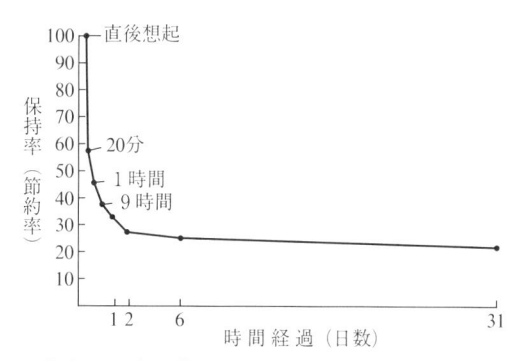

図7-4　エビングハウスの保持曲線（Ebbinghaus, 1885）

表7-1 各記憶段階の容量と機能

	感覚記憶	短期記憶	長期記憶
時間	(視覚)100～300ミリ秒 (聴覚)2, 3秒	18秒(80%忘却)	1分以上
容量	8～10項目	7±2	無限
移行	限界容量による選択	維持リハーサル（浅い処理）	精緻化リハーサル（深い処理）
機能	処理 コード化	作業 (作業記憶)	思い出：エピソード記憶 知識：意味記憶

ら，**感覚記憶**，**短期記憶**，**長期記憶**に分けられる。表7-1に示すように，それぞれの時間的な限界や量的な限界が調べられている。短期記憶の量的な限界である7±2**チャンク**（序章参照）は，発達や訓練によって変化しない。この7±2の1単位は，文字ひとつのことから，カテゴリー名や理論まで幅広く対応する。たとえば海外から福岡市内に電話をかけるときには，001-81-92-XXX-XXXXとなる。数字は14ケタであるが，国際電話番号-日本番号-市外局番-個人の電話番号の4つのまとまりとなる。このように，1単位の中に含まれる量を，**チャンク化**とよばれる統合化や置き換えによって増やすと，全体の短期記憶の量が増すことになる。

　長期記憶と短期記憶の2側面を反映していると考えられている実験に，項目をひとつずつ呈示したあと，呈示順序にかかわらず，自由な順序で項目の再生を求める**自由再生**の実験がある。この実験の結果，はじめの部分の記憶の正当率が高く（**初頭効果**），また，終わりの部分の正当率が高い（**新近性効果**）。また，すぐに再生せずに計算問題などを行った後に再生をすると，新近性効果がなくなる。このことから，新近性効果は，短期記憶を反映するものであり，すぐに思い出させずに何らかの認知作業を行わせると，消失してしまうと考えられた。

　しかし，その後の実験によって短期記憶から長期記憶への転送は，リハーサルを繰り返すだけでは不十分であることが示されている。クレイクとロックハート（Craik & Lockhart, 1972）は，リハーサルを2つに分け，機械的に繰り返すだけの「浅い」処理（維持リハーサル）では長期記憶へは転送されず，意味的な分析の処理を行う「深い」処理（精緻化リハーサル）を行う必要があるとした（表7-1参照）。

　長期記憶は，**エピソード記憶**と**意味記憶**に分けられる（Tulving, 1972）。

1節で述べたように,エピソード記憶は,ある時のある場所の出来事というように時間・空間を特定したときにもっている記憶である。エピソード記憶には,先に経験したことと後に経験したことがお互いに影響しあうことによって記憶があいまいになる場合がある。このような現象は**干渉**(interference)とよばれ,目撃者が写真を見ることによって写真の人物と入れ替えてしまう現象を説明することができる。この例の場合には,後学習が前学習に影響を及ぼしたもので**逆行干渉**(retroactive interference)とよばれる。逆に前学習が後学習に影響する場合を**順行干渉**(proactive interference)という。

意味記憶は,経験したことが言語的・知識的に体制化され記憶されることである。

しかし,意味記憶とエピソード記憶を厳密に区別するのは難しい。鮮明にそのときの詳細な状況を思い出せるという**フラッシュバルブ記憶**は,明らかにエピソード記憶である。また,外国人と会話したときの相手のにこやかな顔やジェスチャーを思い出すときも,エピソード記憶を思い出しているといえるが,そのときの英語の会話の内容を日本語で思い出している場合には,その部分は意味記憶となっているといえよう。

2 感覚記憶・短期記憶・長期記憶の機能

まず,ここでは感覚記憶の機能について考えてみよう。視覚の感覚記憶については,スパーリング(Sperling, 1960)が**視覚的情報貯蔵**(visual information storage)と名づけたように,視覚情報を一時的に貯蔵するという機能をもつ。視覚情報は,スパーリングの発見によると約10項目ほどが一時的に貯蔵されていることになる。視覚の場合には,一度に貯蔵できる量が比較的多い。なお,ナイサー(Neisser, 1967)は,感覚記憶を**アイコニック・メモリー**とよんでいる。聴覚の感覚記憶にあたる**エコイック・メモリー**(echoic memory)は視覚よりも保持時間がやや長い。視覚情報と違って聴覚情報は一連の音のつながりを待たないと意味をなさないからである。たとえば,「あさがお」という言葉を聞いたときに,「あ」だけでは,その意味がわからない。「あさがお」まで聞いてはじめて意味が処理されるのである。感覚記憶は,情報を処理するための記憶と考えられる。

バッドリー(Baddeley, 1986)は,短期記憶を**作業記憶**(working memory）とよび，その機能に焦点を当てた。その典型的な例は，暗算問題である。

　58＋66を暗算してみよう。いろいろな計算方法があるが，たとえば1の位の8と6を足して，14とする。次に10の位の5と6を足して110となる。しかし，ここで，1の位から1つ上がってきたことを思い出し，120とする。そして，さっきの1の位の計算結果の4を足す。その結果答えは124となる。さて，10の位を計算していたときに，1の位は頭の中のどこかに覚えていたはずである。しかし，答えが出てしまうと途中の計算を覚えておく必要はない。このような認知過程の途中で発揮されているのが短期記憶，つまり作業記憶なのである。これは，長期記憶から知識を引き出して，ちょうどまな板の上に並べていろいろ考えて新しい統合を生み出すようなときや，推論するときにも活躍している。

　長期記憶の中のエピソード記憶は，いうまでもなく思い出のことである。思い出は，その人がその人であることを確証している部分である。太田（1986）は「今思い出していることは自分が過去に経験したことである，という意識は，エピソード記憶の必要条件である」と述べている。一方，意味記憶は，知識を示している。たとえば，「東京は日本の首都である」というものである。一般に，客観的な知識であるといわれている。

　エピソード記憶と意味記憶とは別に，何らかの認知活動や動作を行うための一連の行動を記憶したものを**手続き的記憶**という。たとえば，身近なことでは何度も繰り返して体を使って覚えたタイピングやあやとりなどに代表される。これは，ひとつの手順を忘れると次がうまくいかないという問題をはらむ場合もある。このような場合にはヒューマンエラーを引き起こす要因となることがある（14章参照）。

　記憶の分類は，必ずしもすべての研究者によって一致しているわけではない

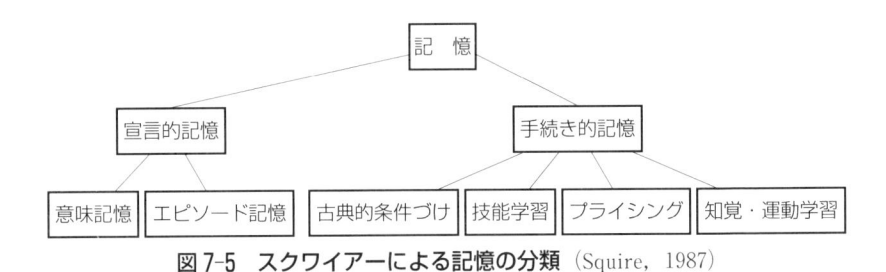

図7-5　スクワイアーによる記憶の分類（Squire, 1987）

が，スクワイアー（Squire, 1987）は，脳のメカニズムの研究から，エピソード記憶と意味記憶のように命題形式で表記され意図的に想起されるものを**宣言的記憶**と位置づけ，想起に意識をともなわない記憶である手続き的記憶とは区別している（図7-5）。

4節 記憶システム──ネットワークとしてのとらえ方

3節で述べた意味記憶の中の命題は，私たちに共通の知識といえるが，それぞれの命題の他の命題とのつながり方は，個人によって異なる。「東京は首都である」という命題に続いて，「東京は昔は，江戸とよばれていた」と思い出す人もいれば，「東京は，首都である。アメリカの首都はワシントン D. C. である」と思い出す人もいるかもしれない。このようなつながり方は**意味のネットワーク**とよばれている。

ネットワーク構造以外にも記憶の構造についてのモデルはさまざまなものが考えられている。そのなかで，**特徴比較モデル**（feature comparison model；Smith et al., 1974）は，定義的特徴と示唆的特徴の両方によって意味記憶が表されているとしている。コリンズとキリアン（Collins & Quillian, 1969）により提案された**意味ネットワークモデル**は，概念の上位－下位関係という樹状構造になっている（図7-6参照）。これをさらに発展させ，特徴比較モデルのように，概念の意味リストによって記憶の中に貯蔵される特徴を備えたのが**活性化拡散モデル**（spreading activation model）である。

活性化拡散モデルについては，コリンズとロフタス（Collins & Loftus, 1975）は意味の類似性にそって概念を表象の中に配置している（図7-7参照）。図に示されているように，意味ネットワークにおいて，概念は**ノード**（node）で表され，**リンク**（link）とよばれる矢印や線で結ばれている。矢印は概念間の関係を表している。図の中では，ノードのカナリアとノードの鳥の関係や同様にカナリアとペットの関係は，同じisa関係（～はである）で結ばれているが，距離が異なっている。また，線で結ばれている「赤」と「火事」や「リンゴ」は，赤と火事やリンゴが連想関係にあることを意味している。ちょうどそれは，概念を人にたとえると人と人が手をつないだ状態である。そのために，ひとつの概念が活性化される（すなわち思い出される）ということは，ちょう

ど高い台の上に乗っているようなものであり，その概念と手をつないでいる概念は手が離れない程度に高い台に乗っている状態である。そのために，次にこ

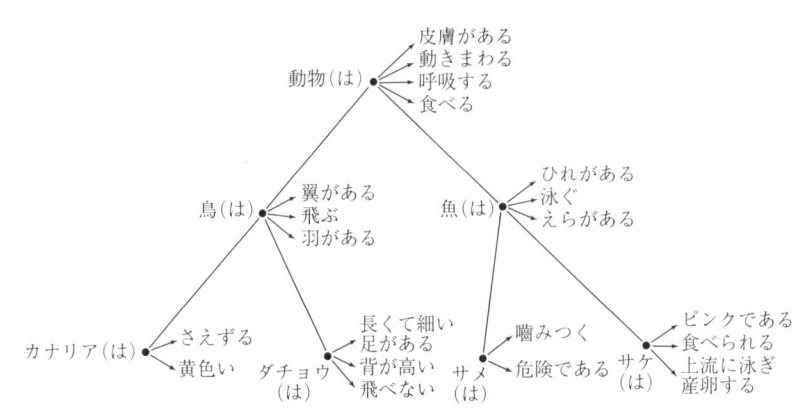

図 7-6 樹状構造をなす意味ネットワークモデル (Collins & Quillian, 1969)

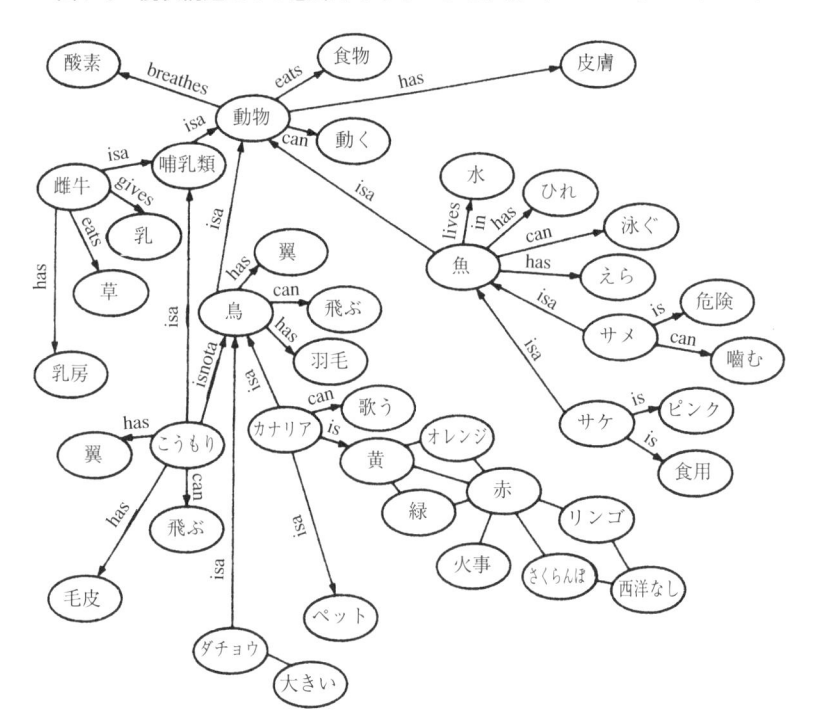

図 7-7 活性化拡散モデルにおける意味ネットワーク (Lachman et al., 1979)

の概念を思い出そうとするときには，途中まですでに台に乗っているのだから，あと少しだけ乗ればよいということになる。この活性化拡散モデルによって説明される意味的関連性の効果を，**意味的プライミング**（semantic priming）という。しかし，どの概念どうしがリンクしているかは個人によって異なっている。

連想関係の中でも，意味的なつながりは小さいが，時間・空間的に同時に呈示されたために概念どうしが連合することがある。たとえば，テレビで繰り返されるコピーを，似た状況で思わず口ずさむ場合などである。このときのプライミング効果を**直接プライミング**（direct priming）という。

意味ネットワークによる表現は，多くの記憶モデルに取り入れられている。意味ネットワーク構造をひとつのプロトタイプとして，新たな知識の獲得時に利用されると考えたものにフレームやスキーマ（9章参照）がある。しかし当然ながら，すべての概念がひとつのネットワークとしてつながっているわけではない。同じ現象を取り扱った知識でも，学校知と日常知のズレが示しているように，違う側面から考えた場合，違うものとして知識に蓄えられていることも多い。たとえば，鉄がさびるのは，鉄が酸化することであることを学校で学んでも（学校知），さびを防ぐためにペンキを塗る（日常知）ことが，鉄の酸化を防ぐためであることには気づかない。

▶ブックガイド

御領 謙・菊地 正・江草浩幸 1993 最新 認知心理学への招待——心の働きとしくみを探る サイエンス社
　　記憶だけでなく知覚，理解や神経回路モデルまで詳しく説明されている。とくに，記憶に関しては，主な理論が実験とともにわかりやすく説明されている。

太田信夫・箱田裕司（編） 1992 認知科学のフロンティアⅡ サイエンス社
　　本書の4章「手続記憶」は，プライミングの実験を手がかりとして，手続記憶の概念をまとめ直し，さまざまな記憶分類について説明したものである。

箱田裕司（編） 1996 認知心理学重要研究集2——記憶認知 誠信書房
　　古典的な研究から最先端までの記憶の研究が各論文ごとに要約されている。

ロフタス, E. F. 1975 西本武彦（訳）1987 目撃者の証言 誠信書房
　　実際の事件を紹介し，その問題点を明らかにしている。また，それに関する実験例を多く含み，目撃状況の特異な現象を説明している。

トピックス7

一度見た情報はけっして忘れない——超長期的記憶現象

「覚えたことをすぐ忘れてしまう」と言う人がいるが、どうもそれが間違いであることが最近の記憶研究で明らかになってきている。私たちは、自覚はできないが、わずかな情報を驚くほど長期に蓄えていることが最近明らかになってきた。ここでは具体的な実験結果を紹介するが、その結果は当初、筆者自身にも感覚的には信じられないものであった。

一連の実験の手続きは、**間接再認手続き**とよばれる。この実験は2つのセッションから構成され、その間に長いインターバルが入れられる。このうち第2セッションはごく一般的な再認実験であり、リスト学習と、そのリストについての再認テストが要求される。この再認テストは純粋に、直前に学習した項目かどうかを問う再認テストであるが、実は、この再認テストの成績に、数カ月前の経験の影響が出てくるのである。

たとえば、大学生を被験者とした寺澤（1997a）の実験では、実験群の被験者に、第1セッションで1単語あたり2秒のペースで単語学習が要求された。単語の中には、1回、2回、3回呈示される単語が含まれていた。それから10週間後の第2セッションでは、実験群に加え、新たに統制群の被験者に、第1セッションで呈示された単語と、呈示されなかった単語を含むリストの学習が要求され、そのリストについての再認テストが要求された。統制群の再認テストのヒット率を基準とし、実験群のヒット率の変化量を変化得点として計算し、それを第1セッションの学習回数（0, 1, 2, 3）に対してプロットしたものが図1である。この図は、3カ月前のわずか2秒の単語学習の繰り返しの効果を表している。

この**超長期的記憶現象**は、何も単語に限って検出されるわけではない。たとえば、寺澤・辻村・松田（1997）は、図2のようなパターン刺激を使って超長期的記憶現象を検出している。この実験の第1セッションで中学生に要求されたことは、呈示されるパターン刺激ごとに、■の数をかぞえるというごく簡単なことであった。ところが、それから約3カ月後、第1セッションで見たパターンと、見なかったパターンを使って再認実験を行うと、その成績（ヒット率）に違いが出てきたのである。つまり、あなたが今、どちらか一方のパターンについてのみ■の数をかぞえたとすると、それだけで、3カ月後、2つのパターンに対して異なる

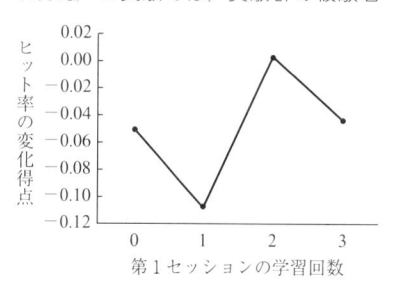

図1　10週間前の学習回数に対するヒット率の変化（寺澤, 1997a）

7章 記憶

図2 ■の数をかぞえると

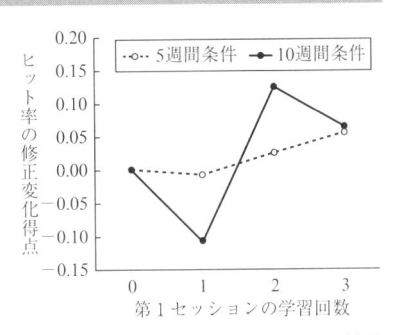

図3 ヒット率に現れる学習回数の効果とインターバルの関係 (寺澤, 1998)

反応をするようになるわけである。

さて，もうひとつだけ，この現象の不思議な特徴に説明を加える。

一般に，学習の効果は時間経過とともに減少していくと考えられるが，ある程度学習から時間が経過した場合の方が，直後に比べて学習の効果が出やすくなる場合がある。これは**レミニッセンス**といわれる現象であるが，実は，ここで紹介した超長期的記憶現象も，レミニッセンスに似た特徴をもつことが明らかになってきた。すなわち，この超長期的記憶現象は，第1セッションの学習から時間が経過しなければ現れてこない現象である。

それを示す実験結果（寺澤，1998）の一部を図3に示した。横軸は，第1セッションで行った単語学習の回数（0, 1, 2, 3）を意味し，縦軸は，第2セッションの再認成績（ヒット率の変化得点）に対応する値である。図中，実線で描かれた折れ線があるが，これは第1セッションから10週間のインターバルを入れた場合に検出された第1セッションの学習回数の効果を表している。図1と同じように，第2セッションの再認成績が10週間前の学習回数に対応して変化する様子を示している。

ところが，図3にある点線で描かれた折れ線グラフを見ていただきたい。このグラフは，インターバルが5週間の場合の結果を表している。ご覧の通り，5週間条件には第1セッションの学習の効果は現れてきていない。もちろん，10週間条件と5週間条件の被験者は，同じ条件で第1セッションの学習を行っている。つまり，同じ学習の効果が，5週間後には現れず，10週間後に現れることをこの結果は意味している。

以上で超長期的記憶現象の紹介は終わるが，この現象を十分理解するためには，現象面に限らず，理論的な背景の理解が必要である。ここで紹介した現象はどれも，理論的に予測され，検出された現象である。人間には感じとれないこのような現象を理解するためには，研究者の直感的な理解から独立し，論理的に自立した理論の構築が何よりも重要である。直感的に理解しやすい，わかりやすいといった理論の評価基準は，このような現象に対して無力であることを理解していただきたい。この現象の理論的な背景に関しては寺澤（1997b）を参照していただきたい。

8 章
情動の認知

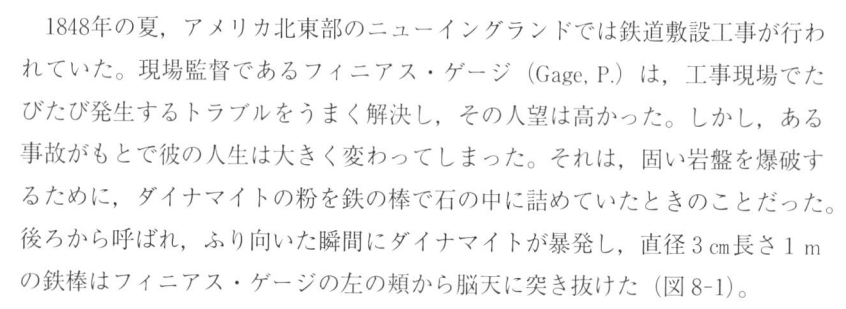

　1848年の夏，アメリカ北東部のニューイングランドでは鉄道敷設工事が行われていた。現場監督であるフィニアス・ゲージ（Gage, P.）は，工事現場でたびたび発生するトラブルをうまく解決し，その人望は高かった。しかし，ある事故がもとで彼の人生は大きく変わってしまった。それは，固い岩盤を爆破するために，ダイナマイトの粉を鉄の棒で石の中に詰めていたときのことだった。後ろから呼ばれ，ふり向いた瞬間にダイナマイトが暴発し，直径3cm長さ1mの鉄棒はフィニアス・ゲージの左の頬から脳天に突き抜けた（図8-1）。

　まわりにいた者は誰もがゲージは死んだと思った。にもかかわらず，ゲージは数分後には話しはじめ，約1kmの道のりを宿舎まで歩いて行った。彼は一命を取りとめたのである。確かに，鉄の棒は頭の中を貫通していて，頬の穴から指を入れ，頭の穴からも指を入れると途中で指は触れ合わせることができた。ゲージは左目を失明しただけで身体面には何も問題はなかった。しかし，問題はそれからであった。彼は，以前の彼ではなくなってしまっていた。いろいろなことを思いついても次の瞬間にはもう別のことを考えているというように，注意は散漫となり，新しい仕事についても長続きせず，トラブルメーカーとなってしまった。自分の気に入らないことがあると，泣きわめいたり，汚い言葉で人をののしったり，殴ったりしたため，まわりの友人たちは彼のもとを去っていった。その後，彼は見せ物小屋で自分の身をさらしながら13年間生き続け，1861年に死去した。そのときの頭蓋骨が今でも展示されている（図8-2）。

　この事件によってわかることは，脳のある部分，とくに**前頭葉**が，人間の感情をコントロールするのに大きな役割を果たしているということである。最近の研究によって，ゲージが損傷を受けた部分は**意思決定**と大きくかかわっているということが明らかにされている（Damasio, 1994）。自らの欲求に応じてふるまおうとするものと，それを抑制しようとするものとのバランスが壊れた

8章 情動の認知

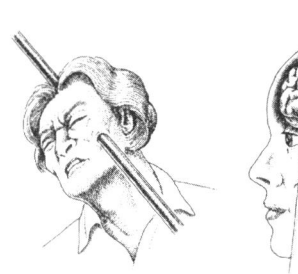

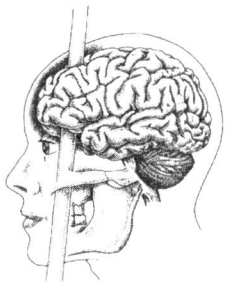

図8-1 （左）フィニアス・ゲージの頭部を鉄棒が突き抜けているところ。（右）鉄棒が突き抜けた脳の分 (池田, 2000より；イラスト：川上洋一)

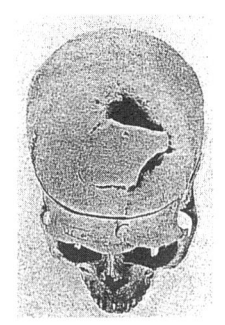

図8-2 フィニアス・ゲージの頭蓋骨 (Damasio, 1994)

状態，それがフィニアス・ゲージの場合である。このことから脳の前頭葉は人の情動とも大きくかかわっているようである。

本章では，情動を発生させる脳のメカニズム，これらの情動が行動としてどのように出現するのか，また自分自身の情動や他人の情動をどのようにして認知しているのかについて述べていく。また，人の情動を客観的に調べる方法があるのか，あるとすればどのような手法があるのかについて考えていく。

1節 情動とは

情動とは何なのだろうか。似たような言葉として，情緒，感情といった用語があげられる。『心理学辞典』（中島ほか，1999）によると，「感情は，情緒，情動を包括する概念であり，これら3語はすべてemotionに対応する。情動とは情緒と同じ意味で用いられており，急激に生起し，短時間で終結する反応振幅の大きい感情状態または感情体験をさす」（著者要約）と定義されている。このことから，さまざまな情動状態の場面を考えることができる。ここで，恐怖，怒り，悲しみ，喜びといったものについて考えてみよう。

(1) **恐怖** 道を歩いていて足元に急にヘビを見たとき，思わず大声をあげて飛び退く。それ以来，その道を歩くときは，ヘビのことが思い浮かび足がすくみ先に進むことができない。このように，嫌悪対象の出現や予測によって突然に生じる感情状態や感情体験が恐怖である。

(2) **怒り**　廊下ですれ違いざま，知り合いが自分の前に立ちふさがり，自分のことをののしりはじめた。自分にそういうことを言われるおぼえはないので，問い返すと，その語調はますますきつくなるばかりである。こんなとき殴りかかってやろうかという気持ちがわいてくる。このように，自分の欲求が阻止されたとき，阻止したものに向けられる攻撃的な感情状態や感情体験が怒りである。

(3) **悲しみ（落胆）**　今までかわいがっていたペットが死んでしまった。そのペットは戻ってこないという喪失感によって生じる感情体験が悲しみである。

(4) **喜び**　一生懸命努力した結果，希望の大学の合格発表で自分の受験番号を見つけ，思わず笑みがこぼれた。このように自分の状況が好転し，そこに接近したいと思う感情状態や感情体験が喜びである。

　上にいくつかの代表的な感情状態をあげたが，これらは情動のほんの一部でしかない。また，恐怖ひとつとってみても，恐怖を引き起こす対象はヘビだけではなく他にもたくさんあり，しかも恐怖の対象は目に見えるものだけではない。想像しただけでも恐怖を感じる人もいれば，大多数の人にとっては何でもないものが当人にとっては最大の恐怖になることだってありうる。このように情動をいくら羅列していっても，情動の本質を説明したことにはならない。

　フィニアス・ゲージの場合は情動のコントロールがきかなくなった。これは，刺激を受容するもの，これらの刺激を価値判断するもの，その結果，行動を発現するもの，行動を抑制するもの，これら全体を統合するものがくずれた状態だといえる。このことから考えると，情動の本質は脳の中にあると考えられる。行動を発現したり抑制したりするというように，情動が表出されるまでのしくみはどのようになっているのだろうか。

2節　情動と脳

　情動と脳との関係については，古くから論議されてきている。その代表的なものを紹介していくことにしよう。

(1) **ジェームズ・ランゲ説**　これは，ある刺激に対する身体の生理的変化を認知することが情動であるとする考え方である。アメリカのジェームズ

(James, W.) は情動にともなう内臓活動の変化に注目し，スウェーデンのランゲ (Lange, C.) は情動にともなう血管活動の変化に注目している。すなわち，「ヘビを見て恐いから心臓がどきどきするのではなく，ヘビを見て心臓がどきどきするから恐い」ということになる。しかしながら，この考えはキャノン (Cannon, W. B.) らによっていくつかの反証があげられ批判された。その反証とは，以下のものである。①ヒトや動物で，内臓器官を切除しても情動反応は生じる。②同一の内臓活動の変化が，まったく異なった情動状態でも同じように生じ，また情動がなくても生じる。③情動にともなう内臓活動の変化を人工的に起こしても，情動は生じない。そこで，情動の起源は内臓や血管といった末梢にあるのではなく中枢にあるとするキャノン・バード説が出てきた。

(2) **キャノン・バード説**　ヘビを見て，その情報が**視床**を経て**大脳皮質**に伝えられると，視床に対する皮質の抑制が解除される。皮質からの抑制が解除されて生起した視床の興奮は末梢に伝えられ，恐怖の表出となり，さらに視床から皮質にも伝えられて，恐怖の情動として体験される。ジェームズ・ランゲ説とは逆に「ヘビを見て心臓がどきどきするから恐いのではなく，ヘビを見て恐いから心臓がどきどきする」ということになる。キャノンは，大脳皮質と感覚器官や身体内臓器官との間に視床という存在を考え，視床が大脳皮質からの抑制を解除されたときに，感覚刺激がその情動に固有の特徴を付け加えると考えた。

(3) **パペッツの情動回路説**　キャノンの考え方をさらに発展させたものがパペッツ (Papez, J. W.) の情動回路説である。パペッツは，情動は大脳皮質にある**海馬**で形成され，**乳頭体**に伝えられ，さらに視床の前核に至り**帯状回**に達し，再び海馬に戻ってくると考えた。すなわち，**大脳辺縁系**を構成する脳部位によって閉鎖回路が作られ（海馬→脳弓→乳頭体→視床前核→帯状回→海馬），この回路の中を情報が何度もかけめぐることによって，情動に関する記憶が強化されていくことになるのである。

(4) **ルドーの扁桃体説**　ルドー (LeDeux, 1998) はさまざまな動物実験を行い，脳の特定の部分を破壊し，そこから情動表出について多くのことを明らかにした。たとえばヘビを見て，目からの情報はまず視床の中の**外側膝状体**に伝えられ，そこでヘビの大まかな情報として変換され，**扁桃体**と大脳皮質とに同時に伝えられる。扁桃体では，情報の価値判断が行われ，即座に筋肉内

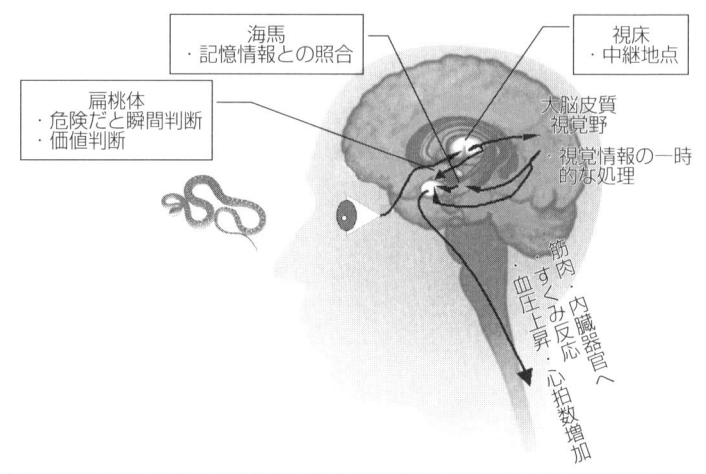

図中ラベル:
- 海馬・記憶情報との照合
- 視床・中継地点
- 扁桃体・危険だと瞬間判断・価値判断
- 大脳皮質視覚野・視覚情報の一時的な処理
- 筋肉・内臓器官へ　すくみ反応・心拍数増加　血圧上昇

目からの情報は視床を経て扁桃体と大脳皮質視覚野に同時に伝えられる。扁桃体ではすぐに価値判断が行われ，すくみ反応や内臓反応として伝わっていく。視覚野で処理が行われた情報は海馬に送られ記憶情報と照合の結果，新たな反応が扁桃体で判断されて出現する。この図において同じ断面上にない組織があるが，わかりやすくするために並べて描かれている。

図8-3　情動を引き起こすと考えられている脳の内部のネットワーク

臓器官に対して伝えられ，飛び退いたり，心臓がどきどきするなどの反応が生じる。一方，外側膝状体から大脳皮質視覚野に伝えられた情報は，どんな形をしているか，どのくらい離れているかなど，ヘビに対する詳細な情報分析が行われ，それらの情報は2つの経路を通って扁桃体に伝えられる。ひとつは直接，もうひとつは海馬を経由してである。海馬においては，これまでの経験にもとづく記憶との照合など細かい処理が行われる。そして，扁桃体において価値判断が行われ，必要に応じて遠ざかったり近づいたりするのである（図8-3）。

　これらのことから，視床，扁桃体，海馬を中心とする大脳辺縁系が，感覚器官から入ってくる情報を統合し，それらの価値判断や意味を付与し，記憶との照合を行うことで情動を作り出していると考えられている。

　ルドーが導き出した事実は，ラットやウサギなどの動物実験からのものである。たとえば，音刺激と同時に電気ショックを与えたとき血圧や心拍数が上がり逃避反応を示していたラットに対して，扁桃体など特定の部分に損傷を加える。また，前もって扁桃体に損傷を加えても音の情報は伝達されるということは確認されている。こういったことを確認した後，音刺激のみの呈示によって

血圧・心拍に変化がなく，逃げなければ，扁桃体は情動に関連しているということになる。同じような結果が，事故で扁桃体に損傷を受けた人の場合でも得られることが明らかにされている。

　これらの事実は，情動発現をめぐって人を含む動物に共通して備わっているメカニズムについて明らかにしてくれる。すなわち，扁桃体を含む大脳辺縁系が情動の中枢であることは間違いないようである。しかしながら，これらの事実は，私たちが自分自身の中にわき起こるさまざまな情動をどのように認知するのか，あるいは他人の情動をどのように認知するのかということについて明らかにしてくれるわけではない。そこで，私たち人間の情動の認知について，さらに考えていく必要がある。

3節　情動を認知するためのメカニズム

　情動の認知の仕方には2種類ある。ひとつは自分の中にわき起こる情動を認知すること，もうひとつは他人の中にわき起こる情動を外から見て認知することである。

1　自分自身の情動の認知

　私たちは，今自分が怒ったり，喜んだり，悲しんだり，恐がったりしているということは簡単に認知することができる。つまり，私たちはさまざまな情動を体験することと，それを引き起こす対象との間には明確な関係があると信じている。しかし，本当にそうであろうか？

　たとえば，パニック障害といわれる人々は，電車の中や人混みの中で心臓が締め付けられ息ができないなど，言いようのない恐怖におそわれて，出歩くことに拒否反応を示すことがある。本人の中では，それらのことは何でもないということがわかっているにもかかわらず，電車や人混みに対する恐怖心からなかなか逃れられないのである。また「うつ」に悩む人々は，どんなにがんばっても喜びの気持ちなどわいてくるはずもなく，自分を攻撃する気持ちしかわかず，そうなる理由も本人の中に思い浮かばない。まして，周囲から励まされれば励まされるほど，そういった「うつ」の気持ちはますます強くなっていくのである。

それでは，私たちは自分の情動状態をどのように認知しているのだろうか？情動認知に関して，シャクター（Schachter, 1971）の**二要因情動理論**という考えがある。シャクターは被験者に視覚に及ぼすビタミン剤の効果を調べると称して，興奮作用を引き起こすアドレナリンを注射し，次のような別々の教示を与えるグループに分けた。

(1) この注射によって動悸，顔のほてり，手足のふるえがあると正しい情報を与えるグループ。
(2) この注射によって皮膚のかゆみ，頭のしびれがあると誤った情報を与えるグループ。
(3) この注射によって身体に生じる症状についての情報を何も与えないグループ。
(4) 偽薬（生理食塩水）注射を与えるグループ。

これら4つのグループに対して，それぞれサクラ（わざと攻撃的あるいは陽気にふるまうよう指示された実験協力者）を使って怒りや喜びを引き起こすような行動をとらせた。その結果，正しい情報を与えられた(1)グループと偽薬の(4)グループはサクラの行動にほとんど影響を受けなかったのに対し，誤った情報を与えられた(2)グループ，何も情報を与えられなかった(3)グループでは，サクラの行動に影響を受け，怒り出したり喜び出したりしたのである。つまり(2)と(3)の被験者は，サクラの行動を見て動悸がするのは，アドレナリンを注射されたからではなく，自分が怒ったりうれしいからだと解釈した。これにより，シャクターは，心臓がどきどきするといった自律神経系の活性化を解釈する要因と，自分のまわりの状況を解釈する要因という2つの要因から情動が成立すると考えたのである。

フィニアス・ゲージの場合は，自分の身体やまわりの状況を評価することもできず，その結果，自分の感情をもコントロールすることができなくなってしまった。

自分の情動をどのように認知するかということは，自分の身体の状況や自分のまわりの状況をどのように評価し，それによって感情をどのようにコントロールするかということとも関係する。このような考えから，ストレス反応を低くするための対処法である**コーピング**や **EQ** (emotional intelligence；心の知能指数) という考え方（トピックス12参照）が出てきて，臨床的な応用がなさ

れている。

2　他人の情動認知

情動を認知する場合，自分自身の情動だけではなく，他人の情動も認知している。相手が怒っているときは，なだめたりその人に近寄らないようにし，相手が恐がったり悲しんでいるときは援助を申し出，相手が喜んでいるときはともに喜ぶ。このように相手の情動を認知することによって，人は他人とのコミュニケーションを円滑にしている。

それでは私たちはどのようにして他人の情動を認知しているのだろうか。他人が怒ったり，喜んだり，悲しんだり，恐がったりするという情動を認知するには，いくつかの手がかりが必要である。いちばん参考になる手がかりは言語であろう。相手が自分の気持ちを言葉で伝えることによって，私たちは相手の情動を推測することができる。しかし，私たちは日本語によるコミュニケーションのできない外国人や赤ん坊の情動を推測することができる。他人の情動を理解するのは言語だけではない。言語以外の手がかりによるコミュニケーションを**ノンバーバル（非言語的）・コミュニケーション**とよんでいる。宇津木 (1987) は，ノンバーバル・コミュニケーションを図8-4のように表した。

コミュニケーション送り手のチャネル		メッセージを運ぶもの		コミュニケーション受け手のチャネル
身体（特に手）	→	熱，圧力，弾力	→	皮膚感覚
顔面を除く身体	→	姿勢，運動	→	視覚
顔面	→	表情	→	視覚
眼	→	視線，瞳の大きさ，まばたき	→	視覚
全身	→	衣服	→	視覚
音声	→	音質，音量，言葉の量，語彙，構文	→	聴覚
限定しにくい	→	体臭，香料	→	嗅覚

図8-4　ノンバーバル・コミュニケーションの種類（宇津木, 1987より改変）

握手したとき，握力，湿り具合，暖かみなどから，相手の自分に対する情動を判断する。相手の姿勢を見て前屈みになっていれば元気ではなさそうだと判断する。相手の顔や目を見るときは，とくに**表情**を判断材料とする。エクマンら（Ekman et al., 1983）によると，幸福，驚き，怒り，嫌悪，悲しみ，恐れ，軽蔑という7つの情動を表す表情は，文化が異なっても共通しているとされている。表情の認知は赤ん坊の時代から備わっており，赤ん坊は母親の表情を正確に模倣し，母親が無表情になると泣き出してパニックになることもよく知られている。また，大森・宮田（1998）は表情の中でも**まばたき**（瞬目）に注目し，瞬目の多い人は少ない人に比べて否定的なイメージを抱かれやすいことを明らかにしている。このことは，私たちが瞬目数によって相手の情動を推測していることを意味している。また，着ている服や，相手から漂ってくる香りをもとにその人の情動を判断することもある。

通常私たちがノンバーバルな情報をもとに相手の情動を判断するときは，ノンバーバルな情報のみが判断材料となるのではなく，そのような情報を発信するときの状況と，ノンバーバルな情報を発せられた結果，まわりにどのような変化が生じたのかというように，前後の文脈から判断しているのである。

フィニアス・ゲージの場合は，相手のノンバーバルな情報だけでなく，言語的な情報をも評価することができず，その結果，相手の情動を理解しそれに配慮することすらできなくなってしまった。これらのことから，フィニアス・ゲージが事故で失った部分は，自分や相手の情動の認知にも大きな役割を果たしていることが示唆される。

4節 情動を知るための生理的指標

これまで，自分自身の情動や他人の情動をどのようにして認知するかについて述べてきたが，自分の情動を知る場合には，自分が受けた情報の価値判断とそれにともなう身体変化を手がかりにする。他人の情動を知る場合には，相手が受けた情報の価値判断とそれにともなって相手の発する言葉や相手の表面に現れた身体変化を手がかりにするだろう。いずれの場合においても，判断には主観が入り込むことは避けられない。それでは主観が入り込まないような情動判断はありうるのだろうか。

8章 情動の認知

　昔から，人の情動を判断するためにいろいろな方法が用いられてきた。たとえば，古い昔，中国では，被告人に乾いた米の粉を口いっぱいに含ませたとき，もしだ液でぬれていて吐き出しても白い粉が飛び散らなければ，無罪と判断していた。また，ヨーロッパでも，被告人に乾パンを一切れ食べさせ，飲み込めれば容疑は晴れるとされていた。これは，うそをついているという情動がだ液の分泌を抑制するという特性を利用して行われたものである。

　心理学においては，もっと客観的な情動判断の手がかりを求めて研究が行われてきた。実験室の中で，不安の程度など情動状態が明らかに異なる2つのグループの生理的状態を比較したり，被験者自身にある情動状態を思い浮かべてもらったときの生理的な変化を調べてきた。ここでの生理的な変化とは，発汗，皮膚温度，心拍，呼吸，血圧，脳内活動，瞬目などの変化で，**生理的指標**とよばれている。

　しかしながら，これらの生理的指標を用いても情動との関連については明らかな変化が得られていない。その理由として以下のようなものが考えられる。第1に，情動状態の異なる2つのグループは，前もって質問紙に自分にあてはまるかを記入してもらって分類され，その後，生理的状態を測定されていた。そのため，心理状態を分類されるときと生理状態を測定されるときの情動状態が同じであるという保証はない。第2に，ある情動状態を思い浮かべるような

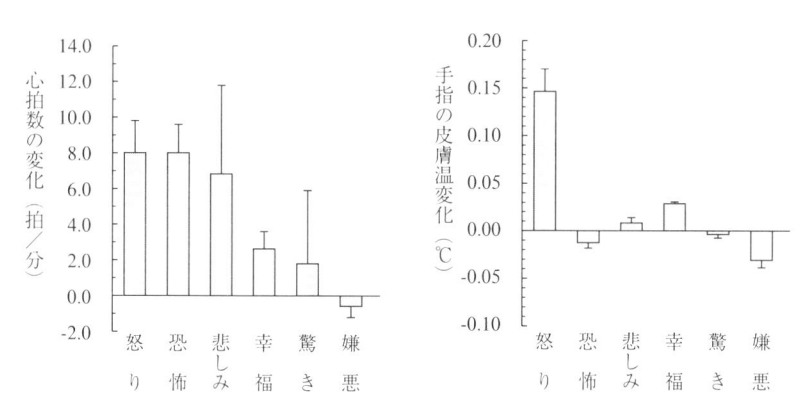

　心拍数については，怒り，恐怖，悲しみが飛びぬけて高く，手指の皮膚温については，怒りが飛びぬけて高いことがわかる。

図8-5　さまざまな情動を表情変化によって表現させたときの心拍数（左）と右指温度（右）の変化（Ekman *et al.*, 1983）

課題を出したり，ある情動を引き起こすような刺激を呈示したとき，本当に被験者はそのような情動状態になっているのかについては，客観的に調べる手段はない。そのため，どのような情動状態になったかは問わずに，ある刺激を呈示したときこのような生理的変化が生じたという表現にとどまっている。くわしくは本章末のトピックスを参照してほしい。

情動というものは持続するものではなく，ある刺激によって誘発されるものである。このことから，刺激や課題を工夫することが望まれるだろう。エクマンら（Ekman et al., 1983）は俳優12人と表情の研究者4人に，驚き，嫌悪，悲しみ，怒り，恐怖，幸福という6つの表情をつくらせ，その表情に入る前とその最中の心拍および手指の皮膚温を測定し変化を調べた（図8-5）。その結果，心拍数が多くなり体温も高くなったときは怒りの状態であり，心拍数が多くなり体温が低くなったときは恐怖や悲しみの状態であることを明らかにした。

また，大平（Ohira, 1995）は，うつの高い群と低い群で，瞬目数を比較している。その結果，平常状態における瞬目数に違いはみられないにもかかわらず，刺激語に対する瞬目発生パターンでみると，うつの高い群の方が自己関連刺激呈示直後における瞬目発生の割合が高かった。

2つの実験に共通していることは，ある情動状態をつくらせたり刺激語を呈示したりというように，情動的な変化をつくり出すと生理的指標に敏感に変化が現れるということである。

最近，情動と関連の深いウソ発見の生理的指標を測定する場合，ウソをつくことによる後ろめたさや緊張が生理的変化を引き起こしているのではなく，いくつかの刺激に対する認識の有無が生理的変化を引き起こしているという考えが出てきた（平ほか，2000）。

福田（2000）は，刺激に対する認識の有無を瞬目発生の変化でみるために，二重モダリティ注意課題を用意した。スピーカから音声刺激をディスプレイから文字刺激を同時に呈示し，被験者に音声か文字のいずれかのモダリティに注意を向けさせたときの瞬目を測定した（図8-6）。その結果，音声刺激に注意を向けているときは，音声刺激に対しても，注意の向いていない文字刺激に対しても刺激後に瞬目が発生しやすかった。ところが，文字刺激に注意を向けているときは，文字刺激の後は瞬目が発生しやすいのに対して，注意の向いていな

被験者は，画面の文字，スピーカから聞こえてくる音声のいずれかのモダリティに注意を向け，指定された刺激を数える。被験者にとって音声の聴覚モダリティに注意を向けているときは，画面の文字は無意味な図形になり，画面の視覚モダリティに注意を向けているときは，スピーカからの音声は無意味な騒音となる。

図 8-6　二重モダリティ注意課題（福田，2000）

い音声刺激の後には瞬目発生がなくなることを明らかにした。このことから，二重モダリティ注意課題を用いれば，認識の有無によって発生が異なる瞬目は，うそ発見状況で利用可能なことが示唆される。

　情動を生理的指標によって調べようとする場合，恐怖，悲しみ，喜び，怒りなどの情動を直接取り扱おうとすると，いくつかの困難にぶつかる。第1にこれらの情動は一過性のものなので，恐怖水準や喜び水準の高い人と低い人を比べても差が出にくい。第2に情動刺激を呈示しても，それが情動を引き起こしているという保証を得るには，被験者の報告を待たなければならない。このことから，平ら（2000）が指摘するように，情動を直接取り扱うというよりも，情動刺激が当人にとって選択的注意を引き起こしやすいという観点から生理指標の変化を検討していく方が，結果的には情動との関連も明確になりやすくなると考えられる。

5節　おわりに──今後の情動認知研究に向けて

　情動をつかさどる脳のメカニズム，情動を認知するメカニズム，情動を知るための生理的指標について述べてきた。フィニアス・ゲージの場合，情動と行動を仲立ちする前頭葉機能が事故によって損傷を受けたため，自分の情動状態や他人の情動状態を評価して，それらを統合して自分自身の行動をコントロールすることができなくなった。その後，さまざまな動物実験が行われ，目の前

にある対象の価値判断を行い，それに対してどのように行動するかには，脳の中の前頭葉機能が大きな役割を果たしていることが明らかにされた。

このように情動をつかさどる脳のメカニズムについては多くの知見が得られてきている。しかしながら，他人や自分自身の情動を認知するメカニズムについては，これからまだ調べるべきことがたくさんある。最近，人間を対象としたさまざまな非侵襲的生理学的測定機器（fMRI, PET など；トピックス 10 参照）が開発され，また以前では不可能であった情動刺激呈示も可能になってきた。それは，画面上の人の顔の表情を自在に変化させたり，ある人の顔から別の人の顔へ無段階的に変化させていくような装置などである。今後，他人や自分自身の情動認知のメカニズムを明らかにするには，そのような機器を駆使した研究が行われていく必要があるだろう。

▷ブックガイド
ラマチャンドラン, V. S. & ブレイクスリー, S. 1998 山下篤子（訳） 1999 脳の中の幽霊 角川書店
　　さまざまな情動障害を示す患者を診察するラマチャンドランが，非常に単純な検査によって，その患者の脳のある部分が機能障害を起こしていることを証明していく。私たちの脳の不思議さをかいま見せてくれる。
田多英興・山田冨美雄・福田恭介（編著） 1991 まばたきの心理学 北大路書房
　　私たちが毎日行っているまばたきという単純な生理的行動からどのような心理的活動を読み取ることができるか，さまざまな研究例が紹介されている。
宮田　洋（監） 1998 新・生理心理学Ⅰ～Ⅲ 北大路書房
　　全3巻からなっており，脳と心の問題をさまざまな方面から取り扱っている。実験の方法論から応用面まで幅広く，これから卒業論文で実験に取り組もうとする人にとっては手引書や参考書として欠かせないものとなるだろう。

トピックス8

情動の変化を定量的にとらえる

情動は特定の主観的経験をともなうため，それ自体を客観的に測定することは困難である。しかしながら，情動は価値評価，表情表出，身体的反応，感情状態，行動，対処方法などさまざまな過程を含む多元的な現象であるため（Philippot, 1993），それらの過程を測定することを通して，情動をとらえることは可能である。ここでは数多くある情動測定方法のなかから**質問紙**によるものと**生理的指標**によるものの2つについて簡単に述べる。

1 質問紙による測定法

質問紙法は評定に恣意性が介入しやすいために，回答に歪みが生じるおそれや，リアルタイムでの測定が不可能といった問題があるものの，生理指標に現れないような情動の微妙な変化をとらえることができ（鈴木・平尾・寺下・織田・八木，1999），多人数のデータを容易に収集できるなど多くの利点を備えている。

情動はいくつかの独立した基本的情動（例：怒り，喜び）により構成されるという考え方と，情動の質（例：快-不快），情動の強度（例：覚醒-睡眠）の2次元で構成されるという考え方がある。既存の質問紙はどちらかの考え方を反映しており（Philippot, 1993），一方が正しく，もう一方が誤りであるとはいえない。

ここでは情動を定量的にとらえる観点から，後者の考え方を反映した質問紙である，JUMACL（白澤・石田・箱田・原口, 1999），GACL（畑山・Antonides・松岡・丸山, 1994），SADACL（岡部・巌島, 1998）を紹介する。これらは情動の質に関する**緊張覚醒**（例：緊張した，ゆったりした）と，情動の強度に関する**エネルギー覚醒**（例：活発な，ぼんやりした）を調べる項目により構成されている。

これらの質問紙を使用した情動評価の例に，大上・箱田・大沼・守川（1998）の研究がある。大上らは JUMACL を使用し，不快な内容を含むビデオの観察後に被験者の緊張覚醒は上昇するが，エネルギー覚醒は変化しなかったことを報告した。このことは，ビデオの観察により不快な情動が喚起されたことを示唆している。なお，エネルギー覚醒が変化しないのは，被験者の覚醒水準に影響のなかったことを意味している。

2 生理的指標による測定法

もうひとつの情動測定方法として情動にともなう生理的状態の測定がある。しかし，生理的状態は情動経験そのものではなく，情動による覚醒水準の変化をとらえているにすぎない（畑山, 1991；Mandler, 1984；鈴木, 1999）。また，個人差や個人内変動があり，外的要因（例：音，照明，温度）や，被験者の体動などの影響を受けやすいという問題がある。

しかしながら，生理的指標は客観的で，

物理量（電圧，抵抗，周波数）に数量化でき，時間経過にそって測定可能であること，また，表情や行動には現れない反応や閾値下刺激に対しても測定可能であるという利点を備えている（八木，1998）。

生理的指標による情動評価は，目的に応じさまざまであり，たとえば，情動と認知過程のかかわりを考えるのならば，**中枢系**の指標である**脳波**を測定するのが一般的である。また，情動が強すぎたり長期間持続する場合は，ストレス反応の発生が考えられるので，**内分泌系**（例：コルチゾール）や**免疫系**（例：s-IgA）の指標を測定する（山田，1998）。しかしながら，もっとも多く用いられているのは**自律神経系**の指標である。なぜなら測定が比較的容易であり，被験者の意識的統制が困難であることに加え，自律神経系の中枢である視床下部は情動反応表出の中心的部位でもあるからである。代表的な自律神経系の指標として，心臓血管系（心拍，血圧，脈波）と皮膚電気活動の指標を紹介する。

(1) **心臓血管系**　情動が喚起されると，心臓の拍動数（心拍）は増加し多くの血液が送り出される。一方，安静時には拍動数が減少し血流量も減る（小杉・久我，1998）。この現象は血管への圧力（血圧），血流量の増減による血管容積の変化（脈波）等により測定可能である。

(2) **皮膚電気活動**　情動の喚起にともない，手掌部等が発汗し（**精神性発汗**），皮膚の電気抵抗値が一時的に低下する。これを皮膚電気活動とよび，幅広く利用されている。

これらの指標を犯罪捜査に応用したものが警察の**ポリグラフ検査**である。ポリグラフ検査では，3つの自律神経系の指標（呼吸，脈波，皮膚電気活動）を測定し，多面的な評価を行っている。

一般に考えられているのとは異なり，ポリグラフ検査は「ウソ」にともなう情動変化を測定しているのではなく，事件に関することがらの認識の有無を調べている。現在，ポリグラフ検査のほとんどが **GKT**（Guilty Knowledge Test）法を用いている。これは犯人および捜査当局のみが知る事件の詳細に関する項目（裁決項目）と，無実の被験者には裁決項目とほぼ等価・等質となる項目（非裁決項目）からなる質問を用いる。事件の詳細を記憶している犯人であれば裁決項目に対してのみ特異な反応を出現させる（定位反応）。したがって，ポリグラフ検査は一種の再認記憶検査であるといえる（中山，1997）。しかしながら，裁決項目呈示以前，あるいは以降の生理反応が乱れるなど，定位反応だけでは説明不可能な反応パターンもあり，反応出現に情動がかかわっていることが示唆されている。

以上，情動の測定について，いくつか指標をとりあげて略述した。現時点では質問紙法，生理的指標による測定のいずれを用いても情動を完全にとらえることは困難であるが，2つの測定法を併用することにより，情動の性質と生理的指標の変化との関連が明らかになり，情動をより明確にとらえることが可能となる。

9 章
知識と思考

　ドラえもんは，未来からやってきたネコ型ロボットである。問題に直面すると，「そうだなあ」と考えて，便利な道具を出してくれる。ドラえもんは，まったく人間と同じように，会話をして，怒ったり笑ったりする。他にも，鉄腕アトムからターミネーターまで，空想ドラマは，「考える機械」の宝庫である。一方，現実世界でも，コンピュータにより達成されたさまざまな能力は，チェスの技能から郵便番号の自動認識，翻訳まで多岐にわたっており，目を見張るものがある。「機械が考える」という問題は，もはや単なるお話ではないのかもしれない。

　しかし，ロボットやコンピュータが人間と同じように「考えて」いるのか，という問題となると，簡単には答えることはできない。その理由のひとつは，肝心の人間の思考について，知的なふるまいの背後にある人間の知性とはどんなものなのか，まだまだわからないことだらけだということである。本章では，心理学の研究がその一端にふれてきた，人間の知性の性質を紹介しよう。

1節　知識のしくみ

　私たちの生活する環境には，さまざまな情報があふれている。今日食べた朝食の味，家族の表情，その日の天気予報，ニュース，学校までの通学路というように数えきれるものではない。知識に関する心理学の研究は，世界に関するさまざまな情報がいかに整理され，蓄積され，必要なときに利用されるか，という問題を中心に展開されてきた。この節では，私たちの生活する世界に関する情報がどのようなやり方で知識として整理されているのか，考えてみよう。

1　概念としての知識
a　日常的概念の性質

　混沌とした世界を整理する代表的な方法は，分類である。環境にあるさまざまなものを分類し，同じ分類に入るものには共通のラベルをつけることによって，世界は単純化され，扱いやすくなる。このように，何らかの仕方で分類された事物（**事例** example）の集合を**カテゴリー**（category）とよび，それに対する知識の内容を**概念**（concept）とよぶ。

　私たちのもつカテゴリーと概念の性質を考えてみよう。カテゴリーを定義しようとするときのもっとも素朴な方法は，カテゴリーを構成する全事例に共通しそれ以外のものには当てはまらないような属性を設定することである。これをカテゴリーの**定義的属性**（defining feature）とよぶ。典型的には，三角形の定義として，「二次元の幾何学図形で，3つの直線の辺を持ち，辺は端で結合しており，内角の和は180度」という属性を定めることが該当する（Roth, 1986）。

　さて，人間が日常的に扱っている「家具」や「野菜」のようなカテゴリーに関しても，このような定義的属性が存在するのだろうか。たとえば，野菜の全事例がもっているが野菜以外のものはもたない属性を考えてみてほしい。直感に反して，これはかなり難しい作業である。「八百屋に売っている」では果物が入るし，「甘くない食用植物」では甘いトマトが入らないし，レモンが入ってしまう。どうしても例外が出てしまうようだ。多くの場合，日常的カテゴリーには，このような定義的属性は存在せず，**家族的類似**（family resemblance）とよばれる緩やかな属性の重なり合いが存在するのみなのである

スミス兄弟の9人の顔である。ひげの色と形，メガネ，耳の大きさの属性が複数の成員に共有されているが，すべての成員に共通する定義的属性はない。中心の顔は，他の成員と属性の共有度がもっとも高い典型的なスミス氏である。

図 9-1　家族的類似の例（Armstrong *et al.*, 1983）

表9-1 日常的カテゴリーの事例の典型性
（改田，未発表）

各事例は，典型性が高い順に並んでいる。事例集合は，秋田（1980）の出現頻度表にもとづいて選択した。

家具	野菜	鳥
テーブル	ほうれん草	ツバメ
タンス	人参	ウグイス
ベッド	ピーマン	スズメ
ソファー	ねぎ	ワシ
本棚	なす	白鳥
三面鏡	白菜	ハト
食卓	アスパラガス	カナリヤ
こたつ	トマト	トンビ
下駄箱	セロリ	カラス
鏡	サラダ菜	キジ
こしかけ	ニラ	九官鳥
テレビ	かぶ	オウム
かさ立て	れんこん	ツル
ロッカー	パセリ	ライチョウ
カーテン	三つ葉	カモ
ジュータン	もやし	フクロウ
ふすま	ニンニク	クジャク
畳	らっきょう	七面鳥
ふきん	松茸	ニワトリ
ほうき	スイカ	ダチョウ

表9-2 目標志向カテゴリーの例
（Barsalou, 1985より一部変更）

事例は，事例としてのよさが高い順に並んでいる。

誕生日のプレゼント	火事のときに持ち出すもの
服	子ども
パーティ	人
宝石	家族
ディナー	重要書類
時計	ペット
ケーキ	受賞作品
カード	お金
花	貴重品
香水	イヌ
お金	ネコ
レコード	家族の記録
カメラ	宝石
本	絵
金	カメラ
スポーツ用品	重要記事
宴会	衣類
ネクタイ	ステレオ
おもちゃ	毛布
ゲーム	テレビ
雑貨	食物

(Rosch & Mervis, 1975)。図9-1は家族的類似の例である。読者の家族も，このような類似でまとまっているのではないだろうか。

家族的類似構造をもつカテゴリーには，一般に事例による**典型性**（typicality）の違いが認められる（Rosch, 1975）。典型性とは，たとえばツバメは鳥らしい鳥だがダチョウは鳥らしくない鳥というように，そのカテゴリーの事例としてのよさのことである。表9-1は日本人の大学生による典型性評定である。典型的な事例は非典型的な事例と比べて，カテゴリーを利用するさまざまな課題での成績がよい。たとえば，「ツバメは鳥である」という文の真偽判断は，「ダチョウは鳥である」よりも速い。日常的カテゴリーの概念は，典型例が有利に処理されるような構造をもっているといえよう。

b 概念の柔軟性と説明理論

また,カテゴリーは,単に類似したものどうしがまとまって構成されているわけではない。

このことは,**目標志向カテゴリー**(goal-derived category;Barsalou, 1985)の例からみることができる。目標志向カテゴリーとは,その場の目的や状況に応じて柔軟に構成されるカテゴリーであり,「火事のときに家から持ち出すもの」「誕生日のプレゼント」のようなカテゴリーのことである(表9-2参照)。このカテゴリーでは,事例どうしはあまり似ていない。この場合,目標に適していることがカテゴリーの事例としてのよさを決定している。

また,カテゴリーが,自分のもっている知識や説明と整合するように構成される例もある。たとえば,25セント硬貨とピザの中間のサイズの円盤(直径3インチで,25セント硬貨の平均直径の方が近い)について,それはピザか硬貨かと尋ねると,多くの人はピザだと答える(Rips, 1989)。ここでは,サイズの類似ではなく,硬貨の大きさはほとんど変動しないがピザの大きさはさまざまでありうるという知識にもとづいた説明が,所属するカテゴリーを決定している。私たちが,ダチョウは鳥らしくはないが,確かに鳥だと考えるのも,見た目の類似性よりも生物学的な根拠を重視すべきだと考えているからであろう。

2 スキーマとしての知識
a スキーマのはたらき

私たちは目前にある世界で起こっていることがらを理解するために,知識を利用している。そのために役立っている知識は,複雑な,概念どうしが関係づけられた構造をもち,一般に**スキーマ**(schema)とよばれる。とくに,レストランでの食事や病院の受診のような,出来事の系列からなる事象についてのスキーマを**スクリプト**(script)とよぶ。スクリプトは,生活のなかで繰り返して経験する日常的なことがらに関する知識である。表9-3は,「レストランでの食事」に関するスクリプトの例である。スクリプトの知識には,そのなかで使われる道具,登場人物,なされる行為の系列などが含まれている。スクリプトのはたらきを理解するためには,実際に自分がレストランに行ったときのふるまいを思い出せばよいだろう。つまり,もし案内がなければ自分で空席を見つけて座り,メニューを見て,注文し,食べるという一連の行為を私たちは

とまどうことなくやってのけるだろう。ひとつひとつの行為はあらかじめ予測されており、スムーズに進行する。次に何が起こるかという予測を可能にしているのが、このようなスクリプトに含まれる知識なのである。

スクリプトのはたらきは、次のような例からもわかる。たとえば、「昨日近くにできた新しいレストランに行ったけど、おいしくて、店の人も感じがよかったから、今度一緒に行きましょう」と、あなたが友人に言われたとする。この話のなかではメニューを見て注文したとか、支払いをしたというようなことは明言されていない。だからといって、あなたは、この友人がレストランで注文や支払いをしなかったと理解することはないだろう。このような会話は、自分のもつレストランのスクリプトにしたがって、明言されていないことがらは標準的に経過したのだと理解される。

表9-3 「レストランでの食事」のスクリプト
(Bower et al., 1979より一部修正)

名称：レストラン
道具：テーブル，メニュー，料理，勘定書，金，チップ
登場人物：客，ウエイトレス，コック，レジ係，オーナー
入店条件：客は空腹である，客は金を持っている
結果：客の金が減る，オーナーの金が増える，客は空腹ではない

場面1：入店
　客がレストランに入る
　客がテーブルを探す
　客が座る席を決める
　客がテーブルのところへ行く
　客が座る
場面2：注文
　客がメニューを取る
　客がメニューを見る
　客が料理を決める
　客がウエイトレスに合図する
　ウエイトレスがテーブルに来る
　客が料理を注文する
　ウエイトレスがコックのところへ行く
　ウエイトレスがコックに料理の注文を伝える
　コックが料理をする
場面3：食べる
　コックがウエイトレスに料理を渡す
　ウエイトレスが客に料理を運ぶ
　客が料理を食べる
場面4：店を出る
　ウエイトレスが勘定書を書く
　ウエイトレスが客のところに来る
　客がウエイトレスにチップを渡す
　客がレジ係のところに行く
　客がレジ係に金を支払う
　客がレストランを出る

b　社会的スキーマ

スキーマとしての知識は、社会的な認知の領域についても確認されている。たとえば、**ステレオタイプ**(stereotype)は、「日本人」とか「芸術家」のよ

に，集団の成員に対して人がもっている，固定観念としての人に関するスキーマのことである。そして，人についての情報を処理する際に，その人に関する情報を予測し，不十分な部分はステレオタイプにもとづいて補って理解する。たとえば，よく知らない人について「キャリアウーマン」と聞いただけで，「未婚で会社に勤務している」などと推測してしまうことはないだろうか。このようなステレオタイプは，スキーマのはたらきの社会的な場面での現れのひとつだが，個人の認知を事実から離れて歪めてしまうという危険性をはらんでいる。

このように，私たちの認知活動にはあらゆる場面で，スキーマがはたらいていると考えることができる。たとえば，算数の問題に関するスキーマ，部屋のものの配置についてのスキーマ，推論のスキーマ，パーソナリティのスキーマ，自己スキーマなどがあげられる。いずれも，自分の経験していることを理解する際に，その内容を予測し，関係する概念や手順の知識を引き出し，不十分な情報は補うといったはたらきをする知識のことである。

2節　思考のしくみ

人間の思考の能力は，これまでの経験を超える力である。たとえば，料理をするとき，教えられた通りにフライパンで目玉焼きを焼いているのならば思考の出番はない。だが，キャンプに行ってフライパンがないけれど目玉焼きを食べたいとき，どうするだろうか。あなたは，これまでの経験を総動員して考えて，この課題を達成するだろう。たとえば，空き缶を火にかけて焼く，というように。そうすることによって，あなたはこれまでの自分の経験の枠を超えて，新しい適応的な行為が達成できたのである。このとき，自分の手持ちの情報に，何らかの形で手を加えることによって目的が達成されている。これが思考のはたらきの一例である。

1　推論の過程

推論とは，手持ちの知識から，論理的に正しい結論を新しく導き出す思考のはたらきである。たとえば，帰宅したときに玄関に見なれない靴が2足おいてあるのを見て，「お客が2人来ているらしい」「靴のサイズから，お客は子ども

だ」というように，判断する能力である。一般に，推論には，**演繹的推論** (deductive reasoning) と**帰納的推論** (inductive reasoning) がある。演繹的推論とは，手持ちの知識や観察している事実に論理的規則を適用して合理的結論を導き出す推論である。それに対して，帰納的推論は，個々の観察した事例にもとづいて一般的な規則を導き出す推論である。

a 演繹的推論

私たちの演繹的推論能力の特徴を典型的に示す例として，条件文推論（「PならばQ」という形の命題を含む推論）を用いたウエイソン（Wason,

〈アルファベット－数字問題〉 (Wason, 1966)

　下の4枚のカードは，両面に1文字ずつ書いてあるカードです。カードの片面にアルファベット1文字，もう片面には数字1文字が書いてあります。これらのカードに関して，次の規則が守られているかどうか調べなければなりません。そのために必ず裏面を確認しなくてはならないカードをあげてください。

規則：片面が母音ならばその裏面は偶数でなければならない。

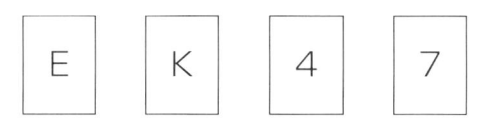

| E | K | 4 | 7 |

〈飲酒－年齢問題〉 (Griggs & Cox, 1982)

　下の4枚のカードには4人の人物の情報が書いてあります。カードの片面にはその人物の年齢，もう片面にはその人の飲んでいるものが書いてあります。これらの人に関して，次の規則が守られているかどうか調べるために必ず裏面を確認しなくてはならないカードをあげて下さい。

規則：もし飲んでいるものがビールならば，その人は20歳以上でなければならない。

| ビール | コーラ | 22歳 | 16歳 |

（正解は次のページ）

図 9-2　4枚カード問題

1966) の**4枚カード問題**を見てみよう。まず，図9-2の2つの問題を考えて答えてみてほしい。アルファベット－数字問題は，大学生でも正答率が10％以下の難しい問題である。飲酒－年齢問題はほとんどの読者が正答を考えついただろう。実は，この2問は，まったく同一の論理構造をしており，正しい推論を行うために必要な手順も対応している。このことは，私たちの演繹的推論が，与えられた前提に形式的な論理法則を単にあてはめているだけでないことを示している。一般に，課題で使用される推論の目的や課題の内容が現実的でもっともらしさを備えている場合，より論理的に正しい推論が可能になる。

b 帰納的推論

帰納的推論は，観察した事例にもとづいて仮説を構成し，検証して，一般化した法則を導き出すはたらきである。帰納的推論には，歪みが存在する。**確証バイアス**（confirmation bias）は，自分がもっている仮説を支持するような証拠ばかり集めようとする傾向のことである。たとえば，性格に関する質問のリストを用意し，ある人の性格を判断するための質問を被験者に選択してもらうと，「外向的」という仮説をもっている被験者は，外向性に関連した質問を選択しがちであり，そのような偏った情報から仮説が支持される結論が導かれやすい（Skov & Trope, 1986）。また，推論のもとになる事例の選択には，目立つ事例や，思い出しやすい事例が利用される傾向がある。この傾向を，**利用可能性ヒューリスティックス**（availability heuristic；Tversky & Kahneman, 1982）とよぶ。一般に，**ヒューリスティックス**とは，論理的ではないが，ある程度の成功が期待できる思考法のことである。読者も，占いがあたった事例はよく覚えているが，はずれた事例は忘れてしまい，覚えている事例のみから占いはよくあたると考えていることはないだろうか。

2 問題解決の過程

a 問題表現と理解

問題とは，達成したい**目標**（goal）があり，現在手持ちの手段では直接的には達成できない事態のことである。たとえば，「海外旅行に行きたいがお金がない」というような事態である。このような事態のなかで，利用できる**手段**（**オペレータ** operator とよぶ）を使って，目標に到達するまでの過程が問題解決である。この場合は「アルバイトをする」「親にねだる」などがオペレータの例となるだろう。また，その際，「お金を手に入れるために犯罪はしない」「親に迷惑をかけない」など問題解決のなかで使ってはいけない制限を**制約条件**

・　・　・　　図のように並んだ9個の点がある。
　　　　　　4本の直線で9個の点をすべて結ぶ
・　・　・　　には，どのように線を引いたらいい
　　　　　　だろうか。ただし，線は一筆書きで
・　・　・　　引かなくてはならない（正解は次のページ）。

図9-3　9点問題（山，1994より一部修正）

図9-2　正解
〈アルファベット－数字問題〉　Eと7のカード
〈飲酒－年齢問題〉　ビールと16歳のカード

(constraint）とよぶ。読者も，自分の身近な問題に関して，目標，手段，制約条件を整理してみると，問題がすっきりと理解できるはずである。

　問題解決の第1段階は，問題を理解することである。図9-3は，**9点問題**とよばれるパズルである。かなり難しいはずだが，もし解けなければ，問題のなかで明示されていない制約条件を自分の思い込みで設定してはいないか考えてみよう。

b　有効な問題解決法

　アナロジー（analogy）は，自分の知っている領域のことがらを使ってなじみのない領域の問題解決をすることであり，有効な問題解決法として知られている。図9-4の前半は，ドゥンカー（Duncker, K.）の**腫瘍問題**とよばれる問題である。まずは，先を読む前に考えてみよう。かなり難しいはずである。次に，その下の要塞物語を読んでみよう。この要塞物語は，腫瘍問題を解く際，アナロジーとして利用できる。かなりの読者は，腫瘍問題の答えを発見できたのではないだろうか。

〈腫瘍問題〉
　胃に悪性の腫瘍のある患者がいた。その患者は体力的に手術は無理で，放射線で治療しなければならない。強い放射線を腫瘍に当てれば，腫瘍は破壊できる。ところが，腫瘍は身体の内部にあるので，外から強い放射線を当てると，放射線が腫瘍に到達するまでに通過する健康な組織も破壊してしまう。この放射線を利用して，健康な組織を破壊せずに腫瘍を破壊するためには，どうしたらよいか（正解は次のページ）。

〈要塞物語〉
　独裁者の立てこもる要塞を陥落させるために，強力な軍隊が要塞に向かった。その軍隊が一斉攻撃をかければ要塞を陥落させることができる。要塞には放射状にたくさんの道がつながっている。ところが，それらの道にはすべて地雷が仕掛けられており，地雷は数人の重さでは爆発しないが，非常に重いものが通ると爆発してしまう。軍隊の指揮官は，軍隊を小さなグループに分割し，それぞれの道に1グループずつを向かわせ，すべての道に小人数の兵が準備できたとき，一斉に突撃を開始した。その結果，軍隊は地雷の上を安全に通過し，要塞を陥落させることに成功した。

図9-4　アナロジーによる問題解決（Gick & Holyoak, 1980を一部修正）

図9-3　正解
　回答が難しかった読者は，点の外周の外側に直線がはみ出してはいけないという制約条件を付け加えてしまってはいなかっただろうか。

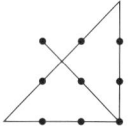

3節　現実のなかでの思考

現実の生活のなかでの「生きた」思考の過程は，どのような特徴があるのだろうか。パズルのような課題を解くのではなく，スーパーで買い物をしたり，目的地までの道順を考えたり，勉強をしたりするとき，思考はどのようにはたらいているのだろうか。

1　経験にもとづく思考
a　生活のなかでの問題解決

日常的な生活での思考の特徴は，その具体的状況に密接に結びついているという点である。たとえば，ダイエットに取り組んでいる人が決められた分量の食事を用意する行動を観察した例は示唆的である (Lave, 1988)。そこでは，3分の2カップのカッテージチーズのさらに4分の3を使うという場面があった。その人は，算数の計算（$2/3 \times 3/4 = 1/2$）をせずに，計量カップに3分の2のカッテージチーズを入れ，それをまな板に円形に広げて，十字に印をつけて4等分したものから1つを取り除いて残りを使ったという。このような例は，日常生活のなかでは私たちは自分のおかれた状況のなかで利用できるものを使って，「頭の中で計算すること」を最小限にしながら，正しい答えに到達していることを示している。「頭の中だけで考えて」答えを得ることを優先される学校の算数での問題解決が，日常生活での思考に役立たない理由のひとつは，このような事情だろう。

b　共同作業による問題解決

現実の生活のなかで考えることは孤独な作業ではない。多くの場合，人と一緒の共同作業であろう。ひとりで考えてもなかなかわからない問題も，人と一緒に共同作業で解くと効果的な場合がある。これは，なぜだろう。ある研究では，「なぜミシンで縫うことが可能なのか」について2人の被験者に話し合いながら考えてもらい，その過程を分析した（三宅，1985）。そのなかで2人は，

図9-4　腫瘍問題の正解
　弱い強度の放射線を四方八方から腫瘍に向けて照射すればよい。

「課題遂行者」と「モニター」の役割を分担し，モニターが課題遂行者の作業を批判的に吟味し，それに触発されて課題遂行者が解法を洗練させるといった相互作用が認められた。共同作業の利点は，自分の認知過程を相手に伝えるために自覚的に反省したり，相手の視点から見た自分の気づかなかった点を指摘されることによって，理解が促進されることである。

2 自分の思考を認知する

a メタ認知

ソクラテス（Sōkratēs）の時代から，自分の無知を自覚することが知への道だとされてきた。近年，自己の認知過程を自覚することは，**メタ認知**（metacognition）の問題として注目されている。

一般に，メタ認知は，**メタ認知的知識**と**メタ認知的活動**に分かれる。メタ認知的知識は，自分の認知過程について知っていることの総体である。そこには，自分の認知の個性や人一般の認知の性質（たとえば「自分は記憶力がいい」），課題の性質（たとえば「この問題は難しい」），課題に応じた適切な方略（たとえば「一度覚えても忘れることがあるから，完全にするためには何度も繰り返す」）といった知識が含まれる。また，メタ認知的活動は，自分の今の理解の状態について自覚的に把握をする**モニタリング**（たとえば「ここまではわかっている」など）と，認知過程の**コントロール**（たとえば「簡単な問題からやろう」など）によって構成される。読者のメタ認知的知識を豊富にすることが本書の目的のひとつだが，いかがであろうか。

表9-4 認知カウンセリングの技法の一部（市川，1993より一部抜粋）

自己診断
・「どこがわかっていないのか」「なぜわからないのか」を言わせてみる（実際には言えないことが多いが，言ってみようとすることが大切）。

仮想的教示
・ある概念や方法を，「それを知らない人に教示するつもりで」説明させる。
・説明できないときは，「本当はよくわかっていない」ことに自分で気づくように。

教訓帰納
・解いたあとに，「なぜはじめは解けなかったか」を問う。
・1問解くごとに，「自分はどういう点で賢くなったか」を明らかにする。
・正答できたか否かよりも，「教訓を引き出せたかどうか」が学習の成果であると考えられるように。

b　認知カウンセリング

メタ認知に焦点を当てた学習支援として，**認知カウンセリング**がある。認知カウンセリングとは，認知的な問題（数学がわからない，というような）で困っている学習者に個人的な面接を通じて解決のための援助を与える活動である（市川，1993）。前頁の表9-4は，認知カウンセリングの基本的技法として提案されているものの一部である。読者も，試してみてほしい。

▷ブックガイド

ゼックミスタ, E. B. & ジョンソン, J. E.　1992　宮元博章ほか（訳）　1997　クリティカルシンキング（入門篇），クリティカルシンキング（実践篇）　北大路書房
　　認知心理学の知見についての豊富な実例と体験学習を含み，日常生活でのものの考え方を反省するうえで役に立つ。
市川伸一（編）　1996　思考（認知心理学4）　東京大学出版会
多鹿秀継（編）　1994　認知と思考——思考心理学の最前線　サイエンス社
　　上記の2冊は，この領域に関するより詳細な研究を紹介している。
安西祐一郎　1985　問題解決の心理学　中公新書
　　人間の行為としての問題解決を研究例をあげて説明している。
稲垣佳世子・波多野誼余夫　1989　人はいかに学ぶか　中公新書
　　日常生活のなかでの学習のはたらきをわかりやすく解説している。
ホリオーク, K. J. & サガード, P.　1995　鈴木宏昭・河原哲雄（監訳）　1998　アナロジーの力——認知科学の新しい探求　新曜社
　　アナロジーの観点から幅広い思考活動を考察している。

トピックス9

あるカテゴリーに限定した障害をもつ患者

　あるカテゴリーに関した認知だけがうまくできない患者がいる。この患者は食べ物についてだけ，名前を言えと言われても，どんなものか説明しろと言われても，答えることができない。乗り物や楽器，動物のカテゴリーにはほとんど異常はみられない。

　吉野ら（1995）によれば，この患者は，54歳男性で，1994年3月に単純ヘルペス脳炎を発症したという。5月に発熱し，その後，意識障害，神経学的異常所見はみられなくなったが，上記のような症状を呈するようになったという。数字の順唱や逆唱を行ってもとくに障害はみられず，視空間認知障害や失語はみられなかったという。しかし，意味記憶を調べた検査において，顕著な特徴が認められた。野菜，果物，加工食品，乗り物，楽器，日常物品，動物，身体部位といった8カテゴリーについて，それに属する例を想起するように求めると，野菜，果物，加工食品といった食べ物カテゴリーだけ，想起がまったくできなかった。また，これらのカテゴリーの事例の線画を呈示し呼称を求めるとか，あるカテゴリーに属する事例の線画を複数の線画のなかから選択するとかといった課題を行ったところ，食べ物カテゴリーのみに障害が認められた。なお，MRI所見によればこの患者には左側頭葉内側部・底部および側頭葉白質に異常信号域を認めたとある。

　これと似たような患者がカラマッツァら（Caramazza et al., 1994）によっても報告されている。JJ（67歳）とPS（45歳）の症例である。両者とも発話はノーマルであるが，事物を呈示されてその呼称を行うとき，非常に対照的な症状を示している。

　図1は発症から6カ月後，13カ月後にわたって，動物，鳥，野菜，果物，食品，身体部位，衣類，乗り物，家具について事物の呼称を調べたものである。JJは動物や生き物はかなり正確に呼称できるが，その他のカテゴリーはうまくできない。これとは逆にPSは動物や生き物は呼称できないが他のカテゴリーは呼称できるという。

　両者の対照的な**カテゴリー特有の障害**をどのように理解すればよいのだろうか。ワリントンとシャリス（Warrington & Shallice, 1984）によれば，2つの説明が区別されている。ひとつの考え方は，同一カテゴリーに属する事例は，たとえば自分で動くとか，食用にできるとかといった特徴によって内的に表現されており，このような**意味的ネットワーク**が損傷を受けたために，上記のような症状を呈するというものである。

　また，一方，「感覚－機能」仮説によれば，生き物は主として視覚的属性により，生き物でないものは主として機能的属性によって定義される。生き物カテゴリーに特有の障害は**視覚的－意味的サブシステム**に対する損傷，生き物でないカ

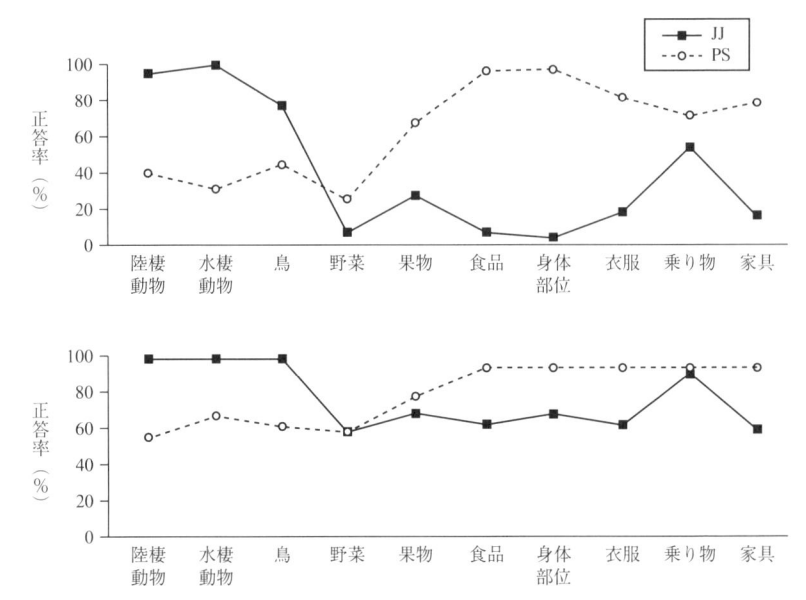

図1 患者JJとPSの発症から6カ月後(上図)と13カ月後(下図)のさまざまなカテゴリーに対する名称呼称の正答率 (Caramazza et al., 1994)

テゴリー特有の障害は**機能的ー意味的(言語的)サブシステム**に対する損傷によって起こったと考える。確かに，JJとPSの症例についてはこの考え方で説明が可能かもしれないが，最初に紹介した食べ物カテゴリー特有の障害についてはうまく説明できない。

さまざまなカテゴリーについて報告されている，カテゴリー特有の障害の総合的説明を可能にする理論はまだ確立されていない。今後の発展が待たれるところである。

10 章
言語認知

　ある天才を紹介しよう。彼の名はクリストファ，1962年イギリス生まれ。生後6週目頃に，「脳損傷の疑いあり」と告げられた。20歳のときには，「失行症と見分けがつかないほどの運動協応の重度神経障害」と診断された。29歳のときに，「精神年齢は9歳程度である」と判定された。手と目の協応が悪いので，ヒゲ剃りやボタンかけのような簡単なことでさえうまくできない。いわゆる方向オンチなので，近所の道でもすぐに迷ってしまう。身のまわりのことができないために施設で暮らしている。

　一体，このクリストファ君のどこが天才なのだろうか？　彼の天才たるゆえんは，その非凡な言語的才能にある。彼は20カ国語を読み書き聞き話すことができる。彼の母語である英語と同じゲルマン語派のドイツ語やオランダ語はいうにおよばず，ロマンス語派のイタリア語やスペイン語，スラブ語派のロシア語やポーランド語，その他，非ヨーロッパ語族のフィンランド語やトルコ語などなどである。さらには，複雑な語形変化をもつベルベル語も容易にマスターしたという。クリストファ君は，こうした多数の言語のいずれからでも英語へ翻訳したり，それを使ってコミュニケーションができるのである（Smith &Tsimpli, 1995）。長年かけて勉強しても英語ひとつ満足に使いこなせない者にとってはうらやましい限りである。

　この言語天才クリストファ君の頭の中では，20カ国語を操る言語能力とそれ以外の認知能力とはどのように折り合いをつけて棲み分けているのだろうか？

1節　はじめに

　さて，そもそも「言語」とはどこに存在するのだろうか？　たとえば，「日本語」はどこにあるのかを考えてみよう。ひとつには，日本語を話す「社会に

おける約束の体系」として存在するという考え方がある。これがいわゆる、ソシュール（Saussure, 1916）の**ラング**（langue）の概念である。この考え方は、個人的発話である**パロール**（parole）と対比されるという点からみて、言語への社会学的なアプローチといえる。もうひとつには、日本語は日本語を話す「**母語話者**（native speaker）の**心・脳**（mind/brain）の中」にあるという考え方がある。チョムスキー（Chomsky, 1965）の**言語能力**（linguistic competence）という概念がこれにあたる。これは、「言語を生み出す知のシステム」とはどのようなものであり、それはどのようにはたらくのかを探求する心理学的なアプローチである。

　言語研究にはこれら双方の観点からの考察が必要であるが、本章では、後者すなわち**心理言語学**（psycholinguistics）の立場から言語について考察する。まず、言語の生物学的基盤としての脳に関する研究を概観する。次に、どのようにして言語を使用するのかという**言語使用**（language use）の問題を考察する。これは、どのようにして言語を作り出していくのかという**言語産出**（language production）と、どのようにして言語を理解するのかという**言語理解**（language comprehension）との2つの問題に分けられる。さらに、子どもはどのようにして言語を獲得するのかという**言語獲得**（language acquisition）の問題をとりあげる。最後に、言語と他の認知システムとの関係について簡単に考察する。できるだけ多くの具体例を紹介しながら、心理言語学の大まかなイメージをつかんでもらうのが本章の目的である。

2節　言語の生物学的基盤としての脳

　言語も他の認知能力（記憶・学習・推論など）と同様に脳がコントロールしていると考えられる。言語と脳に関する実証的研究は大きく2つにまとめられる。ひとつは、交通事故や脳溢血などで脳の一部がダメージを受けた場合に生じる**失語症**（aphasia）の研究である。この分野は、失語症患者の言語使用（産出と理解）がどのような面で健常者と異なっているのかを主に研究する。もうひとつは、健常者の言語使用において、脳内にどのような変化がいつ・どこで起こるのかを研究するものである。

1 失語症研究

　左右の耳に別々の言語刺激（音声や単語）を聞かせると右耳からの刺激が優位に認知される。こうした**両耳分離聴法**（dichotic listening method；6章参照）などの研究から，言語機能は左側に**側性化**（lateralization）していることがわかっている。左脳の中でも，とくに2つの領域が言語機能に関係している。

　ひとつは，左前頭葉下後部（左のこめかみあたり）の**ブローカ領域**（Broca's area）であり（図10-1参照），1861年にフランスの外科医ブローカ（Broca, P.）によって発見された。「タンさん」という愛称の患者を死後に解剖した結果，この領域に脳梗塞がみられた。この患者は，相手の言うことは理解できるが発話が困難で，何を聞かれても「タンタン」としか言えなかった。**ブローカ失語**では，意図する音の組立や発声が困難で，途切れたりつっかえたりするので，**非流暢性失語**または**運動性失語**ともよばれる。ブローカ失語の回復期な

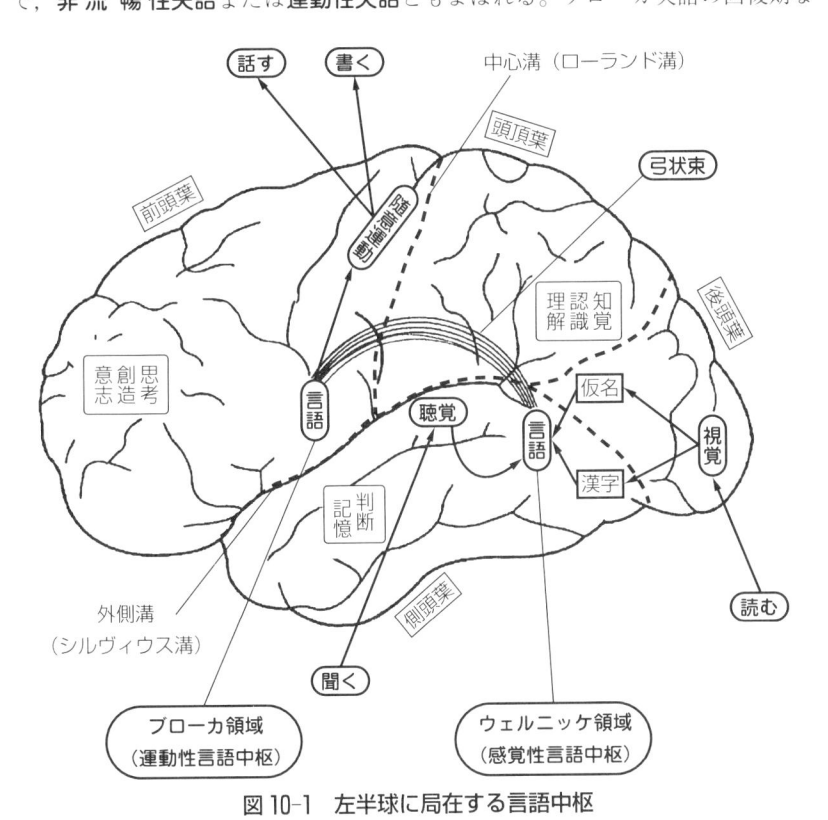

図 10-1　左半球に局在する言語中枢

どに，**失文法失語**（agrammatic aphasia）が観察されることがある。単語の選択や産出には問題ないが，文を構築する際の文法的側面にのみ障害が生じる。そのために，機能語（助詞，助動詞，接続詞など）が落ちて，内容語（名詞，動詞，形容詞など）だけを羅列する**電報文**（telegraphic sentence）が多発する。

　もうひとつの代表的な失語症は，左側頭葉上後部（左耳の後ろの上あたり）の**ウェルニッケ領域**（Wernicke's area）に関係している。1874年にドイツの医師ウェルニッケ（Wernicke, C.）が，言語理解に障害をもつ2名の女性患者を診断して発見した。ウェルニッケ失語では，すらすらしゃべるが繰り返しが多く，意味不明のおしゃべりとなるので，**流暢性失語**または**感覚性失語**とよばれる。「犬」をみて「ダンゴ」と言ったりする**錯語**（paraphasia）や，「猫」をみて「エヌヒ」などの意味のない**新造語**（neologism）が現れることがある。

　このような2種類の失語症のパターンの違いから，言語の発話と理解の中枢は異なった部分に局在していると考えられてきた。さらに，2つの領域を結ぶ**弓状束**(きゅうじょうそく)（arcuate fasciculus）はこれらの領域間の情報の伝達にかかわると考えられている（弓状束は大脳皮質の裏面にあるが，図10-1では理解しやすいように表面に描いてある）。この弓状束が損傷されると，発話も理解も正常だが，復唱だけが困難な**伝導失語**（conduction aphasia）が生じる。

　また，日本語話者の場合，漢字は読み書きできるが，仮名は使えないという症状を示すことがある。そのことから，漢字のような意味的処理と仮名のような音韻的処理は別々の処理ルートによって行われている可能性が示唆される。しかし，これら以外にも多くの失語症のパターンがあり，また，言語機能の局在性に関してもまだ不明な点は多い（山鳥，1998）。

　失語症患者もまわりの者も，言葉を失うことによって人格そのものを失ってしまったと思い込んでしまうことが多い。そして，他者との意思の疎通が困難となり，社会との関係が断絶してしまうことがある。しかし，失語症によってすべての知的能力が損傷されるわけではない。推論・判断・記憶などの能力は十分に保たれていることも多い。しかも，失語症の改善・治療のために**言語聴覚士**（speech therapist）も存在する。これは最近，国家資格として認められたもので，失語症に対する社会的な対応が少しずつ整備されてきていることを示すものである（佐野・加藤，1998）。

2 脳波研究

最近は，脳のどの部分がどのような言語機能にかかわっているのかをさまざまな手法を使って調べることができるようになってきた。これは，健常者がある種の言語的課題を行っているときに脳の血流・脳磁場・脳波などを測定する方法で，脳画像法と電気生理学的方法の2つに分けられる。前者に関しては本章末トピックスを参照してほしい。ここでは，後者の代表例である，**事象関連電位**（Event-Related Potential）に関する萩原（1998）の研究を紹介する。以下の文を見ていただきたい（文頭の*印は，その文・句・単語などが不適格な表現であることを示す）。

(1) 　太郎が　旅行に　出かけた。
(2) 　*太郎が　辞書に　出かけた。

上のような文を被験者が読んだときの脳波が図10-2のグラフで，実線は(1)のような**正文**（grammarical sentence）の脳波，破線は(2)のような**非文**（ungrammarical sentence）の脳波を示す。右側の写真で濃くなったところが電流密度が高く，もっとも活動している部位であると考えられる。

「出かける」という動詞は，「旅行」などのようなある種の意味的に限定された名詞を要求する。ところが，(2)では，この「出かける」という動詞と「辞書」という名詞が合致しないために，意味的な逸脱が生じている。これを，動詞と名詞と間の**選択制限違反**（selectional-restriction violation）とよぶ。この違反があるとき，図10-2に示されているように，両半球の頭頂葉から後頭葉，とくに右半球にN400とよばれる成分が出現した。これは，刺激呈示から400ミリ秒後に陰性（グラフの上方）方向にみられる成分であり，意味的な逸脱によって誘発されると考えられている。さらに，次の文をみていただきたい。

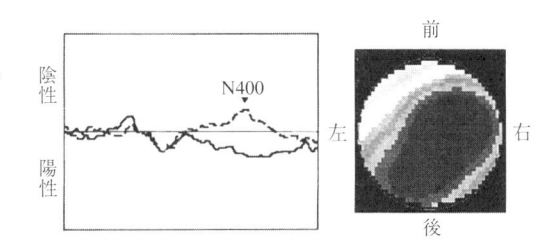

左のグラフは事象関連電位の波形（実線が正文，破線が非文）。右は頭部を上から見たときのN400の電流密度分布（色の濃い部分が電流密度が高く，脳内の活動が活発）。

図 10-2　動詞と名詞の選択制限違反によって誘発される脳波（萩原, 1998）

図 10-3 時制の不一致によって誘発される脳波 (萩原, 1998)

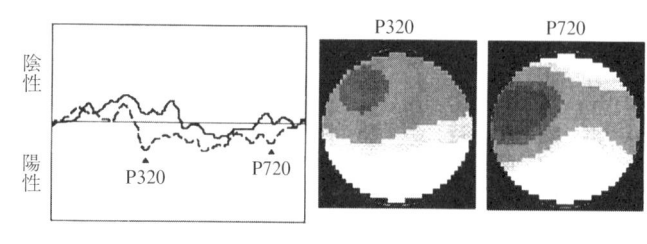

左のグラフは事象関連電位の波形（破線で示された非文には，2カ所に陽性のピークがある）。右は頭部を上から見たときの，P320とP720の電流密度分布。

(3) 会社を　来月　辞める。
(4) *会社を　来月　辞めた。

(4)では，「来月」という未来を示す副詞と過去形の動詞「辞めた」の時制とが合致していない。このとき，図10-3に示されるようにP320とP720という2つの陽性成分が左前頭葉あたりに出現した。図10-2と図10-3を比較してわかるように，統語的に逸脱した文には，意味的に逸脱した文とは異なった反応部位に違った波形がみられる。

これまで概観したように，言語と脳は密接な関係にある。今後，研究が進展していくにつれて，さらに多くのことが明らかになっていくと思われる。しかし，だからといって，言語現象のすべてが最終的に脳の機能によって説明できるということではない。たとえば，上の2つの非文に反応する脳波が異なっているというのはすばらしい発見であるが，それによってこの2つの非文がなぜ異なっているのかを直接的に説明しているわけではない。萩原（1998）で論じられているように，これは日本語の文法システム全体の中で説明されるべき問題であり，さらには言語理論一般との関連も考慮されなければならない。重要な事実を発見した後は，それを説明する理論が必要となる。言語の理論的研究は，言語の脳研究によってもたらされた発見を取り込んで，より説明能力の高い理論の構築をめざさなければならない。要するに，実証的研究と理論的研究の双方が必要なのである。

3節　言語使用

人間が言葉を話す（書く）ときと言葉を聞いて（読んで）理解するときには，

基本的に同じ認知システムを利用しており，その処理の方向が逆になっているだけであると仮定してみよう。そうすると，言語使用（産出と理解）の過程は，図10-4 のように表せる。

　これはもちろん非常に単純化したモデルであって，実際の言語使用には，記憶・推論・注意など多くの複雑な要因がからんでくる。また，自らの発話をモニターしながら情報のフィードバックを行っているので，処理の方向が一方のみであるというのも現実を反映していないであろう。そういったことを十分承知のうえであえて単純なモデルを提示することによって，言語使用の全体的なイメージを把握してもらうのがこのモデルの目的である。以下で，図 10-4 の「言語処理」の部分にかかわる具体例をいくつか検討してみよう。

1　言語産出——言い間違いの研究

　私たちの普段の会話においては，「リハビリ」を「リハリビ」と言ってしまうような間違いはかなり頻繁に起こっている。このような**言い間違い**（speech

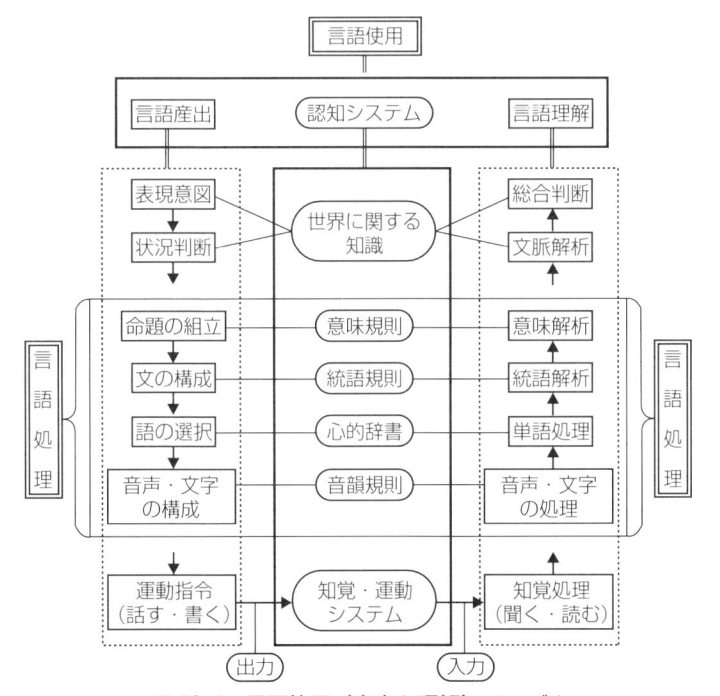

図 10-4　言語使用（産出と理解）のモデル

error）は，隣接する音が入れ替わるので，**音位転換**（metathesis）とよばれる。

次に，**心的辞書**（mental lexicon）における語の構造に関係していると思われる言い間違いをみてみよう（例は，神尾・外池，1979による）。

(5) 新鮮がない，えー新鮮さがない。

「新鮮な」という形容詞の名詞形は「新鮮さ」なのに，それを「新鮮」だと勘違いしたことがこの言い間違いの原因である。では，なぜこうした勘違いが起こったのだろうか？ おそらく，2字漢語の多くが名詞であることからの類推だろうと思われる。たとえば，「鮮度が落ちる」の「鮮度」自体が名詞だから「さ」を付けて「*鮮度さ」とはならない。上の言い間違いの例は，語幹の「新鮮」と接尾辞の「さ」とが心的辞書において別々に記載されていることを示唆する。

こうした言い間違いは，言語産出の実時間上の処理システムや言語処理に関与するさまざまな規則の構造を反映していると考えられる。そこで，言い間違いを観察・研究することによって，言語産出のメカニズムを明らかにすることが可能となる（寺尾，1992）。

2 言語理解——見えないモノを見る

次の2つの文をみていただきたい。

(6) 太郎が　花子に　東京へ行くことを　白状した。
(7) 太郎が　花子に　東京へ行くことを　命令した。

これらの文には東京へ行くことになる人物の名前が明記されていないが，それぞれ以下のように解釈される（〈　〉の中と矢印はもちろん実際には存在しない）。

(8) 太郎が花子に［〈太郎が〉東京へ行く］ことを白状した。
(9) 太郎が花子に［〈花子が〉東京へ行く］ことを命令した。

「東京へ行く」のは，(8)では主語の「太郎」であり，(9)では目的語の「花子」である。よって，(8)を**主語指向文**（subject-oriented sentence），(9)を**目的語指向文**（object-oriented sentence）とよぶ（坂本，1995）。これらの文は表

面上の単語の**連続**はまったく同じだから，単語間の**関係**が異なっていると考えざるをえない。よって，これらの解釈の違いは，実際は表面に現れていない何らかの要素を私たちが心理的に見ていると考えなければ説明できない。ここでは，〈太郎が〉や〈花子が〉で示した目に見えないモノを**空主語**(empty subject) とよぶことにしよう。

　上の2つの文の解釈の違いは，結局，文末の動詞の違いによって判明する。では，私たちは文末動詞が現れるまで何もせずに待っていて，最後になって一気に文全体の解釈を始めるのだろうか？　これは**ボトムアップ**(bottom-up)的処理とよばれるが，私たちの短期記憶の制約などからみてもあまり現実的ではない。そこで，**トップダウン**(top-down) 的な予測にもとづいて文の処理が行われると考えてみよう。たとえば，文末動詞からの距離が近い人物名（この場合は目的語の「花子」）が優先的に空主語と同一視されるという**新近性の方略**(recency strategy) がはたらくと仮定してみよう。

　ここで，(9)をみると，「花子」は「太郎」よりも文末動詞に近いので，(9)はこの方略で「当たり」になる。ところが，(8)をみると，「太郎」は「花子」よりも文末動詞から遠いので，(8)では「はずれ」になってしまう。「当たり」の文は「はずれ」の文より処理が容易なはずだから，両者の間に，処理に関する何らかの差が現れると予測される。そこで，これらの例文を被験者に聴かせ，反応時間と正答率を調べてみた。すると，正答率での差はなかったが，(9)は(8)よりも反応時間が有意に速いという結果となった。つまり，被験者は，両方の文を正しく解釈できるが，その正しい解釈に行き着くまでの時間には差がある。これだけをみると，言語構造とは無関係の距離的遠近（すなわち，語順的に目的語の方が文末動詞に近いということ）にもとづいた方略が用いられているように思える。

　しかし，ここでさらに，これらの例文の主語と目的語を入れ替えて実験してみることによって，本当に距離的遠近（語順）だけで問題は解決するのかどうかを調べてみなければならない。次の2つの例文をみていただきたい。

(10)　花子に　太郎が　[〈太郎が〉　東京へ行く] ことを　白状した。

(11)　花子に　太郎が　[〈花子が〉　東京へ行く] ことを　命令した。

もし，新近性の方略が正しければ，今度は(10)の方が(11)よりも反応時間が速いと予想される。なぜなら，(10)では主語の「太郎」が文末動詞に近い位置にあるからである。しかし，結果は予想とは逆であった。つまり，(11)の方が(10)よりも反応時間が有意に速いのである（坂本，1995；また，二瀬ほか，1998；織田ほか，1997も参照）。

以上のことから，語順に関係なく，(9)や(11)のような目的語指向文の処理時間が(8)や(10)のような主語指向文よりも有意に速いということが判明した。よって，単なる距離的遠近（語順）の情報ではなく，統語的・意味的な何らかの言語的情報（たとえば「〜が」や「〜に」などの格助詞がもつ情報）にもとづいた方略が用いられているようである。こうした言語的情報がいつ・どのように使用されているのかを実験などを通して明らかにするのが言語理解（とくに文の理解）の研究の目的である（郡司・坂本，1999；坂本，1998）。

4節 言 語 獲 得

私たちはどのようにして言葉を覚えたのだろうか？　この疑問に対する手がかりとして次の2つの問題を考えてみよう。まず，人間以外の動物が人間の言葉を使えるようになるだろうか？　また，人間であれば言葉を教えられなくてもしゃべれるようになるのだろうか？　なお，第二言語（いわゆる外国語）の学習やバイリンガリズムの問題も言語獲得との関連で興味あるテーマではあるが，ここでは扱う余裕がない（岡田，1998；Grosjean，1982を参照）。

1　チンパンジーと人間の言語

人間以外の動物，たとえば，チンパンジーに言葉を教えようとする試みは今までに何度となく行われてきた。1950年代にヘイズ夫妻（Hayes, C. & Hayes, K. J.）がヴィキとよばれるチンパンジーを養女として，人間の赤ん坊のように育てた。ヴィキはかなりの語を理解したが，言えたのは mama, cup 等の4語のみであったらしい。こうした「話し言葉」を教える試みが失敗したのは，チンパンジーの発声器官が人間とは異なるためであると考えられる。そこで，ガードナー夫妻（Gardner, R. A. & Gardner, B. T.）は，ワシューというチンパンジーに手話を教えた。すると，ワシューは百数十のサインを使いこなせるよ

うになったという。これは,チンパンジーと人間の外形的類似性を利用した「身振り言語」の獲得をめざしたものである。さらに,ランボー夫妻(Rumbaugh, E. S. & Rumbaugh, D. M.)は,ラナとよばれるチンパンジーに,コンピュータに接続したキーボードに連結した図形文字を使って言葉を教えた。これは,「文字言語」による学習である。また,「教える」のではなく,言葉の「自然な獲得」が可能であるという主張もある。カンジという名のボノボ(チンパンジーの一種)は母親が図形文字による言語訓練を受けている側で育った。するとカンジは,人間の言葉(英語)を聞き取り,自らもその図形文字を用いてコミュニケーションができるようになったと報告されている(Savage-Rumbaugh, 1993)。チンパンジーの言語学習に関しては,この他,京都大学霊長類研究所の「アイちゃん」など多くの報告例がある(松沢, 1995)。

確かにチンパンジーは人間にもっとも近い動物であり,豊かな感情と優れた知能や記憶力・運動能力の持ち主である。しかし,チンパンジーの言語能力が人間の幼児(3歳程度)と同等であるとしても,そのレベルを超えるものではない。自ら新しい内容を伝えるための言葉を作り出せないし,複雑な文は作れない。また,チンパンジーには語彙の爆発とよばれる単語数の劇的変化や文法的直感による文の正誤判断ができるということもなさそうである。今のところ,人間以外の生物が人間の言葉を完全に獲得した例はないといっていいであろう。

2 言葉を奪われた子どもたち

人間として生まれても,何らかの理由で通常の人間世界と隔絶された状況で育てられた例がある。1920年にインドで,狼と一緒に暮らしていた2人の女の子が発見された。彼女たちは,当時,推定8歳と2歳で,1年後に下の子アマラは死亡,9年後には上の子カマラも亡くなった。発見当時,彼女たちは光を怖がり,昼間は部屋の隅でじっとして夜になると狼のように四つ足で歩きまわった。もちろん,人間の言葉はひとこともしゃべることはできず,低いうなり声をあげるだけであった。しかし,孤児院に引き取られ,宣教師たちの辛抱強い教育の結果,カマラは,亡くなるまでには50程度の語彙をもち,即興的に話すことができるようになっていたという(Singh, 1934)。推定17歳で死亡したカマラがもう少し長生きしていたら,やがて通常の言語獲得ができるようになっていったのか,それとも,言語獲得の**臨界期**(critical period)を越えてい

て，もはや十分に言語を使いこなせるようになれなかったのかは謎である。レネバーグ (Lenneberg, 1967) によれば，12，13歳を過ぎると，言語獲得は極端に困難になるとされている。こうした，「動物に育てられた人間の子ども」の報告例は他にも多く存在する (Malson, 1964)。

こうした例から，たとえ人間として生まれても，ある時期に一定量の言語経験がなければ完全な言語獲得には至らないと考えられる。

3　言語獲得モデル

前の2つの項でみたように，通常の言語獲得には基本的に2つのことが必要である。それは，生物学的に「人間」であること，および，ある時期に一定の「言語経験」をもつことである。まず，言語経験の問題から考えてみよう。母親やまわりの大人は子どもに対して，「マンマ」や「ワンワン」などのような幼児語を用いることが多い。少なくとも，職場の同僚に話しかけるのと同じ言葉づかいをすることはない。たとえ子どもが大人どうしの会話を聞いて，それを言語獲得のためのデータとしているとしても，それは，言い淀みや言い誤りなどを含んだ非常に不完全なものである。このように，言語獲得の際に子どもが手にすることができる経験の質・量が非常に限定されていることを**刺激の貧困** (poverty of stimulus) という。

また，子どもの間違った発話（たとえば「窓が開けて」）をまわりの大人が文法的に訂正することは少なく，主に内容的な訂正にとどまることが多い。子どもの言っていることが理解できれば，それが文法的に少々おかしくても，大人たちはあえて正しい形を教え込もうとはしない。つまり，ある構造が文法的に「間違い」であるという証拠は子どもには与えられない。これを**否定証拠の欠如** (lack of negative evidence) とよぶ。しかしながら，子どもは最終的には正しい形（「窓を開けて」）を獲得する。すなわち，子どもは，何が正しいか正しくないかを教えられなくても正しい文法を獲得するのである。

これは，なぜ人間は実際に経験したこと以上のことを知っているのかという問題にかかわってくる。よって，これを言語学における**プラトンの問題** (Plato's problem) とよぶ。言語獲得のモデルはこの問題に答えるものでなければならない。チョムスキー (Chomsky, 1959) は，単なる「刺激」と「反応」の繰り返しによっては，複雑な言語システムの獲得は不可能であることを，

スキナー（Skinner, B. F.）への書評論文であざやかに展開した。身体能力や他の認知能力とは関係なく，子どもは非常に短期間に一定の順序で母語を獲得する。しかも，両親の国籍や民族・宗教その他の文化的な要素は子どもの言語獲得には直接影響しない。たとえば，日本人の両親から生まれた子どもでも，アメリカで育てば英語を話すようになる。

　そこで，言語獲得において「人間」であることの側面を考察してみなければならない。この点に関して，チョムスキーに代表される**生成文法**（generative grammar）では，人間には生まれつき**言語獲得装置**（Language Acquisition Device：**LAD**）が備わっていると主張されている。LAD は，人間の言語に普遍的に存在する特質を備えたものなので，これを**普遍文法**（Universal Grammar：**UG**）とよぶ。LAD すなわち UG は，人間の言語を規定する**原理**（principle）のシステムである。この原理には2種類あって，ひとつは，たとえば文には構造があるというような不変の原理，もうひとつは，語順のような**可変部**（parameter）を含む原理である。原理のシステムという初期状態から，言語経験を経ることによって状態変化が起き，最終的には日本語や英語などの個々の言語という安定状態へと至る。言語経験には，獲得すべき言語の可変部の設定を行うことだけではなく，個々の単語を覚えるということも含まれる。図式化すると図 10-5 のようになる。

　子どもが言語を獲得するためには，必ず言語経験が必要である。しかし，子どもはまったくの白紙状態（タブラ・ラサ）で生まれ，経験のみによって言語を獲得するという極端な**経験主義**（empiricism）を主張する研究者はほとんどいない。人間は何らかの理性を生まれながらにもっているという**合理主義**（rationalism）の立場をとる研究者がほとんどである。問題は，その「もって生まれたもの」がどのようなものかである。子どもは言語獲得のための特別の

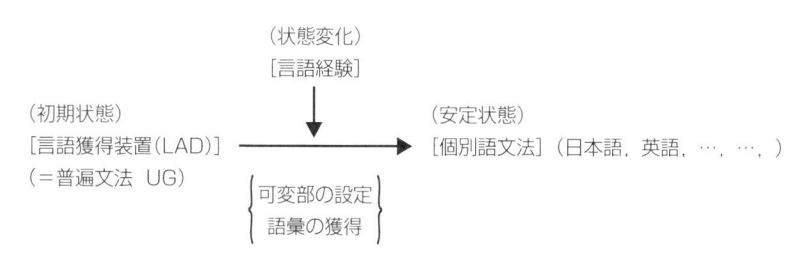

```
          （状態変化）
          ［言語経験］
              ↓
（初期状態）          （安定状態）
［言語獲得装置(LAD)］ ──→ ［個別語文法］（日本語，英語，…，…，）
（＝普遍文法 UG）
              ｛可変部の設定｝
              ｛語彙の獲得　｝
```

図 10-5　生成文法における言語獲得モデル

器官・装置をもって生まれてくると考えるのが，言語の**生得説**（innateness hypothesis）である。すなわち，言語はひとつの**モジュール**（module）をなしており，他の認知システムとは独立していると考えるのである。一方，言語のための特別の何かがあるのではなく，一般的な認知能力の発達・統合の結果として言語能力が形成されると考える研究者も多い（Elman *et al.*, 1996）。そこで，次節で言語と他の認知システムとの関連について考察してみよう。

5節　言語と他の認知システム

　私たちの心の中における言語のあり方はどのようなものなのだろうか？　つまり，言語のしくみと心のしくみとはどのような関係にあるのだろうか？　この問題に関しては，上でみたように，大きく分けて2つの考え方がある。ひとつは，心はいくつかのモジュールから成るという立場である。たとえば，ミンスキー（Minsky, 1986）の「心の社会」という考えでは，いくつかの独立したエージェントが集まって心的機能の全体が構成される。もう一方では，言語と他の認知システムを分けて考えることは不可能だという主張がある。たとえば，言語の理解や産出を行う言語情報処理システムと色や形を処理する視覚情報処理システムは何らかの共通のメカニズムに依存していると考えることが可能である。以下でこの2つの考え方について簡単に考察してみよう。

1　言語のモジュール性

　さてここで，イントロで紹介した言語天才クリストファ君のことを思い出していただきたい。彼の場合，もし言語能力のみが異常に発達し，他の能力が発達不全だとすれば，言語認知は空間認知や記憶・推論など他の認知とは別のモジュールであるという証拠となるであろう。さらに興味深いことに，クリストファ君は文法性の判断や言語間の翻訳は難なくこなすのだが，皮肉や比喩が理解できなかったり，場面や文脈に合わせたスムーズな会話ができないことがあるらしい。これは，言語の純粋に文法的な能力と推論・判断などの能力とは別のものである可能性を示している。別の見方をすれば，言語を最大限に「利用する」ためには，言語能力だけではなく，他のさまざまな認知能力の協働が必要であるともいえる。

クリストファ君と似たような例として，**ウィリアムズ症候群**（Williams syndrome）とよばれる症例がある。これは，知能の発達の遅れや空間認知に障害があるが，言語能力にはほとんど問題がなく，流暢に話すことができるものである。クリストファ君のように語学的才能が異常に発達しているわけではないが，他の能力に比べて言語能力は正常の域内にある。これも，言語モジュールと他の認知モジュールとの違いを示していると思われる。

言語能力が保たれているのとは逆に，言語能力のみがダメージを受けて，他の認知能力は保持されている失語症の多くの例はやはり，言語能力のモジュール性を支持するように思われる。また，特定の言語能力のみに異常がみられる**特異性言語障害**（specific language impairment）があり，そのなかでもとくに**家族性文法障害**（familial language impairment）が最近話題になった。イギリスのある家系を3世代にわたって調査した結果，30名中16名に，動詞の時制・名詞の一致などの形態的特徴に限って障害が現れた（Gopnik, 1990）。たとえば，"They wash the car yesterday."のように，動詞を過去形にしないままにしておくといったような，ごく簡単な間違いを犯す。すなわち，時制に合わせて動詞を規則的に変化させる能力がないのである。これは，言語のモジュール性を示すというよりは，さらにすすんで，言語が特定の遺伝子の中に存在する可能性を示唆するものとして注目を集めた。もちろん，特定の遺伝子が特定の言語機能を担っているということが，その後の研究によって判明したというわけではないのだが，興味ある問題ではある。

2　言語認知の非モジュール性

認知言語学（cognitive linguistics）は，人間の言語認知システムは他の認知システムとは不可分のものであるという考えにもとづいて，空間認知・推論過程などとのさまざまな相互作用を通して言語現象の説明を試みている（河上，1996）。とくに，皮肉や比喩のような高度に複雑な言語現象を説明するためには他の認知システムを考慮にいれる必要があると考えられる。言語モジュールの自律性を強く主張する生成文法はこのような言語現象を十分に説明することができない。もっとも，比喩などの理解ができない（少なくとも不得手な）クリストファ君の例を考えると，これらは，そもそも言語に特有の現象ではなく他の認知システムが言語に反映されているだけだという可能性はある。問題は，

言語理論の射程がどの範囲にまで及ぶべきかにかかわる。言語理論は言語の純粋な計算システム（厳密な意味での「文法」）のみを扱うべきだという立場から，言語を含めた人間の認知活動全般を視野に入れた研究をめざすべきだという立場まで，さまざまな立場がありうる。どのような立場に立つかはそれぞれの研究者によって異なる。

エルマン（Elman et al., 1996）などのように，**コネクショニスト**（connectionist）・**アプローチ**によって言語をとらえる研究者も言語認知のモジュール性には否定的である。エルマンのモデルによるコンピュータの言語学習では，文法構造に関する特別な知識をもたせなくても，多くの例文を聞かせることによって，正しく文法構造を獲得できると主張されている。具体的には，単語の系列を与えて，コンピュータに各単語の次の単語を予測させる。学習途中では間違った予測をするが，実際に入力される単語（正しい用法）によって誤りを修正することが可能となる。また，ワーキングメモリーの容量をゆっくりと増加させることにより，簡単な構文から複雑な構文へと学習が進むとされている。エルマン・モデルの眼目は，言語特有の認知システムを想定しなくても，大量のデータと一定のメモリーを与えることによって，言語の獲得や使用に関しても一般的な認知システムによる説明が可能だという主張である。ただし，現在のところ，その言語学習は人間の3歳児以下のレベルにとどまっており，チンパンジーの言語学習と大差ない状況である。

言語を含め，さまざまな認知システム（空間認知・学習・記憶・思考・推論・意思決定など）がそれぞれ独立したモジュールを成すのか，共通の認知メカニズムがはたらいているのかという議論には，今のところ決定的な結論は出ていない。たとえば，フォーダー（Fodor, 1983）などは，非モジュール的な**中央系**（central system）とモジュール的な情報処理のプロセスの双方を認めている。つまり，どちらか一方であるとはっきりいえるほど私たち人間の認知システムは単純ではないということなのであろう。

6節　おわりに──今後の言語認知研究に向けて

そもそも，言語はなにゆえに認知心理学のひとつの重要な分野として研究されるのだろうか？　それは，言語を通して私たち人間の心のしくみがみえてく

るからである。もちろん，言語の研究だけで心のしくみのすべてが明らかになるわけではない。さまざまな認知システムの研究が進み，お互いの分野間の交流が盛んにならなければならない。この交流のなかから新しい学問の流れが生まれてくる。そして，少しずつ心のしくみが明らかになり，私たちが自分自身を，すなわち人間をよりよく知ることができるようになるであろう。

　本章では言語の「知性」にかかわる側面を主にとりあげたが，言語は豊かな「感性」の表現手段としても用いられる。擬声語・擬態語などにみられる**音象徴**（sound symbolism）はその代表例であろう（苧阪，1999を参照）。さらには，詩や小説などの言語芸術は言語の知性と感性を高度に融合した結果生み出されるものである。残念ながら，言語の感性に関する研究は，従来の心理言語学の枠組みに収まりきれない部分が大きく，なかなか進展していない。今後は，定量的なアプローチにとらわれない柔軟な方法論の開発や新たな理論の構築が必要であろう。

▶ブックガイド

大津由紀雄（編）　1995　言語（認知心理学3）　東京大学出版会
　　心理言語学一般に関する最新の研究成果の紹介である。心理学，言語学，認知科学など幅広い分野をかなり網羅的にサーベイしている。最後まで読み通すには少々努力が必要だが，興味のもてる分野やトピックが見つかる可能性は高い。
ピンカー，S.　1994　椋田直子（訳）　1995　言語を生みだす本能（上・下）　NHKブックス
　　基本的には，言語生得説の立場から言語獲得について書かれたもの。幅広い視点から興味深い言語の話題を扱っており，肩の凝らない楽しい読み物となっている。著者は，心理言語学の分野だけでなく，視覚認知の研究でも著名である。
郡司隆男・坂本　勉　1999　言語学の方法（現代言語学入門1）　岩波書店
　　前半は言語学の基本的な方法論について，豊富な具体例をあげて解説してある。後半は心理学的なアプローチによって言語学的な問題に取り組む際の具体的な方法論についての解説である。

トピックス10

読むことは聞くこと？──視覚的単語認知にともなう脳磁場（MEG）

1　脳磁場計測とは

認知心理学と神経科学の進展にともなって，認知は従来の学問領域を超えた研究課題になりつつある。ヒトの認知能力とその生物的基盤である脳の情報処理機構の探究に研究の重点をおく場合は，とくに，**認知神経科学**（cognitive neuroscience）とよばれる（たとえば Churchland & Sejnowski, 1991；酒井, 1997）。認知神経科学の発展の背景には，脳活動を非侵襲的に測定する手段が次々と開発，実用化されたことがある。本トピックスでは筆者が携わっている**脳磁場計測**（Magnetoencephalography：**MEG**）をとりあげる。

MEGでは，脳を構成する神経の活動にともなって生じる微弱な磁場を頭部外においた複数のセンサーでとらえ，電流の発生源を推定する（Hämäläinen et al., 1993）。MEGでは，条件が整えば2～3 mm程度の精度で推定可能である。類似の用途をもつ**機能的磁気共鳴画像**（**fMRI**）あるいは**ポジトロン断層撮影**（**PET**）と比較して1ミリ秒以下の時間分解能を大きな特徴とする（他の非侵襲的脳機能計測法の概略については宮内, 1997などを参照されたい）。

筆者らはこれまで誘発脳磁場を指標として，文字・単語認知にともなって活動する脳部位を検索してきた（Koyama et al., 1998；Sekiguchi et al., 2000；Koyama et al., in press）。誘発脳磁場とは外部から観察可能な何らかの事象（たとえば刺激の呈示，反応の遂行）によって生じる一過性の脳磁場の変動をさす。このような事象にともなう脳磁場変動は事象とは関連のない脳磁場の中に埋もれているために，事象の開始時点を0ポイントとして脳磁場を切り出して加算平均を行って抽出する。誘発脳磁場によって事象にともなって生じる脳の活動を時間を追って観察することが可能である。なお，頭皮上においた電極から記録される**事象関連電位**（event-related potential：**ERP**）もMEGと同様の時間分解能をもつが，複雑な頭部の構造および不均一な導電率により波形が歪曲するため，発生源の推定には限界があった（佐々木, 1992）。

2　単語認知にともなう誘発脳磁場

単語認知には先行して与えられる意味刺激が大きな影響をもち，先行文脈と意味的に適合した単語の認知は促進され，適合しない単語の認知は抑制される。このような効果は**プライミング効果**とよばれ，単語の心的表象の構造とその活性化のメカニズムが深く関与すると想定されている（川口, 1983）。ERPを指標とした研究でも，単語呈示後約400ミリ秒に出現する陰性電位**N400**成分（Kutas & Hillyard, 1980）の振幅が，プライミング効果と対応することが広く認められている（小山・柿木, 1997）。

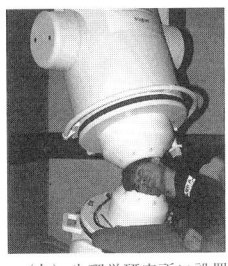

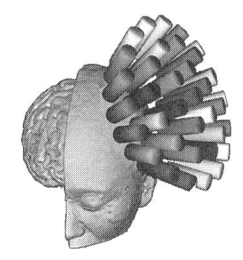

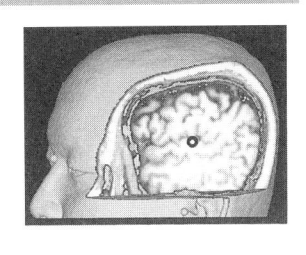

(左) 生理学研究所に設置された37チャンネル脳磁場計測装置2基を用いた脳磁場計測
(中) 37個のセンサーと脳の位置の概略
(右) 1名の被験者から得られた視覚的単語認知にともなう活動部位（左大脳半球側の聴覚野）（Koyama *et al.*, in press）。呈示された単語があらかじめ予期可能な場合にはこの部位の活動は認められない。

図1　脳磁場計測と脳の活動部位

　筆者らは四字熟語を刺激として用いてプライミング効果に関与する脳部位を検討した（Koyama *et al.*, in press）。各試行ごとに，四字熟語を前半（S1）と後半（S2）に分けて呈示した。正しい四字熟語が呈示される True 条件（例：臨機－応変），誤った組み合わせの四字熟語が呈示される False 条件（例：臨機－月歩）を設けた。被験者には前半部が呈示されたら，後半部を思い浮かべるように教示した。その結果，左大脳半球側にターゲット呈示後300～500ミリ秒に持続的な磁場成分が S1 と False S2 に対して認められたが，True S2 には認められなかった（図1）。そして，False S2 に対する成分にも S1 に対する成分にも，左側のシルビウス裂周辺の聴覚野近傍が発生源として推定された。

　False S2 にも S1 にも活動が認められたことから，この活動は予期とは一致しない，というよりも予期できない言語刺激の処理に関与し，True S1 に対する反応の減少はプライミング効果に対応した神経活動と考えられる。左側聴覚野近傍の活動は同じ単語の繰り返しによっても減少すること（Sekiguchi *et al.*, 2000），また，選択的注意の影響を受けることを，その後の検討から筆者らは確認している。この活動がどのような心理過程の神経基盤になっているか明らかにすることが今後の課題であるが，その解剖学的な位置からは内言あるいは音韻化など聴覚イメージの想起と関連があると現在のところ推察している。また，この部位はERP 成分 N400 の発生源のひとつと考えられている（Helenius *et al.*, 1998）。なお，脳内に電極を直接刺入した検討から，両側の側頭葉内側部の前方（主として紡錘状回前部）も N400 の発生源と推定されている（Nobre *et al.*, 1994）。

11章 社会的認知

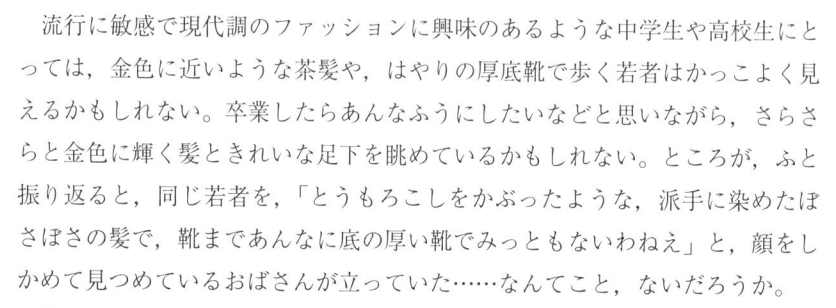

　流行に敏感で現代調のファッションに興味のあるような中学生や高校生にとっては，金色に近いような茶髪や，はやりの厚底靴で歩く若者はかっこよく見えるかもしれない。卒業したらあんなふうにしたいなどと思いながら，さらさらと金色に輝く髪ときれいな足下を眺めているかもしれない。ところが，ふと振り返ると，同じ若者を，「とうもろこしをかぶったような，派手に染めたぼさぼさの髪で，靴まであんなに底の厚い靴でみっともないわねえ」と，顔をしかめて見つめているおばさんが立っていた……なんてこと，ないだろうか。

　私たちは，誰もが同じように，自分のまわりの人やまわりの世界を見ているわけではない。好きになれば，あばたもえくぼ。あるいは，坊主憎けりゃ袈裟まで憎い。同じ人間やものが人によってはまるで違うように見えることがある。人は，自らの社会的背景や相手との関係性などの影響を受けながら自らのまわりのものや人を認知，解釈しているのである。

1節　社会的認知とは

　さて，**社会的認知**（social cognition）とは，広義には，2つに大別されるといわれる（松本, 1995）。そのひとつは，「対象の知覚が社会的諸条件によって影響を受ける社会的認知」のことであり，もうひとつは，「個人もしくは集団の諸特性についての認知をいう対人認知」である。まず，前者の社会的認知について説明しよう。

　前者の社会的認知は，古くから社会心理学の分野で行われてきたもので，この意味の社会的認知に関する古典的な研究として，ブルーナーら（Bruner & Goodman, 1947）がある。コインという身近なお金の大きさを判断させる場合に，判断する子どもの経済的要因が影響するのではないかという研究である。

11章 社会的認知

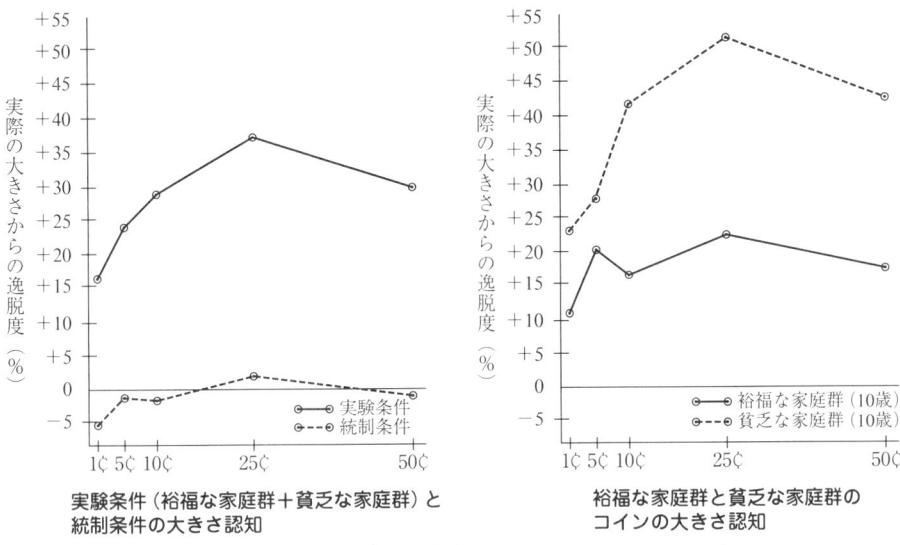

図11-1 コインの大きさ認知（Bruner & Goodmann, 1947）

そこで，ボストンの進歩的な学校から「裕福な家庭」の子ども，ボストンのスラム街から「貧乏な家庭」の子ども，そして「統制群」の子どもが各10名ずつ集められた。

　子どもたちの年齢は，10歳。裕福な家庭条件と貧乏な家庭条件では，1セント，5セント，10セント，25セント，50セントのコインをそれぞれ見ながら，円の大きさを調整できる機械でコインと同じ大きさの円を作った。統制群では，コインではなく，コインと同じ大きさの灰色の厚紙の円板を見ながら，それと同じ大きさの円を作った。

　結果は，図11-1に示す通りである。コインではなく，ただの円板であると思ってその大きさを作った統制群では，実物に近い大きさの円が作られ，ほぼ正確に認知されていた。それに比べ，「コイン」の大きさを判断させた裕福群と貧乏群では，実物より大きなものとして認知されていた。とくに，貧乏な家庭の子どもたちはこの傾向が強く，裕福群に比べ，実物よりもコインをとても大きなものとして認知していたことがわかった。

　このように，ものの知覚は社会的条件によって影響を受けるが，では，日本の子どもたちはアメリカの子どもたちと違いがあるだろうか。お金の感覚，コインの価値というのは，文化の違いによって異なる可能性もある。また，この

実験の行われた1940年代の子どもたちと同様，今の子どもたちも，コインを大きく認知するのだろうか。お金の感覚は，時代の変化，社会の変化によっても，かつてとはかなり変わってきていることが考えられる。このように，現代に移し替えると，いろいろなことが考えられ，とても興味深い。

2節　対人認知

さて，社会的認知の後者の定義は，個人もしくは集団の諸特性についての認知である**対人認知**のことである。とくに，1970年代からは，認知心理学の理論や方法論が取り入れられて，新しい社会的認知の研究が始まった。対人認知過程を他者に関する情報の処理過程としてとらえ直す考え方であり，ここ20年はこのような方面の研究が盛んとなっている。今では，これらの研究を社会的認知とよぶといってもよいだろう。

1　印象形成の研究

まず，対人認知の古典的研究として，アッシュ（Asch, 1946）の他者に対する**印象形成**の研究がある。彼は，他者に関するいくつかの情報（知的な，器用な，あたたかい，用心深いなどの特性）を呈示されると，それら個々の情報の単なる寄せ集めではない，ひとつの全体印象が，その他者に対して形成されるというところに注目した。この場合，あたたかい－冷たいという形容詞は，その人に対する印象形成に大きな影響を与える情報（**中心特性**）となる。また，印象形成に大きな影響を与えない情報（**周辺特性**）も存在する。また，呈示順序の効果，すなわち，最初に呈示される情報が印象形成に強い影響力をもち，第一印象が残りやすいことが示唆された。アッシュの実験は，ある人物についての複数の情報から全体的な印象が形成される過程を扱ったといえるだろう。

しかし，認知者がある人物についての印象を形成する際，情報の取り込みに関与する要因は他にいろいろ存在すると考えられる。たとえば，人は認知される対象である他者について，アッシュの実験のようにその他者に関する情報だけを用いてその人物についての印象や判断を行うわけではない。以前にも似たような人と出会ったがその人はこんな人であった……とかいう過去経験や，あるいは，一般的なステレオタイプなどの知識を用いながら，目の前の他者がど

のような人かの認知が形成される。
　そこで，次に，対人認知に影響を与える要因をひとつずつ，説明していこう。

2　対人認知とセルフスキーマ

　私たちが何かをするとき，そうすることの元に**自己像**があるといわれる（藤岡，1993）。「私は分別のある人間だから，あんなことはしない」。そんな思いが，もしかすると，ほんとうはやりたいなと思っているのかもしれない突飛な格好をやめさせたり，今風の言葉づかいをすることを躊躇させたり，行動を制限したりすることもあるのではないだろうか。あるいは，「私は有能な人間だ」という自己認知が，失敗しそうなときには，前もって周囲の人たちにさまざまないいわけをしてしまうという行動（セルフハンディキャッピング；self-handicapping）を起こすこともあろう。

　人は，自己像，すなわち，自分がどのような人間であるかについてまとまりのある知識表象をそれぞれもっているといわれる。その知識表象は，人がそれぞれ自分がもっとも重要だと思う自己の属性を中心に体制化されており，これが**セルフスキーマ**である。

　このような，自己についての知識表象が体制化されたセルフスキーマは，自己の行動を規定する。このセルフスキーマが自己に関する情報処理に果たす機能を調べたのが，マーカス（Markus, 1977）の実験である。101名の大学生のなかから，自らを独立的であるというセルフスキーマをもつ者16名，依存的であるというセルフスキーマをもつ者16名，どちらのセルフスキーマももたない者16名を選んだ。そして，独立に関係する形容詞15個，依存に関係する形容詞15個，独立や依存に関係のない形容詞など69個の形容詞を与えた。それぞれの形容詞が2秒ずつ呈示され，自分にあてはまるか（me），あてはまらないか（not me）のボタン押しを行った。反応潜時を調べたところ，図11-2に示すとおり，独立スキーマ群は独立語への反応が速かった。すなわち，独立スキーマをもつことが，独立に関する情報を速く処理させるという行動をもたらしたのである。

　このように，セルフスキーマは自己の行動に影響を与えるだけでなく，対人認知にも影響を与えるといわれる。沼崎（1998）はおしゃれのセルフスキーマをもっている人は他者のおしゃれにも気づきやすく，異性を評価するにもおし

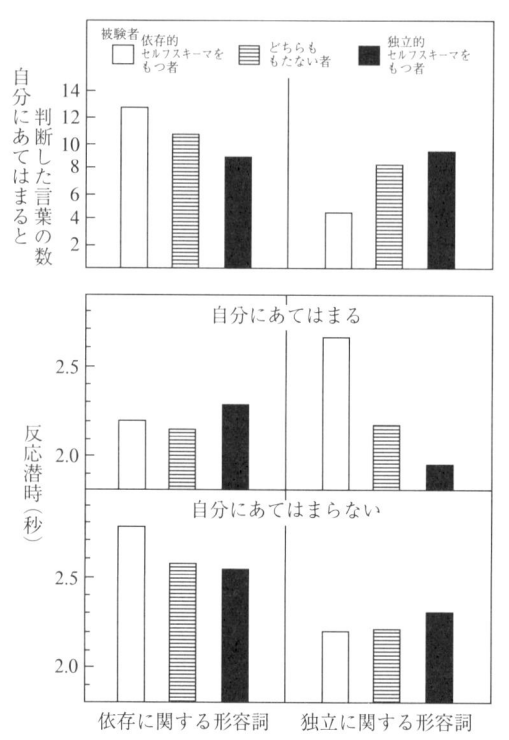

図 11-2 自分にあてはまると判断した言葉の数と，判断に要した時間（秒）(Markus, 1977)

やれであるかどうかが重要な要素になっていると述べている。カーペンター(Carpenter, 1998)は，実験によって，セルフスキーマとして外向性スキーマをもっている人は，外向性に関する情報を重視し，それによって相手への好意が異なることを見出した。

日常的な例でいえば，小さい頃から大勢のきょうだいや友だちとの間で切磋琢磨し，がんばってきた母親が，自らに対し，「がんばりやで負けず嫌いである」というセルフスキーマをもっているとしよう。そのようなスキーマをもつ母親には，他人との競争を好まない息子の優しさは見えず，やらないといけないことから逃げているつまらないやつというふうに息子が見えるのである。自己のセルフスキーマがひとつの尺度となって，対人認知を規定する例である。

3　対人認知と自己の過去経験

　対人認知を規定するものは，セルフスキーマだけではない。自己の**過去経験**もそのひとつである。同じ他者を見ても，形成される印象やその他者の行動に対する解釈はさまざまであり，見た目のかっこいい人の優しい行為にすべての人が惹かれるわけではない。以前に，見た目がかっこいい人とつきあって失敗した経験をもつ人は，その優しさをかえって要注意と考えるであろう。その優しさを，「自意識過剰なサービス行為だろう」「信用できない」などと考えるか

もしれない。

　このように，今，目の前にいる人への対人認知も，見る人の側の過去経験によって変わってくる。これは，人が相手を見るとき，自己の過去経験を通してそれぞれの人が獲得してきた**個人的構成物**（personal construct：**パーソナル・コンストラクト**）と照合して意味づけようとするからだといわれる。

　パーソナル・コンストラクトは，個人が環境を解釈する際に用いる一種の眼鏡のようなもので，過去経験により獲得されるといわれる（高橋，1995）。個人は，ひとりひとり，自分の色眼鏡を通して，相手を見ているのである。

　さて，人にはこのような，個人的にそれぞれもっているセルフスキーマやパーソナル・コンストラクトの他に，一般的，共通的にもっている認知の枠組みがある。そのひとつが以下に述べるステレオタイプである。

4　対人認知とステレオタイプ

　今や，公園デビューは，小さな子どもをもつおかあさんにとって重要な関心事となっている。「公園デビューに失敗しないためには，服装は品のいいトレーナーにキュロットスカートが望ましいでしょう。子どもの遊び道具として持っていくものは，高価でない砂場セットやプリンの空容器でしょうか……」などと，昼どきの主婦向けの番組で司会者がまことしやかにしゃべっている。さて，ある昼下がりの公園，とっても若そうなヤンママが子ども連れで滑り台に近づいてくる。滑り台で子どもを遊ばせていたお母さんたちは，「髪の毛を染めているヤンママは生活も性格も派手で子育てをちゃんとしていないのではないか」というステレオタイプによる偏った見方で，目の前に来たヤンママからすっと視線をそらす……。

　さて，この事例のように，**ステレオタイプ**は行きすぎた般化といわれるが，人は出会う人それぞれの行動をひとつひとつ吟味して相手を把握するには，十分な時間もないし，出会うすべての人の言動をすべて処理しきれないので，相手に会う前から，また会った瞬間にステレオタイプを用いることで，情報処理を省力化して相手を認知しようとする。

　そこで，相手がどの集団に属しているかを知ると，その集団についてのステレオタイプから相手に対する予測や期待が生じる。その予測や期待が正しいかどうかを確かめようとするとき，人はその予測や期待の正しさを支持する情報

を選択的に用いることによって，もともともっていたステレオタイプと一致するような判断がなされるのである。このことをダーリーら（Darley & Gross, 1983）が実験によって証明した。

　ある小学校4年生の女の子のビデオを見て，学力を評価する課題である。ただし，女の子が遊んでいる様子や近所や家庭環境を映している前半部分は2種類ある。一方は，ビデオのなかで貧しい家庭環境の子どもであると説明され（低学力が期待される条件），もう一方は，ふつうの家庭環境の子どもであると説明される（高学力が期待される条件）のである。後半は，両条件とも同一で，女の子が実際に，先生の出す問題に答えている授業シーンである。この後半では，女の子は，正解したり，間違えたり，また，やる気があるように見えたり，やる気がなさそうにも見えるときもあるという状態であった。つまり，学力が高いとも低いともどちらとも解釈できる状態であった。しかし，あらかじめ前半のビデオから高学力の期待をもつ条件では，低学力期待条件より，この後半のビデオを見る（これを遂行条件という）と，「女の子がより多くの問題に正しく答え，与えられた問題も難しいものであった」というように，後半の情報を解釈し，認知した（図11-3参照）。一度形成された相手への見方が，その後の相手についてのまったく同じ情報を，最初の見方に一致するように曲げて解釈してしまうということになる。

　しかし，興味深いことには，前半のビデオを見るだけで，後半の授業シーンを見ることのなかった条件（これを非遂行条件という）では，高学力期待条件と低学力期待条件の間に学力評定の差はなく，どちらも，ほぼ実際通りの4年生学年相当の学力であろうと判定していた。すなわち，前半のビデオを見ただけでは，ステレオタイプ的な予想「貧困な家庭環境

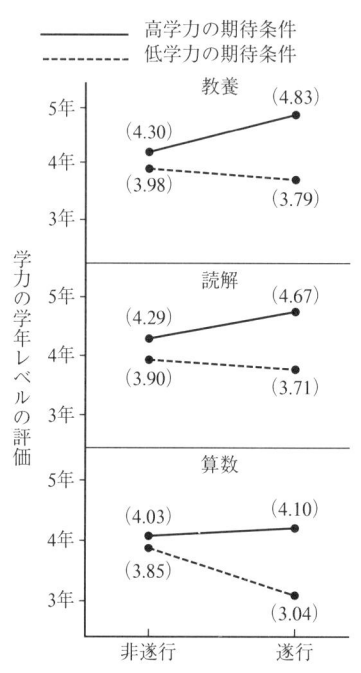

図11-3　学力評価 （Darley & Gross, 1983）

に育つ子は学力が低い，ふつうの家庭環境に育つ子は学力が高い」を使って，すぐにその子の学力はこうであると判定することはない。ところが，実際の授業シーンで確かめるチャンスを与えられると，「やっぱり，ふつうの環境に育つ子は……正しく問題に答えた」などと選択的に情報を用いて，期待通りの方向へ判断を下すのである。

　この実験から，最初にステレオタイプ的な見方をすると，その後はそれに一致するように，当該集団に属する人たちの行動や言動を解釈しみなしがちであるということが示唆された。「女の子はだめだ」というステレオタイプをもつ頭の固い上司は，女性新入社員を何人見ても，その見方はなかなか変わらないのは，このようなプロセスによるのであろう。

5　対人情報処理のモデル

　人は対人認知を行うが，そのとき，これまで述べたように，眼前の他者の情報だけでなく，過去の自己の個人的あるいは共通な対人関係の経験や知識，そしてそれらにもとづく予測や期待をもとに，目の前の人を判断している。人は，出会う他者それぞれに対して，その人に関するすべての情報を検討して相手がどのような人であるかを判断することは大変なことである。したがって，目の前の相手に関する膨大な情報を，自分のもっている枠組み，ルールを用いて処理することは，判断の迅速化，情報処理の省力化のために必要なプロセスである。

　また，目の前を通り過ぎるすべての人に対して，同じプロセスをたどって対人認知を行うわけではないだろう。相手がどんな人かを探ろうと，自分のもつ枠組み，ルールをもとに相手に関する情報を処理する場合もあるが，それ以外に，すっと目の前を通り過ぎるだけでほとんど関心もとめず終わってしまう相手もあるだろう。

　物理的には，同じように視界に入る相手であっても，すべての人に対して同じ情報処理をすることは不可能である。そこで，さまざまなふるいにかけながら，相手への認知が行われるのである。このような，一連の対人情報処理についてのモデル（**連続体モデル**；Fiske & Neuberg, 1990）を簡単に紹介する。このモデルは，まず，相手に対し，それ以降の何らかの詳しい情報処理が必要か否かのふるいにかける初期の自動的な段階を設定している。相手の年齢，性

別,自己との関連性などによって,それ以上の情報処理が必要なしとなれば,そこで情報処理を終えるための,初期段階である。しかし,そこでそれ以降,詳しい情報処理が必要と判断されれば,次のカテゴリーによる判断の段階に移る。それは,たとえば,銀行員であるその人が,銀行員はこのような人だという,カテゴリーがもつ印象にどのくらい一致するかをみるもので,相手がある特定のカテゴリーに一致するか否かをチェックする。それがうまくあてはまらない場合には,また別のカテゴリーをあてはめる。そして,それでもうまくいかない場合には,今度は相手に関する情報をひとつひとつ吟味して相手への認知を形成するのである。すなわち,連続体モデルでは,初期段階からカテゴリー処理へ進み,その後さらに情報処理が必要であれば個人処理へと,連続的に処理が進んでいくと考えるのである。

3節 対人認知と感情

同じ情報が与えられても,快な気分のときは相手に対して好意的な解釈が,不快な気分のときは相手に対して非好意的な解釈がなされやすいのではないかということを,フォーガスら(Forgas & Bower, 1987)が検討した。

快-不快の感情を生じさせるための操作は,パーソナリティテストを行い,偽の結果をフィードバックすることによって行った。よい結果は快い感情をもたらし,悪い結果は不快な感情をもたらすであろうと考えられた。快-不快の感情操作の後,被験者は,4人の人物に関する特性記述文の書かれた文章リストを読む。4人については,好ましい行動と好ましくない行動の両方が同数ずつ記述してある。これらを読み,その後,4人それぞれの印象について評定した。その結果,快感情の場合の被験者は各人物に対してポジティブ(好意的)な評価を行い,不快感情の場合の被験者はネガティブ(非好意的)な評価を行う傾向があった(図11-4参照)。

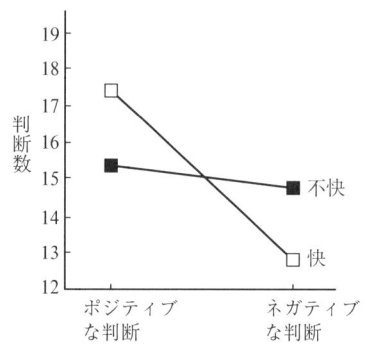

図11-4 対人認知に与える快-不快感情の効果 (Forgas & Bower, 1987)

これによると，相手に何か嫌な報告をしなければならない場合は，相手の様子をよく見て，昼食後などのできるだけ相手が快の気分のときなどをねらうというのがよいかもしれない。相手が疲れていたりして不快な気分のときだと，怒られないでいいところまでよけいに怒られる……なんてことがあるかもしれない。

4節　集団全体への認知

1　外集団均質化効果

内集団とは，「私の集団」という意識の強い集団，つまり自己と同一視するような集団のことである。**外集団**とは，内集団に対して，「よその集団」「やつら」といった意識をもつ集団のことである。たとえば，有名な早慶戦だが，スポーツにおけるこの戦いに関心の高い早稲田大学の学生にとって早稲田大学が内集団，慶応大学が外集団ということになろう。

内集団と外集団に分けたときに生じるものに，**外集団均質化効果**がある。内集団の成員についてはひとりひとりのメンバーが見えるが，外集団成員は皆同じと思う傾向のことである。日本人が日本人という言葉を口にするときは，日本人といっても，千差万別，いろいろなタイプの人がいるなあと思うが，イタリア人というと陽気，黒人というとリズム感がいいなどと思うこと，すなわち，単純化，同質化してとらえる傾向のことである。

2　極端なメンバーの効果

さて，集団に対する印象というものはどのように形づくられるかというと，その集団全員と接触し交流できるわけではないので，そのなかの何人かの集団成員との接触によって印象が決まってしまうことがあるだろう。「○○短大生はまじめだ」「△△高校生はがらが悪い」から，「今どきの若者は……」など，好印象から悪印象まで，人は集団に対して，いろいろなことを言うが，ほんとうにそれらの集団の全メンバーを見て言っているわけではない。そのなかのほんの数人のメンバーの言動がそのような印象を形成してしまったのかもしれないのである。

ロスバートら（Rothbart *et al.*, 1978）は，極端なメンバーのことは記憶さ

れやすく，その極端なメンバーの存在が集団全体の印象を決めているのではないかと考えた。彼らは，ある集団のメンバーたちの身長がどのくらいあるかについての印象のされ方を調べた。被験者に50人の男性のそれぞれの背の高さが記述してある50個の情報文を読ませた。すべての被験者の読む文章は，平均身長が5フィート10インチに設定してあり，また，50人中10人のメンバーが6フィートを超えているというふうに設定してあった。ただし，半分の被験者の読む文章（非極端条件）では，10人の6フィート以上の人は6フィートとほぼ同じか少し超える程度であり，残りの半分の被験者の読む文章（極端条件）では，10人の6フィート以上の人は6フィートをはるかに超えるという情報となっていた。読んだ後，被験者に6フィートを超える人は50人中何人くらいいたかと聞いたところ，極端条件の被験者は非極端条件の被験者より，6フィートを超える人の数を多く推測していた（極端条件 平均14.95人，非極端条件 平均10.53人）。

　次の実験では，犯罪の重大さを課題にした。被験者に行動を記述した50個の文章を読ませた。50個のうち40個はふつうの行動であるが，10個は犯罪行動であった。ここで，極端条件と非極端条件の2条件が設定された。極端条件は犯罪行動の文章が殺人などの重大犯罪，非極端条件では万引きなどの軽い犯罪を行ったというものになっている。被験者は，文章を見た後，50人中何人が犯罪行動をしたか，と，犯罪行動がどれくらいあったかを再生するように求められた。その結果，極端条件では，非極端条件より，犯罪を行った人数をより多いと判断し（極端条件 平均15.43人，非極端条件 平均12.37人），犯罪行動そのものについてもより多く再生した。

　すなわち，極端な属性をもつメンバーは記憶されやすく，その集団を考えるとより多く思い出されやすく，その結果，集団内で占める割合が実際より高く感じられることが示唆される。

　さて，現代社会では，テレビや週刊誌などマスメディアが，話題となるような極端な情報を繰り返し流す。そこで，たとえば，「女子高校生の援助交際」などというニュースは，とくに女子高生との接触の少ない人にとっては，強いインパクトをもつ。そこで，実際には援助交際にまで手を染める女子高生は少ないにもかかわらず，「女子高生の援助交際」のニュースに何度もさらされると，かなりの数の女子高生が援助交際を行っており，また多くの女子高生が援

助交際を肯定しているというように誤って認知しがちとなるのである。情報を提供するメディアの影響力と，集団のすべてを知ることのできない状況での集団内の一メンバーの行動のもたらす影響力が示唆される。

　上述のような，他者の印象形成や，個人や集団の態度や信念についての判断の他，行動の原因についての推論「なぜ彼は試験に失敗したのだろう」「なぜ彼女は僕のもとから去っていってしまったのだろう」なども，同じように，あるルールに従い，与えられた情報の解釈や推論というプロセスをたどる。そこで，最後に，行動の原因の推論である帰属理論について述べよう。

5節　帰属理論

　「人間の社会的な行動やその結果について，それが生じた原因を推測すること」を**帰属**というが，帰属理論として，ケリー（Kelley, 1967, 1973）は帰属を情報の視点からとらえる **ANOVA モデル**を提出した（亀石，1995）。

　ANOVA モデルでは，行動の原因として，対象，人，時の3要因を考える。「彼女はある絵画を見てとても感動した」という場合，彼女がもともと絵が好きな人なのか（人），その絵そのものがよかったのか（対象），その頃の気持ちがちょうどその絵とマッチしていたからか（時）……などの原因帰属が行われるが，それは以下の情報をもとに推論されるのである。

(1)　**弁別性**　　彼女はその絵が好きなのか，他の絵も好きなのか。
(2)　**一致性**　　彼女がその絵を好きなのか，他の人もその絵が好きなのか。
(3)　**一貫性**　　彼女はいつでもどんなときもその絵が好きなのか。

　そして，たとえば，弁別性が高く（他の絵でなくその絵が好き），一致性が高く（みんなその絵が好き），一貫性が高い（どんなときでも彼女はその絵が好きな）場合は，彼女がその絵画にとても感動したことの原因は対象（その絵そのものがよかった）に帰属されるのである。また，原因の次元については，ワイナーら（Weiner *et al.*, 1972）は，その原因が内的か外的か，安定しているか，不安定かによって表11-1のように分けている。**内的帰属**とは，原因を行為者の能力とか努力とか個人の内的なものに帰属すること，**外的帰属**とは，個人の外側にある環境や運に帰属することである。**安定**とは，能力などのように比較的変わりにくいものに帰属すること，**不安定**とは努力とか運などのよ

表11-1 原因の分類図式 (Weiner et al., 1972)

原因の安定性	統制の所在	
	内的	外的
安定	能力	課題の困難性
不安定	努力	運

に変わりやすいものに帰属することである。

　さらに,帰属は,自分の行為についての帰属か,他者についての帰属かによって,帰属の仕方に違いがみられるといわれる。実際に行為をした行為者(自分)は外的要因に,その行為を見ている観察者は行為者の内的要因に帰属させやすい傾向があるといわれる (Jones & Nisbett, 1972)。試験に失敗すると,本人は運が悪かったと思うが,周囲は努力不足とか能力が足りなかったのだと帰属させる例があてはまるだろう。このような違いは,行為者と観察者のもつ情報量の違い,情報の処理の違いが影響していると考えられている。たとえば,行為者は自分がこれまで試験で成功してきたという過去の数多くの情報をもっている。したがって,行為者は,観察者よりも,外的な状況要因の違いなどの方へ帰属しようとすることが多い。また,行為者は自己の失敗を自己の能力などに帰属したくないという自己防衛が帰属に対してはたらく。一方,観察者は客観的に行為者の能力のなさに帰属するという違いもあるだろう。

　このような自分と他者によって起こる行動の帰属のズレや,自己認知と他者認知の違いなどは,現実にも頻繁に起こる現象である。他者や集団に対する行動や諸特性についての対人認知の研究は,今後も現実の人間関係の理解に役立つものを生み出してくれるだろうと期待される。

▶ブックガイド

山本眞理子・外山みどり(編)　1998　社会的認知(対人行動学研究シリーズ8)　誠信書房
　　可能性自己という新しい概念をはじめ,社会的認知にかかわる研究動向が数多く紹介されている。

シェーバー,K. G.　1975　稲松信雄・生熊譲二(訳)　1981　帰属理論入門　誠信書房
　　初学者にはやや難しいが,帰属を研究しようとする者は一読すべき帰属理論の背景と主要なモデルが述べられている。

トピックス11

言い訳の心理

　他者の期待を裏切ったり，被害を与えるなどして社会的な非難や制裁を受けかねない状況，あるいは人前でへまや失敗をするなどして望ましい自己像が脅かされうるような状況におかれたときに，人はいかなる言動を示すのか。実際には，押し黙ったり，その場を逃げ出したり，泣いたり笑ったり，さまざまな非言語的反応が示されることが多い。ただ，そこでの言語的反応に注目し，社会的苦境を脱するための言語的方略としてとらえると，それらをいくつかのタイプに類型化することができる。

　この点に関しては，数種類の異なる分類法が提唱されており，必ずしも統一された概念やカテゴリーが確立されているわけではないが，不適切な行為や不都合な結果の発生に対する責任を否定ないし軽減しようとする場合と行為や結果のネガティブな意味合いを消去ないし希薄化しようとする場合を区別して，前者を「**弁解**（excuses）」，後者を「**正当化**（justifications）」とすることについては大方の合意が得られている。

　たとえばレポートの提出が遅れた際に「病気で寝込んでいた」「ワープロが故障した」など体調の悪さや緊急事態の発生を理由として持ち出すのは弁解，「提出が数日遅れても誰にも迷惑はかからない」「他の人たちも期日を守っていない」といった開き直りは正当化とされるわけである。一般に「言い訳」という場合には，広義には両者を含むとしても，狭義に解すれば「弁解」と同義になるものと思われる。

　もちろん現実の場面では，弁解や正当化以外にも多様な言語的方略が用いられる。実際，不適切な行為をしたり，他者に何らかの被害を与えたような場合には，相手に謝って許しを請うといった行動が広く見受けられる。こうした言語的方略の研究でもっとも広く援用されているショーンバック（Schönbach, 1990）の分類法では，こうした謝罪の他に，後悔の念の表明，自己批判，補償や賠償の申し出といった言動を含めて「**譲歩**（concessions）」というカテゴリーが設定されている。そこでは当該の事態のネガティブな意味合いと自分の責任をともに容認していることになるが，それとはまったく対照的な対処法としてショーンバックは不都合な事態の発生や自分とのかかわりを頭から否定したり，弁明すること自体を回避するような言語的方略をとりあげ，それらを一括して「**拒否**（refusals）」と命名している。

　したがって，この分類法によると社会的苦境を脱するための言語的方略は全部で4種類のカテゴリーに大別されることになるが，当事者間の人間関係のあつれきを緩和するか，増幅するかという視点で整理すると「譲歩」がもっとも緩和的，次いで「弁解」，「正当化」，そして「拒否」がもっとも増幅的という形でそれら

を直線的に配列することができる。

社会的非難を受けかねない状況への対処の仕方は，状況の性質や相手との関係に大きく依存するとしても，そこにはかなり顕著な文化差も認められる。「カンニングを見つけられる」「デートの時間に遅れる」「スピード違反で捕まる」という3つの事態を想定して，そこでの日米の大学生の言動を比較した萩原（1990）は，両国の大学生が状況に応じて対応を変えていく様子を明らかにしている。たとえば糾弾された行為の発生自体を否定する「拒否」という方略は，それが効を奏すれば完全に非難や制裁を免れうるとしても，相手とのあつれきを強める可能性が高く，それはカンニングやスピード違反といった深刻な状況には適合するとしても，相手との関係維持が何よりも大切なデートの場面で用いられることは皆無に近くなっている。

カンニングの場合には，日本人よりも米国人学生の方が「拒否」という強硬手段に訴える傾向が強い。約束した時間に遅れたときの弁解として米国人学生は「車の故障や道路の渋滞」といった交通事情を持ち出すことが多いのに対して，日本人学生は「寝坊した」「支度に手間取った」など自分の過失や不注意を理由にすることが多い。他にも，いくつかの点で日米の大学生が好んで用いる言語的方略の違いが認められているが，もっとも顕著な文化差は謝罪という方法の使用に関して現れてくる。すなわち，すべての状況で米国よりも日本の学生の方が相手に謝罪する割合が高く，たとえばカンニングをとがめられたときには，大半の日本人学生が弁解することなく，ひたすら謝罪し，後悔や反省の意を表明する様子が示されており，また他の状況で言い訳をする際にも，一言謝ってから始めるといった特徴が日本人学生の間で広く認められているのである。

確かに日本では，潔く自分の非を認めることを美徳とする傾向が強く，子どもに対して「言い訳をしないで謝りなさい」といった叱り方をすることが多い。それは，たとえ本心ではなくとも，儀礼的にでも相手に謝罪することを奨励する風潮を生み，それによって相手からの許しを得ようとする甘えの構造を作り出す。しかし原則的に謝罪とは，不都合な事態の発生に対する自らの責任の容認を意味するわけであり，それによってさらなる制裁や非難を免れるといった図式がどこでも成立するとは限らない。むしろ自らの責任の容認は，損害の補填や賠償の義務をともなうのが通常であり，たとえば米国で自動車事故を起こしたような場合，日本人は相手からの好意的反応を期待して，すぐに謝罪してしまい，後で窮地に陥ることが多いといった逸話をよく耳にする。日常的な場面だけでなく，裁判や調停など法的に紛争を解決しようとする際にも，米国とは異なり，日本では相手への謝罪が重要な役割を果たすといった文化差も指摘されているのである（Wagatsuma & Rosett, 1986）。

12 章
知性と感性の発達

　近年,「感性」という言葉を目にする機会が増えている。新聞記事を検索すると（asahicom. Perfect を使用），図12-1のように，1990年代後半，その使用頻度が急激に増加していることがわかる。なぜ，最近，感性という言葉の使用頻度が急激に増えたのだろうか。その理由のひとつに，1990年代，子どもたちの間で一過性とは思えない深刻な事件が頻発したことが考えられる（本章末のトピックス参照）。これら一連の事件は，学力偏重の教育風土が豊かな人間性を育まないことをあらためて証明するとともに，知性を補う人間性，すなわち感性の重要性に人々の目を向ける契機となった。おりしも，これからの日本の教育の柱となる新しい学習指導要領が施行され，他人を思いやる心，自然を愛する心など，豊かな人間性の育成を教育の基本とすることが強調されることとなった。子どもたちに知性のみを期待する時代から，豊かな感性を備えたバランスのとれた人格を期待する時代へと，日本の社会が大きく変化しているのである。

1節　知性発達のとらえ方

　本章では，**知性**（intellect）を「生体が新しい状況におかれた場合のその状況の関係把握や，解決のための見通し・洞察および適切な手段や方法の発見という，広義の問題解決能力」（伊藤，1981）と定義する。したがって，知性と

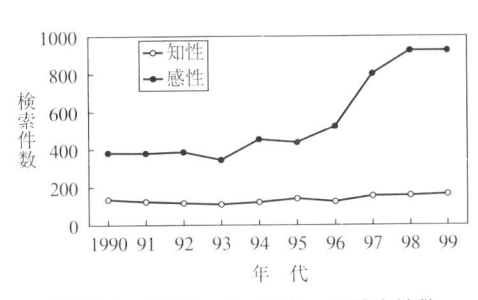

図12-1 「知性」と「感性」の検索件数

は，知覚，記憶，表象，理解，推理，判断などの認知的処理を含む知的な精神活動と換言され，その意味で**知能**（intelligence）の類義語と解される。

1　ピアジェの知性の発達理論

図 12-2 のように，キャンディを 6 個ずつ 2 列にならべる。そして，一方のキャンディの列を長く伸ばす。これを，3 歳児の目の前で実演して，どちらの列のキャンディが欲しいですかとたずねる。そうすると，彼らのほとんどが長い列のキャンディを選ぶ。しかし，7 歳児では，列の長さを理由とした選択はみられなくなる。これは，7 歳頃には，見た目の列の長さは，数の多さとは無関係であることを理解するようになるからである（「**保存** conservation」の獲得）。

では，どのようなメカニズムで，このような理解が進むのであろうか。このような疑問にこたえるのが，ピアジェ（Piaget, J.）の知性の発達理論である。

a　ピアジェ理論の発達のとらえ方

ピアジェは，知性の発達を**機能**（functions）と**構造**（structures）という用語で説明する（Piaget & Inhelder, 1969）。ここでは機能について解説し，構造についてはbで解説する。

機能の基本的原理は，**適応**（adaptation）である。生物が環境に適応することで進化するように，子どもたちも環境との適応的な相互交渉を通して，その知性を発達させていく。

この適応は，2 つの相補的プロセスを含む。**同化**（assimilation）と**調節**（accommodation）である。たとえば，幼い子どもが母親と一緒にスーパーに買い物に行ったとしよう。オレンジやリンゴが置かれている棚には，見たことのない食べ物が置かれている。その食べ物は，オレンジやリンゴのように，形は球形ではないが，とてもカラフルでいい香りがする。子どもはそれを指さして「おいしそうなくだもの」と，母親に語りかける。

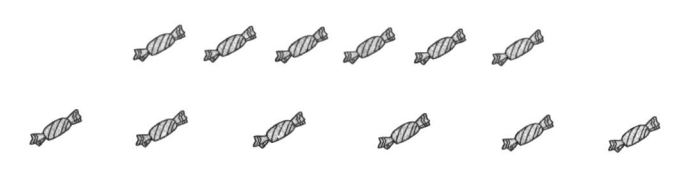

図 12-2　ピアジェの数の保存課題

この場合，子どもの「くだもの」という言葉の使用は，同化のプロセスを表している。すなわち，この子どものもつ「くだもの」の概念（ピアジェの用語では**シェマ** schema：知的活動の素材）で，新しいくだものの事例を解釈し，自分の「くだもの」のシェマにその事例を矛盾なく取り込んでいるのである。

　しかし，もしこのたとえ話で，子どもが「おいしそうなくだもの」と母親に語りかけたところ，母親が「それはパプリカといって野菜よ」と訂正するようなことがあったらどうだろう。その場合，子どもの「くだもの」のシェマ（たとえば，「カラフルでよい香りのする食べ物」）に不均衡が生じたことになる。そこで，それらの不均衡を是正するために，子どもは既存のシェマを修正する（たとえば「くだものは，カラフルでよい香りのする食べ物で，おやつやデザートとして食べる」）。そのような修正のプロセスを調節とよぶのである。

　また，これら同化と調節は，人間の知性が生来的にもつ能動的なはたらきにより，常に認知的に均衡した状態を保つよう作用する。この**均衡化**（equilibrium）のはたらきにより，本来バラバラであったシェマは，相互に関連づけられる。このプロセスを**体制化**（organization）といい，体制化されたシェマはより高次の構造ともよぶべき状態へと**変換**（transformation）される。

b　知性の発達段階

　ピアジェは，上記のような知性の大きな構造的変化は，乳児期から思春期の間に，3度生ずると仮定している。その結果，子どもの知性は，異なる知的構造をもつ4つの**段階**を経て発達すると説明される。

　新生児期から2歳頃までを**感覚運動期**（sensori-motor period）という。この時期は，主に感覚と運動によって外界とのかかわりをもつ。たとえば，偶然，自分の親指が口に触れ，これを吸うと快の感覚が得られる。すると乳児はこの行為を意図的に繰り返し（**循環反応** circular reaction），指しゃぶりという新しいシェマが形成される。

　2歳頃から7歳頃までを**前操作期**（pre-operational period）という。この頃の子どもは，外界の対象を表象を用いて表すことができる。言語の獲得が進むとともに，小箱を自動車に見立てるなど象徴的遊びが増加する。この時期の特徴は，対象が知覚的に変化しても，対象の本質は変化しないという保存の概念が成立しないこと，および思考の**自己中心性**（egocentrism）にある。自己中心性とは，自分の立場を離れて他者の視点から事物を客観的に認識できないこ

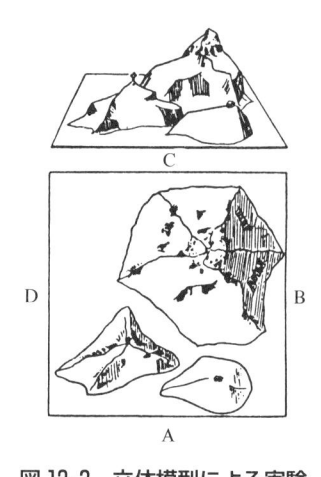

図12-3 立体模型による実験
(Piaget & Inhelder, 1956)

とをいう。たとえば，幼児に，図12-3の模型のまわりを歩いていろいろな角度から観察させる。次に，Aの場所にいる幼児にBの場所にいる実験者が見ている景色を選ばせる。すると，自分がいるAの場所から見た絵を選ぶのである。

7歳頃から11歳頃までを**具体的操作期**（concrete operational period）という。子どもはもはや自己中心性から解き放たれる。元に戻せば同じという**可逆性**（reversibility）などの操作が可能となり，先述の保存が成立する。また，A＞BかつB＞CならばA＞Cという**推移律**（transitivity）も，具体的な事象から理解できるようになる。

およそ11歳以降を**形式的操作期**（formal operational period）とよぶ。この時期では，仮説的で抽象的な推論が可能となる。このことは，**演繹的推論**（deductive reasoning）を可能とし，前提から出発して適切な結論を導くことができるようになる。また，**帰納的推論**（inductive reasoning）も可能となり，個々の経験から意味のある仮説を導くことができるようになる。

2　知性発達の情報処理的アプローチ

ピアジェの理論が，知性の発達を包括的に描き出そうとしたのに対して，ある知的課題を達成するために必要とされる認知的プロセスを同定し，このプロセスが年齢とともにどのように変化するかを記述するのが，**情報処理的アプローチ**である。

a　情報処理的アプローチの発達のとらえ方

ピアジェが，知性の発達を同化や調節，あるいは体制化といった概念で説明したのに対して，情報処理的アプローチは，知性の発達をどのように説明するのだろうか。ここでは，ケイル（Kail, 1993）の理論を紹介しよう。

まず，ケイルが指摘するのは**処理資源の増加**（increased processing resources）である。処理資源とは，コンピュータにたとえるならばバッテリー

の容量にあたる。モバイル用途のパソコンを想定するとわかりやすい。バッテリー容量が大きくなればなるほど，モバイルパソコンでもより複雑な作業を長時間持続することが可能となる。これと同じように，人間も，乳児より幼児，幼児より小学生の方が，高次の知的活動に費やす精神的エネルギー量が増加し，結果としてより高次の問題解決が可能になると仮定される。

　次にケイルが指摘するのは，**処理の自動化**（automatization）である。コンピュータにたとえるならば，ソフトウェアの進歩にあたる。一昔前の統計処理ソフトであれば，ある程度自分でプログラムを作成する必要があった。しかし，現在では，個々の統計処理がパッケージ化されており，プログラムを組まなくても簡単に統計処理が行えるようになった。これと同じように，人間も，生活のなかで多くの経験を積むことにより，認知的処理の手順が簡略化され，より高次の問題解決が可能になると仮定される。たとえば，図12-2のように並んだキャンディの数をたずねると，3，4歳児ではひとつひとつキャンディを指さしながら声を出して数えるが，小学生になると2，4，6と2つずつ数えたり，あるいは3と3のかたまりに分けて足し算するなど，処理の自動化が起きる。このような自動化により，短時間で数の多さを比較したり，数以外の属性に注意を向けるなど，より高次な処理が可能になると仮定される。

　最後に，ケイルが知性発達のメカニズムとして指摘するのが，**処理スピードの増大**（increased speed of processing）である。これは，コンピュータにたとえるならば，ハードウェアやソフトウェアの進歩にあたる。たとえば，脳は人間発達の初期の段階できわめて速いスピードで成熟するが（Lemire *et al.*, 1975），このような神経学的発達が，イメージの操作や言語の使用など，この時期に急激に複雑化する認知的処理を可能にしていると仮定される。また，日常生活のなかでの経験を通して汎用性の高い認知的方略を獲得することにより，確実性の高い迅速な処理が可能となり，より高次の問題解決が可能になると仮定される。たとえば，**記憶の方略**として代表的な**リハーサル**（7章参照）は，図12-4のように年齢とともに発達する。このような汎用性の高い認知的方略の発達は，記憶の体制化を助け，より確実で迅速な問題解決を保証する。

b　知性発達の継続性

　上述のように，ピアジェの理論によれば，知性は，乳児期から幼児期，また幼児期から児童期と構造的な変換を通して発達すると説明される。したがって，

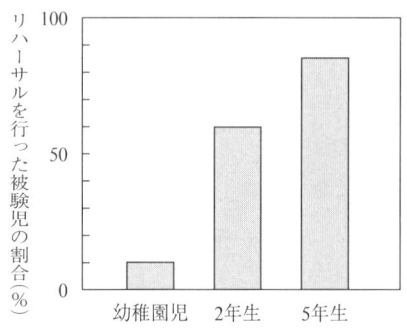

フラベルらは，3つの年齢群の被験児に，ボールなどの絵に描いた対象を覚えるように教示し，自発的に生ずるリハーサル活動（唇の動きなど）を観察した。

図12-4 自発的リハーサルの使用
（Flavell et al., 1966より改変）

ピアジェ派とよばれる研究者の間では，乳児期の認知的検査の結果が，その後の知性の発達を予測することは困難であるとする見解が一般的であった（McCall & Carriger, 1993）。

しかし，情報処理的アプローチをとる研究者は，伝統的な発達検査にとらわれない，新たな認知的課題を開発し，乳児期に査定された視覚的情報処理能力が，その後の知性の発達を予測しうることを明らかにしている。

その典型となるのが，ローズ（Rose, S. A.）と彼女の同僚らによる一連の研究である（たとえばRose & Feldman, 1995）。ローズらは，乳児期に実施された再認記憶課題の結果と，幼児期，児童期に査定された知能検査の結果の間に，有意な正の相関があることを見出したのである。

馴化法を用いた彼女らの実験手続きは以下の通りである。まず，馴化（habituation：慣化とも訳す）の段階として，一対の標準刺激（たとえば三つ葉のような図形を2つ左右に並べる）を乳児が15秒間見るまで呈示する。次に，テスト試行として20秒間，標準刺激と新奇刺激（たとえば星形の図形）を同時に呈示し，どちらの刺激を何秒注視するかを測定する（新奇刺激に対しては，脱馴化が起こり注視時間が長くなる）。そして，テスト試行間の総注視時間を分母，新奇刺激に対する注視時間を分子として，その比率を再認記憶の測度とする。その結果，生後7カ月時に測定された再認記憶の結果と5歳，6歳，11歳の時点で査定された知能検査の得点に，0.4～0.6程度の有意な相関があったのである。

乳児期に査定された視覚的再認能力は，刺激を記憶に符号化するスピードと正確さ，馴化刺激をカテゴリー化し再認する能力，あるいは馴化刺激を避けて新奇刺激を調べようとする能力を反映しており，少なくともこれらの視覚的情報処理能力が，その後の知性の発達に深く関与していることを示唆している。

2節　子どもの感性の発達

子どもの発達の領域では，**感性**は絵画や音楽などの芸術の領域で論じられることが多い（たとえば幼稚園教育要領）。また，実際，これらの領域で多くの知見が蓄積されている。そこで，本章では，絵画や音楽の領域での子どもの感性について概説する（たとえば社会的感性については，本章末のトピックス参照）。なお，本章では，感性を「感覚・知覚・認識といった外的刺激に対する受動的反応としてだけでなく，心的イメージをメディアや身体を用いて能動的に表現する」（松山，1996）能力ととらえる。

1　感受性の発達

子どもは，絵画を構成する色や図形に対する**感受性**，すなわち色や図形のもつ物理量を認識の素材としての心理量へと変換し，それらを識別する能力をいつ頃獲得するのであろうか。

まず，色知覚に関しては，新生児期はまだ未熟であるが，その後急速に発達し，生後1カ月頃には，灰色と青，また緑と赤の識別が可能となる（Adams, 1989）。また，生後2カ月頃には，緑と黄色，黄色と赤の識別が可能となり，およそ生後2カ月から3カ月の間に，大人とほとんど変わらない色知覚能力を獲得する（Teller & Bornstein, 1987）。また，図12-5にみるように，生後4カ月児のそれぞれの色に対する注視時間の曲線は，驚くほど大人の色の好みの曲線と一致している。この結果は，色知覚能力を獲得したばかりの乳児の色の好みが，大人のそれとほとんど変わらないことを示

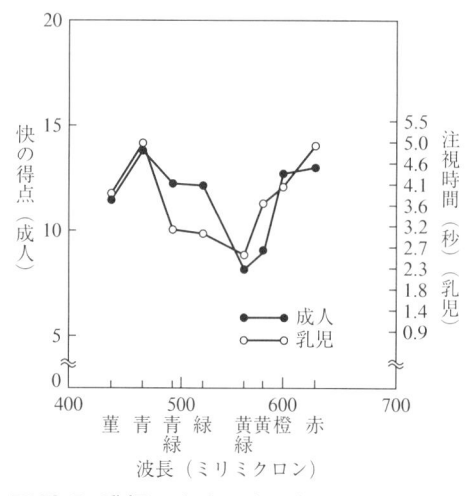

図12-5　乳児と大人の色の好み（Bornstein, 1975）

```
□·················▽   内側変化条件
□·················□   統制条件
□·················□   外側変化条件
□·················△   内側・外側変化条件
```
図12-6 内側と外側の輪郭を変数とした刺激 (Bushnell, 1979)

している (Bornstein, 1975)。

一方,図形の知覚に関しても,生後2,3カ月頃から図形の識別が可能となる。たとえば,図12-6の左の図形に馴化した後に,右側の図形を見せると,2カ月以前では統制条件をのぞいて内側だけ変化した条件では脱馴化が起こらない。しかし,2カ月以降はどの条件でも脱馴化が生ずる (Bushnell, 1979)。また,この頃の乳児は,図形に対する選好性も示し,簡単な図形よりも複雑な図形,またとくに顔のパターンをもつ図形を好んで注視することが知られている。

次に,子どもは,音楽を構成する**メロディ**に対する感受性をいつ頃獲得するのであろうか。単純なメロディに関しては,およそ生後8カ月から10カ月頃に,メロディをひとつのパターンとして知覚できることが明らかとなっている。図12-7のような実験手続きにより,乳児をある音系列に馴化させる。その後,その音系列の輪郭を変化させて聴取させると脱馴化が生ずる。しかし,馴化試行の後,移調させた音系列を聴取させても脱馴化は生じにくい (Trehub et al., 1984)。さらに,乳児は,音楽的に「よい」パターンのメロディ(たとえばドミソミド)と「悪い」パターンのメロディ(たとえばドミソ♯ミド)で感受性が異なり,後者より前者において,そのメロディのわずかな変動にも鋭敏に反応することが明らかとなっている (Trehub et al., 1990)。

以上のように,子どもは,発達のごく初期の段階から,基本的な絵画的刺激

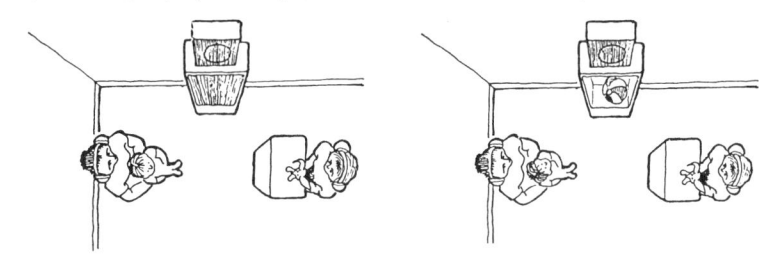

a.馴化試行(標準刺激を繰り返し呈示している間は,実験者と人形の方を見ている)　**b.テスト試行**(音のパターンが変化すると,スピーカーの方を向く。またその際,正しい反応の場合は視覚的に強化される)

図12-7 トリハーブらの実験手続き (Trehub, 1993)

や音楽的刺激に対して感受性を発揮する。また、それらの感受性は、ある一定のパターンをもつ刺激に対して選好的にはたらく。この選好的な情報処理が、先天的なものなのか、学習によるものなのかは明らかでない（梅本、1999）。しかし、このような選好的な感受性が、いわゆる芸術的感性の出発点となる可能性が考えられる（芸術的感性については4章参照）。

2 表現の発達

内的な表象やイメージを、絵画的にあるいは音楽的に**表現**する能力はどのように発達するのであろうか。

まず、絵画的な表現は、図12-8のような段階を経て発達することが知られている（Luquet, 1927；Piaget & Inhelder, 1956）。①連続した線や意味のない印のようなもので構成される**なぐりがき**（scribbling）の時期（2, 3歳頃まで）、②丸などの閉じた図形を描いたり、頭足人を描いたりする**未統合**（synthetic incapacity）の時期（3, 4歳頃まで）、③人物画を好んで描き、顔の特徴や体のパーツが正しい位置に描かれる**知的リアリズム**（intellectual realism）の時期（8, 9歳頃まで）、および④人物画が正しい比率で描かれ、また背景も適切な視点で描かれる**視覚的リアリズム**（visual realism）の時期（8, 9歳頃以降）である。

次に、音楽的表現の発達は、およそ表12-1のような順序で発達することが知られている（Shuter-Dyson & Gabriel, 1981）。このモデルでは、3歳以下の子どもの音楽的表現については、ごく簡単にふれられているだけだが、彼ら

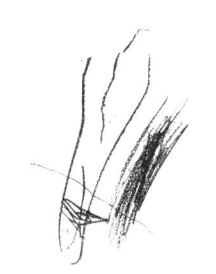

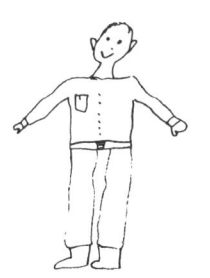

a. 2歳児のなぐりがき　b. 3歳児の頭足人　c. 5歳児の人物画　d. 9歳児の人物画
　　　　　　　　　　　　（未統合の時期）　（知的リアリズムの時期）　（視覚的リアリズムの時期）

図12-8　絵画的表現の発達（Cox, 1992より引用）

表 12-1　音楽的表現の発達 (Shuter-Dyson & Gabriel, 1981より改変)

年齢	
0～1	いろいろな音に反応する。
1～2	自発的に音を作ろうとする。
2～3	耳にした歌のフレーズを真似しはじめる。
3～4	メロディの大雑把なプランを思いつく。楽器を習っている子どもは，絶対音感をしだいに発達させる場合がある。
4～5	音程を判別できる。簡単なリズムであれば真似して叩くことができる。
5～6	もっと大きな声でとか優しい声でとかの指示がわかる。簡単な音色やリズムのパターンの異同を判別できる。
6～7	正しい旋律で歌うことができるようになる。無調性よりも有調性の音楽の方が知覚されやすい。
7～8	調和と不調和を認識できる。
8～9	リズミックな演奏が上達する。
9～10	リズムの知覚，およびメロディの記憶が改善する。2つのパートからなるメロディが知覚される。終止の感覚が身につく。
10～11	和音の感覚がしだいに確立される。音楽のもつより繊細な特徴がある程度認識されるようになる。

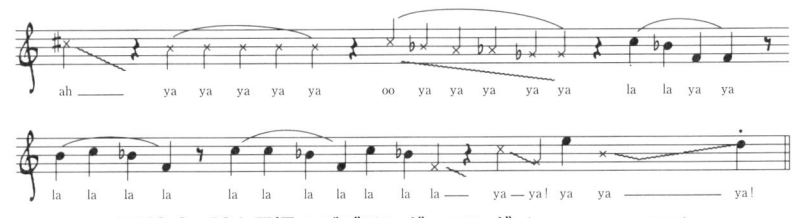

図 12-9　12カ月児のバブリング・ソング (Hargreaves, 1986)

の表現能力は大変優れたものである。たとえば，訓練によっては，生後6カ月の乳児であっても，母親が発声した声を，同じ音程で正確に模倣することができる (Kessen et al., 1979)。また，0歳児期の後半，単なる喃語の繰り返しではない，自発的な表現としての音楽的バブリングが観察される (Moog, 1976)。たとえば，図12-9に示す12カ月時のバブリングには，初歩的な旋律の組み立てが観察される (Hargreaves, 1986)。

3　知性の発達との関連

絵画的あるいは音楽的表現は，記憶，表象，イメージの操作などの認知的処理を不可欠なプロセスとして包含し，その発達は知性の発達の影響を受ける。

図 12-10　終止課題で使用された刺激 (Serafine, 1988)

　たとえば，子どもの描画の発達については，古くから系統的な研究が行われており，人物がどの程度明細化されて描かれるかは，知能の発達と比較的高い相関があることが知られている。このことを利用して作成されたのが**人物画知能検査**（Draw a Person Test：DPT）である（日本では「グッドイナフ人物画知能検査」が標準化されている）。また，図12-8に示す描画の発達段階は，ピアジェの知性の発達段階におおむね符合することも確認されている（たとえばLeeds et al., 1983）。

　また，音楽的表現については，音楽的構造に関する子どもの認知という視点から，知性の発達との関連が研究されている。たとえば，セラファイン（Serafine, M. L.）は，5，6歳児でも課題が行えるように工夫を行い，曲の展開や終止の理解，あるいは曲の構造の理解などが，8歳頃を境にして急速に発達すること，またそれらの理解が保存の理解などとある程度並行して発達することを明らかにしている（Serafine, 1988）。たとえば，曲が終わった感じを旋律のパターンなどからどの程度理解できるかを査定した課題（図12-10）では，その得点と保存課題の得点が8歳児群で0.6程度の相関があることが明らかとなっている。

4　深いレベルでの感性の発達

　本章では，感性を感受性と表現の能力ととらえ，その基本的な発達について概説した。しかし，感受性と表現の能力を結びつける感性の本来的なはたらきについてはふれていない。その理由は，感性研究は始まったばかりであり，そのような深いレベルでの感性を対象とする発達的研究は行われていないからである。

　しかし，子どもの鋭い感受性を刺激し，豊かな表現力を引き出すことに成功

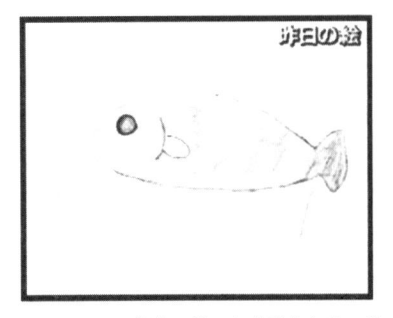

a. 1日目に児童が描いた典型的な魚の絵 　　b. 2日目に左の児童が描いた魚の絵

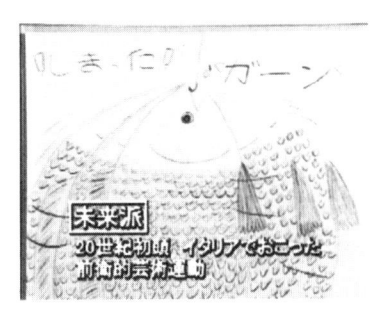

c. 2日目に別な児童が描いた抽象画 　　d. 2日目に別な児童が描いた抽象画

図 12-11　小学6年生が描いた魚の絵（布施，1999）

したひとつの教育実践の記録がある。美術評論家の布施英利氏（1999）による小学6年生を対象とした授業である。2日にわたって行われたこの授業は，次のような手順で行われた。

(1) 初日，午前の授業で子どもたちに魚の絵を自由に描いてもらう：子どもたちはとまどいながら，自信なげに魚を描く。

(2) その日の午後，子どもたちはバスで校外の釣り堀に出かけ，ひとりひとりへらブナを釣る：ほとんどの子どもたちにとって初めての体験である。釣り上げたときのずしりとくる重さと魚のぬるぬるした感触を味わう。

(3) 2日目，午前中の授業で，グループに分かれて昨日釣ったへらブナの解剖を行う：子どもたちにとって初めての解剖であり，血の臭いや生々しい内臓に気分の悪くなる子どももいる。解剖が終わった後，魚に手を合わせ，改めて水槽の中の生きたへらブナを観察する。

(4) 2日目午後，子どもたちは，釣りや解剖のことは忘れて，自由に魚を描くよう教示される。

その結果，初日に描かれた，いかにも生気のない魚の絵（図12-11a）は，2日目に一変した。ウロコやヒレが正確に描かれるといった単に写実性の向上ではなく，生き生きと躍動感をもって泳ぐ魚が描かれたのである（図12-11b）。また，抽象画も多数現れた。魚が釣り針に引っかかってもがく様子を前衛的なタッチで描いた絵や（図12-11c），「命」という文字を小さな魚をつないで描き，それを画面からはみ出す大きな魚が見守る絵（図12-11d）など，バリエーションにとんだものだった。

子どもたちが2日目に描いた絵が一変したのは，単に魚についての知識が増えたり，動機づけが高まっただけの理由ではない。子どもたちが，魚の命を五感で感じ取り，自分が表現したいものをもっとも効果的に具象化する方法を見出した結果である。この布施氏の教育実践は，子どもたちの鋭い感受性を刺激し，豊かな表現を創造することが可能であること，またそのような感性の発達は，子どもたちの人格が揺さぶられるような五感を使った体験のなかにこそあることを示唆している。

▶ブックガイド

シーグラー, R. S. 1986 無藤 隆・日笠摩子（訳） 1992 子どもの思考 誠信書房
　知覚，記憶，言語，思考の発達を情報処理的アプローチから解説したもの。ピアジェの理論もわかりやすく紹介されている。

コックス, M. V. 1992 子安増生（訳） 1999 子どもの絵と心の発達 有斐閣選書
　子どもの絵画的表現の発達について，多くの絵を紹介しながら解説している。視覚的リアリズムの時期以降の教育の必要性を説いている。

梅本堯夫 1999 子どもと音楽（シリーズ人間の発達11） 東京大学出版会
　子どもの音楽的発達に関する最近の知見を，研究手法も含めてわかりやすく紹介している。

トピックス12

心の知能指数

「**心の教育**」のあり方についての議論が活発になっている。その背景には，「いじめ」「不登校」「偏差値教育」「詰め込み教育」など子どもの成長過程におけるつまずきの問題，そして社会動向に起因する問題などがあげられる。1997年の「神戸小学生殺人事件」の際には，今日の子どもたちの心の未熟や孤立を生む人間関係の問題が連日，新聞によって指摘された。知力・学力偏重の学校教育の問題性も多く語られた。そのようななかで，学力試験で測定されるような認知能力は，広範な知性のごく一部しか反映していないとして，「**心の知性**」がクローズアップされてきたといえる。

ダニエル・ゴールマン（Goleman, 1995）によって，広く一般に知られることとなった「**心の知能指数**」（EQ）とは，自分の情動を知り衝動の自制ができる能力，自分の気持ちを自覚・尊重して心から納得できる決断ができる能力，挫折したときでも楽観を捨てずやる気を起こさせる能力，他者に対する共感を感じ取れる能力，集団の中で調和を保ち協力しあえる対人関係能力・社会的能力などをいう。

現代の子どもたちは，さまざまなストレスにさらされ，心の問題を抱えることが多くなっている。子どもたちのストレス因は，友人関係（いじめ，孤立，疎外），学業（成績不振，テスト不安），環境変化（転校，クラス替え），学校生活（部活，行事，教師との関係），家庭環境（親との関係，過干渉，過期待），健康問題（心身の疲労，外傷）など多岐にわたる（稲村，1995）。ストレスがあっても，子ども自身にストレスに対処できる能力が育っていたり，周囲の支援が得られればその経験をプラスに生かしていけるだろうが，今日の子どもにはそれらが不足しているといわれる。自分の気持ちをうまく言葉で表現できずに，イライラやモヤモヤを心にためて「身体症状」や「問題行動」として表す子ども（高垣，1995）や，自分の衝動や不快な感情をコントロールできずに落ち着かない子ども，そして相手の微妙な感情を感じ取れない，あるいは感じ取らないようにしているような子ども，さらに一見無愛想でいながら傷つきやすい子ども（鍋田，1999）が増えている。

筆者はこれまで複数の保健室登校の子どもたちとつきあってきたが，その子どもたちは集団の中へ入ることの不安感や緊張感が強かったり，自分から友人をつくることに自信がなかったり，友人がいてもうまくとけ込めなかったりすることが多かった。

小学3年だったA子は，低学年の頃からクラスで相手の嫌がることを言うため，孤立することが多かった。3年生に進級した第1学期，クラスの男児から「めがねザル」と言われたことをきっかけに「神経性の腹痛」で学校を休むようにな

った。母親の声かけでかろうじて母親同伴で登校するようになったが，教室へは入れず保健室でプリント学習をする日々が続いた。母親は，Ａ子がクラスになじめないことや一緒に遊ぶ友だちがいないことを心配していた。

保健室ではＡ子の腹痛に対して手厚く対処し，身体面での安らぎを保障していった。そうすることで母親依存から徐々に離れさせ，一時的に養護教諭へ依存させるようにした。Ａ子のクラスからの孤立感については，担任との連絡を頻繁に行い，保健室での様子やクラスの様子などを伝えあった。担任は休み時間のたびに保健室でＡ子との対話の時間をつくった。Ａ子は，担任から個別に目をかけられていることに満足し，休み時間を心待ちにしていた。担任は，クラスの子どもたちにＡ子の腹痛の話をし，保健室で過ごすことが多くなることを説明した。クラスの子どもたちは，Ａ子がクラスの入り口まで行ったときなど，「Ａちゃん，だいじょうぶ？」と気づかう態度を見せた。クラスの子どもたちが保健室へお見舞いに来ることもあった。そうした時間にＡ子は，お見舞いにきた子どもと放課後一緒に遊ぶ約束をしたりしていた。第２学期になると学芸会の準備が始まり，通常とは違った形態での活動が増えてきたことで普段より集団の中への入りやすさがあったのか，Ａ子は学芸会練習に少しずつ参加していった。そのような場を通して親しい友だちがつくれるようになっていった。保健室から教室へ向かえないときには，休み時間に保健室を訪れる他学年の子どもたちとのゲームにＡ子を参加させるなど，子どもどうしのかかわりの機会を意識的に用意した。Ａ子は，友だちとの関係づくりを少しずつ身につけていったように思われた。

本事例から，子どもの対人関係能力や集団への適応能力などは，自然に身につくようなものではなく，必要な子どもには多様な対人関係を経験できる機会を与えたり，他人の気持ちを思いやれるような気づきの場をつくったりすることの大切さを感じさせられた。

小杉（1997）は，小学６年生国語の教科書に書かれた司馬遼太郎の「21世紀に生きる君たちへ」を受けて，心の教育のあり方を示している。司馬は「人間は決して孤立して生きられるようにはつくられておらず，助け合うということが人間にとって大きな道徳になっている」と述べている。助け合うという気持ちや行動のもとになるいたわりという感情は，本能ではないという。本能でないものを身につけるために，私たちは「知識」を蓄え自分の心の中で「知恵」に生まれ変わらせる必要があると小杉は述べている。私たち大人は，子どもたちが豊かな感性を育み，心の知性を高めていけるような支援を探っていく必要があるだろう。

■参考図書
ゴットマン，J. 1997 戸田律子（訳） 1998 ０歳から思春期までのEQ教育 講談社

シャピロ，L. 1997 滝口峯子（訳） 1997 EQの高い子供に育てるために 扶桑社

13 章
多変量データ解析法を利用した心理測定法

　「こころ」はどのようにして測られるのであろうか。「こころ」にも身長計と同じような測定器具，すなわち「ものさし」が存在するのであろうか。答えはイエスである。「こころ」の「ものさし」で身近なものといえば，パーソナリティテストであろう。たとえば，パーソナリティの外向性という概念があるが，これを私たちは直接目にすることはできない。しかしながら，いくつかの質問に答えることで，自分の外向性の程度を知ることができる。このことはすなわち，パーソナリティテストによって外向性という「こころ」のある側面を測ることができたということになる。

　単に質問に答えることだけで，「こころ」を測ってしまうことに対して疑問をもつかもしれない。もちろん「こころ」を測ることは容易なことではなく，そのためにさまざまな工夫がなされている。心理学では心理的現象という複雑な現象を扱うために，多くの事象や要因に関して多くの変数を用いた多元的な測定を行っており，そこで得られたデータから興味深い知見を得ようとしている。そのために必要な道具が，**多変量データ解析法**（multivariate data analysis）である。そこで，本章では，認知心理学で利用価値のある多変量データ解析法について，その利用方法を中心に解説を行うことにする。

1節　イメージを測定する──SD法と因子分析

1 SD法

　見知らぬ人の顔写真を見てあなたはその人物に対してどのような印象をもつであろうか。神経質な人とか，あるいは明るい人などと判断するかもしれない。このように顔という限られた情報から，人間がいかにしてその人物の全体的なパーソナリティを推論しているのかについて研究を行うためには，まず，顔写

真から受けたその人物に対する印象を具体的に測定する必要がある。そのために利用される方法が，この節で紹介する**セマンティック・ディファレンシャル**（semantic differential）法（以下，**SD法**）である。

もともと，このSD法は，言語の意味を測定する方法としてオズグッド（Osgood, 1952）が開発した方法であり，いわゆる辞書的意味を測定するのではなく，個人がいだく情緒的意味（affective meaning）を扱っていた。たとえば，「森」という言葉（文字）が与えられたとき，人は過去のさまざまな経験をもとに，その言葉から静かさや美しさなどを感じることがある。このことが情緒的意味であり，形容詞に対する反応をもとに情緒的意味を測定するのがSD法である。現在では，刺激として色，音，画像なども扱い，SD法はイメージを測定するための道具として利用されている。

表13-1　SD法を利用する際の注意点

項目	内容
(1)刺激の選択	●評定の個人差が大きくなるようにさまざまな意味で変化をもった多様な刺激を選び出す。 ●刺激の数は，多い方が望ましいが，被験者の集中力が低下しない程度にする。
(2)形容詞対の選択	●同様な刺激を用いた過去の類似した研究を参考に形容詞対を選ぶ。井上・小林（1985）を参考に。 ●予備実験で，刺激を与えられたときに被験者が思い浮かべた形容詞を自由に記述してもらい，出現頻度の高い形容詞をもとに形容詞対を作成する。 ●形容詞対の数は，想定している因子の数をもとに決める。1因子あたり10個程度あることが望ましいが，被験者の評定に対する負担も考慮して決定する。 ●形容詞対の選択に関する詳細な基準は，大山ら（1971）を参考に。
(3)データの分析	●各評定に，7段階尺度の場合，もっとも左側の「非常に」への反応に対して得点1を，逆に右側の「非常に」への反応に対しては得点7を与える。得点化の際には，ポジティブ内容をもつ形容詞が左に配置されている場合は得点を逆転させる方が，解釈の際，都合がよい。 ●因子分析を利用してイメージを規定している因子を探る。一般的に，**評価**（evaluation），**力量性**（potency），**活動性**（activity）の3因子が抽出されることが多いが，刺激や形容詞対により，抽出される因子が異なる場合がある。 ●各刺激の因子得点（尺度得点を用いる場合もある）を計算し，プロフィール表示することで，刺激の特徴を把握することができる。

SD法は認知心理学の研究でも比較的よく用いられるが，利用する際に注意しなければならない点がある。そこで，それらを表13-1に整理しておいた。また，表13-1に記載されていない調査用紙の作成や調査の実施に関する注意点については大山ら（1971）を参考にしてほしい。

2　因子分析

SD法の分析法としても利用される**因子分析**（factor analysis）は，他にも心理学の多くの分野で利用されている統計的手法のひとつである。もともと，因子分析は，スピアマン（Spearman, 1904）が知能の構造を明らかにするために開発したものであるが，現在では，生物学，医学といった自然科学の学問領域でも利用されている。心理学では，心理的現象を説明するために知能，人格などといった直接観測することができない**構成概念**（construct）を導入するが，この構成概念を実際に観測される多数の変数間の相関関係から見出そうとするのが因子分析という手法である。

因子分析には，現在，さまざまなモデルが存在するが，先のSD法でよく利用されているモデルが**探索的因子分析**（exploratory factor analysis）である。図13-1は，この探索的因子分析のモデルを2因子を例として表現したもので

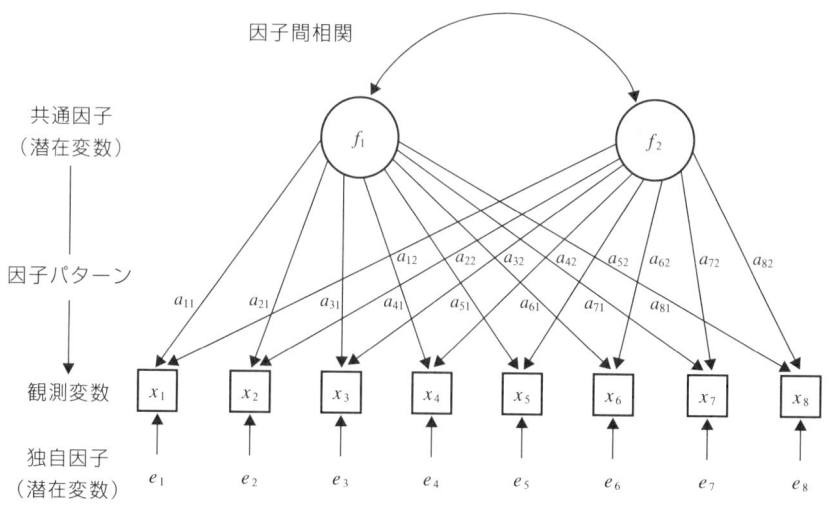

図13-1　探索的因子分析モデル（2因子のパス図）

ある。f_1, f_2は**共通因子**（common factor）を表し，x_1, x_2, …, x_8で示されたすべての観測変数（observed variable）に対して共通に影響を与える。また，この共通因子は直接観測することができない**潜在変数**（latent variable）である。因子分析は，多数の変数間の情報を集約することを目的としているため，共通因子の数は，観測変数の数より少なく設定される。e_1, e_2, …, e_8は**独自因子**（unique factor）を表し，対応する観測変数に固有に影響を与える潜在変数である。

共通因子間に示された曲線状の矢印は因子間相関を表し，因子間相関がない場合を**直交因子モデル**，ある場合を**斜交因子モデル**とよぶ。各共通因子から観測変数への矢印にかかる係数（たとえばa_{11}）は**因子パターン**（factor pattern），または**因子負荷量**（factor loading）とよばれる。したがって，この因子パターンの値の大きさをみれば，潜在変数である因子が観測変数に対してどの程度影響を与えているのかを知ることができる。心理学では，構成概念を測定するた

表13-2　**因子分析を利用する際の注意点**

項目	内容
(1)データ	●通常，データ数は，変数の数の5～10倍は必要である。
(2)因子の抽出法	●**共通性**（共通因子によって説明される分散の割合）を反復推定する主因子法かあるいは最小2乗法を指定する。
(3)因子の数	●一般的に，「1以上の値をとる**固有値**の数」と「固有値の変化をもとにしたスクリー基準」がある。 ●上記の基準とともに因子の解釈可能性も考慮される。
(4)因子の回転法	●**直交回転**では，**バリマックス回転**が一般的であるが，データによっては，他の回転法（**コーティマックスやエカマックス**など）の方が単純構造を示すこともある。 ●**斜交回転**は因子間に相関を仮定するため現実問題に適合したモデルである。斜交回転ならば，**プロマックス回転**がよい。もし仮説構造を指定できるならば**プロクラステス回転**を用いる。
(5)その他	●1回目の分析ですべての因子で因子パターンの値が低い（たとえば0.4未満，ただしこの基準は絶対的なものではない）変数や複数の因子に対して値が高い（たとえば0.4以上）変数を削除し，**単純構造**がみられるまで分析を繰り返す。 ●因子を構成する変数の数は，少なくとも4つ以上は必要である。また，クロンバックの**アルファ係数**（信頼性係数）が少なくとも0.7以上，できれば0.8以上であることが望ましい。

め，各因子ごとに因子パターンの値が大きい観測変数を利用して**信頼性**（reliability）の高い心理尺度を作成するのが一般的な手続きである。因子分析の理論に関しては，柳井ら（1990）に詳しい説明があるので，興味のある方は参照してほしい。

実際に因子分析を行う場合は，ソフトウェアを利用すればよいが，適切な分析を行うには注意しなければいけない点がある。そこで，表13-2に因子分析を利用する際の注意点を整理しておいたので参考にしてほしい。

3　SD法の応用例──対人認知

心理学実験の授業で行われた実習の一部をSD法の応用例として紹介する。内容は，この節の最初に示した，顔から受けるパーソナリティ印象についてである。まず，被験者が出会ったことのない20代の人物の写真を10枚作成した。次に，対人認知の研究でよく利用される形容詞対を参考にして，20の形容詞対を選び，図13-2に示されたような7段階の評定用紙を作成した。

被験者に対して刺激を1枚ずつランダムに呈示し，それぞれの人物についてあまり考えすぎずに，直感的に思ったままを答えることを教示して評定用紙に記入させた。被験者は，大学生36名である。

SD法で得られるデータは，図13-3の左に示すように3次元構造となっているが，3次元のままでは因子分析を適用することはできないので，図13-3の右のような2次元のデータ構造に変換して因子分析（反復推定の**主因子法**，**バリマックス回転**）を行った。因子数は因子数と固有値の変化をもとに3とし，さらに**単純構造**（simple structure；基本的に各変数の因子パターンの値が，それぞれ特定の因子についてのみ大きな値をとり，それ以外の因子については可能な限り0に近くなるような構造）になるように形容詞対の選択を行い，最終的に12の形容詞対を選択した。表13-3に回転後の因子パターン行列を示した。

その結果，因子1は「信頼できる－信頼できない」「分別のある－無分別な」「真面目な－不真面目な」「責任感のある－無責任な」といった形容詞対の因子1におけるパターンの値が比較的高い（0.4以上）ことから，信頼性や誠実性といった意味を含む「社会的望ましさ」を表すものと考えられる。同様にして，因子2は，親和性や明朗性といった意味を含む「個人的親しみやすさ」，因子

3は,「重厚さ」を表すと考えられる。オズグッドら (Osgood *et al*., 1957) の意味次元との関連性をみると,因子1が**評価的因子**に対応し,因子2が評価的因子と**活動性因子**を混ぜたような形態をとり,因子3が**力量性**に対応している。

信頼性係数 (reliability coefficient) については,因子3が0.8以下とやや低い値であるが,実用的には問題はなく,因子を構成している形容詞対の数が少ないのにもかかわらず,信頼性の高い尺度を構成できたと考えられる。

被験者番号 (　　　　　　)　　刺激番号 (　　　　　　)

	非常に	かなり	ややや	どちらでもない	やや	かなり	非常に	
1. 疲れた								元気な
2. 不真面目な								真面目な
3. 消極的な								積極的な
4. 卑屈な								堂々とした
5. ユーモアのない								ユーモアのある
6. 無分別な								分別のある
7. 信頼できない								信頼できる
8. 弱い								強い
9. 不親切な								親切な
10. 無口な								おしゃべりな
11. 強情な								素直な
12. 無責任な								責任感のある
13. せっかちな								のんびりした
14. わがままな								おもいやりのある
15. 鈍感な								敏感な
16. 女性的な								男性的な
17. 地味な								派手な
18. 薄い								濃い
19. 近づきがたい								人懐っこい
20. 感じの悪い								感じの良い

図 13-2　応用例で利用された SD 法の評定用紙

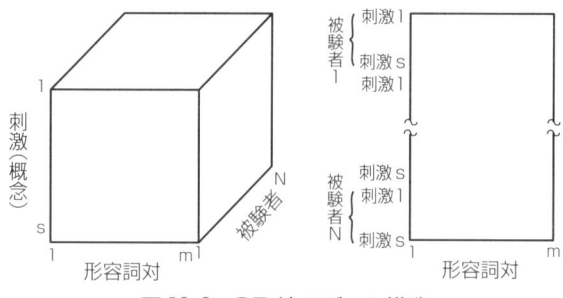

図 13-3　SD 法のデータ構造

表 13-3　印象評定データの因子分析の結果：因子パターン行列

形容詞対番号	因子1	因子2	因子3	共通性	α 係数
7	0.869	0.032	0.043	0.564	
6	0.818	−0.063	−0.153	0.495	0.835
2	0.673	−0.140	−0.149	0.530	
12	0.659	−0.102	0.227	0.530	
10	−0.229	0.792	0.052	0.697	
19	0.071	0.728	−0.124	0.758	0.820
1	−0.099	0.703	0.246	0.677	
5	−0.062	0.693	0.214	0.683	
8	0.056	0.051	0.819	0.497	
4	−0.041	0.268	0.676	0.379	0.771
18	−0.132	0.141	0.610	0.409	
16	0.055	−0.065	0.609	0.551	
因子寄与	2.409	2.265	2.095		

2節　データに潜む構造を視覚的に表現する──多次元尺度法

1　非類似性データ

　私たちが日常的に利用している「愛情」「安心」「不安」「恐ろしさ」といった情動を表す語が心理的な空間の中で互いにどのような位置関係にあるのかに

ついて考えたことがあるであろうか。実は，それらを明らかにすることで，情動というものが心理的にどのような構造をもっているかを明らかにすることができる。そのために必要なデータが**非類似性データ**（dissimilarity data）である。

知覚や認知の実験において被験者に2つの刺激の類似性判断を求めることがある。これは，異なる2つの刺激が似ているとする情報からヒトの知覚や認知過程のメカニズムを明らかにしようとするためである。したがって，心理学においては，**類似性**（similarity）という概念は，重要な意味をもつことになる（**非類似性** dissimilarity は類似性の逆を表す）。

非類似性データの特徴としては，被験者に非類似性判断を求める際に判断基準を指定しない点にある。したがって，研究者としては非類似性を規定する属性をあらかじめ指定する必要がないということになる。先のSD法の場合は，形容詞対を用意することからわかるように，研究者があらかじめ属性を絞りこんでいることになる。したがって，SD法では，とりあげる属性によって結果が異なったり，とりあげなかった属性に関する知見を得ることができない。それに対して非類似性データの場合，判断基準を被験者に押しつけないため，より自然なデータが得られることになる。また，非類似性データは社会的望ましさ（social desirability）など評価的傾向から生じるバイアスがかかりにくいと考えられている。

この非類似性データを収集する方法としては，評定尺度法，対比較法，順位法，分類，パターンの類似性などがある。各方法の手続きについては，高根（1980）を参考にしてほしい。

2 多次元尺度法

多次元尺度法（multidimensional scaling：MDS）は，非類似性データを扱えることから，現在でも知覚研究を中心に利用されている多変量データ解析法のひとつである。この方法は，トーガソン（Torgerson, 1958）が刺激間の距離から刺激を多次元空間に配置するために開発したのが始まりである。因子分析と同様，もともと心理学の方法として発展したが，現在では，多変量データ解析の手法として，心理学に限らず多くの分野で利用されている。

多次元尺度法は，都市間の距離と地図の関係を理解すれば，手法の目的を簡

表 13-4 日本 9 都市間の距離 (km)

都市名	札幌	仙台	新潟	東京	名古屋	大阪	広島	福岡	鹿児島
札幌	0	520	580	830	970	1050	1230	1420	1590
仙台	520	0	160	330	530	640	890	1100	1200
新潟	580	160	0	250	370	480	710	940	1050
東京	830	330	250	0	280	410	680	890	970
名古屋	970	530	370	280	0	140	420	620	710
大阪	1050	640	480	410	140	0	280	480	570
広島	1230	890	710	680	420	280	0	210	360
福岡	1420	1100	940	890	620	480	210	0	220
鹿児島	1590	1200	1050	970	710	570	360	220	0

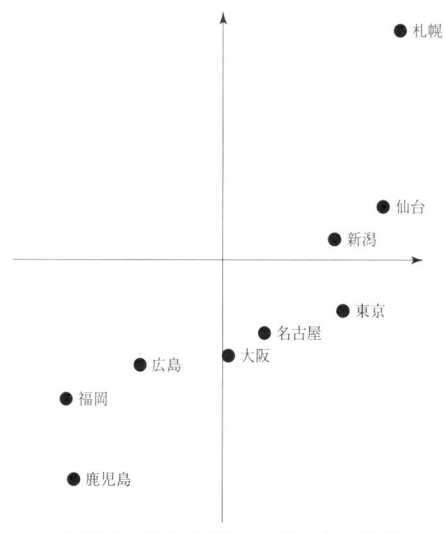

図 13-4 日本 9 都市の地図上の位置

単に理解することができる。表 13-4 に日本の 9 つの都市間の距離が示されている。このような都市間の距離情報をもとに，図 13-4 にあるような地図を再現するのが多次元尺度法の目的である。したがって多次元尺度法は，刺激間の非類似性データから，非類似性が高い刺激どうしは遠くに位置づけ，非類似性が低い刺激どうしは近くに位置づけるといった手続きで刺激を多次元空間に配置することにより，刺激間の関係について直観的な理解を助ける情報を提供してくれる道具であるといえる。

このように，多次元尺度法は，その目的そのものは単純で理解しやすいが，その目的を達成するための理論や計算法は大変複雑なものである。しかしながら，因子分析と同様に，この手法を利用するにあたっては，基本的な概念を理解しておく必要がある。

多次元尺度法では，刺激を多次元空間に配置するために，モデルとして 2 つの刺激間の距離（通常，地図にものさしをあてて測ることのできるユークリッド距離が利用される）を考え，このモデルとしての距離と非類似性データが一

致するような布置（座標値あるいは空間配置）を求める。その際，非類似性と距離との間に仮定する対応関係によって大きく2つの方法が存在する。

ひとつが，この対応関係に線型変換の関係を仮定する**計量的多次元尺度法**（metric MDS）であり，もうひとつが，対応関係に単調変換の関係を仮定する**非計量的多次元尺度法**（nonmetric MDS）である。通常，心理学のデータの場合，非計量的方法を用いればよいが，データが比尺度あるいは間隔尺度であると確信できる場合は，計量的方法を使う方がよい。

多次元尺度法の理論については，クラスカルとウィッシュ（Kruskal & Wish, 1978）や高根（1980）に詳しく示されているので興味のある人は参照してほしい。多次元尺度法の基本概念は以上であるが，実際にこの手法を利用

表 13-5　多次元尺度法を利用する際の注意点

項目	内容
(1) 刺激の数	● 次元数の4倍を超える数が必要である。 ● 2次元ならば刺激数は9以上，3次元ならば刺激数は13以上。
(2) 適合度	● **非計量的方法**の場合，適合度の指標は通常，距離とディスパリティ（距離に誤差を加えたもの）の残差にもとづいた**ストレス1**が用いられ，値が小さいほどデータとモデルのあてはまりがよい。ただし，極端に小さい場合は，解が退化していないかを調べる必要がある。 ● プログラムでも，方法でも有名な **ALSCAL** では，2乗距離と2乗ディスパリティの残差にもとづくS-ストレスが用いられる。 ● 非計量的方法の場合，適合度の指標以外にも，ディスパリティと距離の散布図が直線関係を示しているかも調べる必要がある。
(3) 次元数の決め方	● 次元数とストレス1の値をプロットし，ストレス1の値が次元数を増やすことで急激に低下する付近の解を次元数とする。また十分小さいと考えるストレス1の値は，ひとつの目安としては0.1ぐらいを考えればよい。 ● 多次元尺度法の目的は情報の集約であるため，最小の次元であることが望ましい。布置の利用しやすさを考えると2～4次元解のなかから最適な次元を見つけるのがよい。 ● 因子分析と同様に，得られた次元解の布置の解釈が可能であるかどうかも重要である。
(4) 結果の解釈	● 得られた座標軸は回転可能であり，新たに次元解釈のための軸を刺激のもつ属性情報より重回帰分析によって求めてもよい。詳細は高根（1980）を参考に。 ● 座標軸にもとづいた解釈ではなく，布置上で互いに近くに位置づけられた刺激どうし（刺激の近接関係）の共通属性から結果を解釈する方法もある。

するにあたってはいくつか注意しなければならない点がある。表13-5に多次元尺度法を利用するにあたっての注意点を整理しておいたので参考にしてほしい。

3　多次元尺度法の応用例——情動カテゴリー

情動カテゴリーを扱った研究である齊藤（1999）から，情動語を刺激として多次元尺度法を適用した例を紹介する。まず，基本情動カテゴリーに含まれる情動語20語から2つを対にして被験者（167名）に呈示し，非類似性判断を求めた。非類似性判断は，2つの情動語が「似ているか」「似ていないか」の2件である。非類似性判断は，20の情動語のすべての組み合わせ（190対）について行われた。非類似性データは，上記の各対の非類似性判断から似ていないと判断した人数を非類似性の測度とした。非類似性の測度としては，人数ではなく，似ていないと判断した人数の割合でもかまわない。

上記のデータを多次元尺度法に適用した結果，次元数とストレスの変化や2次元解におけるストレス値が0.14であったことから，十分に小さい値ではないが次元の解釈を考慮し，2次元解を採択した。また，距離とディスパリティとの関係もほぼ直線的であることからモデルとデータが適合していると判断した。図13-5に2次元解の情動語の空間配置を示しておいた。その結果，次元1は，「満足」「安心」と「不機嫌」「恐ろしさ」が対極に位置していることから「評価」の次元であると考えられ，次元2は，

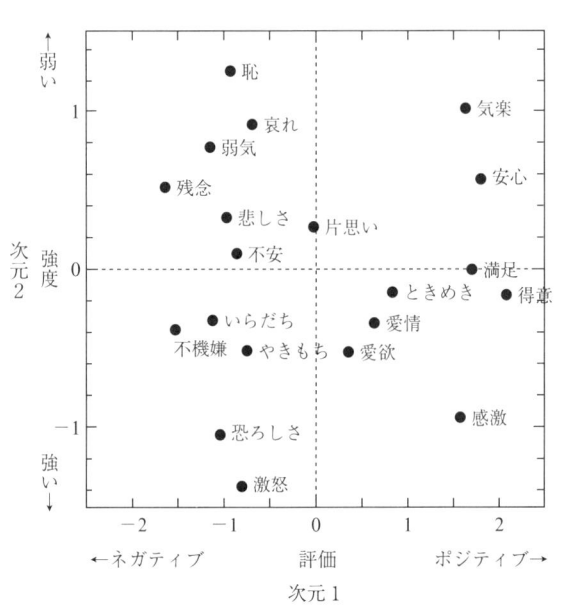

図13-5　MDSを適用して得られた情動語の空間配置（2次元解）

「激怒」と「哀れ」が対極に位置していることから「強度」の次元であると考えられる。この結果は，基本情動を扱った多くの先行研究と一致した結果となっている（トピックス8参照）。

応用例に関しては，以上のような結果が得られたが，一般的に多次元尺度法によって得られた布置については，回転に関する不定性が存在することから，求められた次元をそのまま解釈する必要はない。したがって，上記の結果についても，各次元をやや傾けた新たな軸を設定した方が，説得力のある解釈が可能となるかもしれない。このように，刺激のもつ属性情報から，新たな解釈のための軸を設定する方法としてベクトルモデルがある。具体的な手続きは高根（1980）を，応用例は犬飼ら（1977）を参照してほしい。

3節　今話題の多変量データ解析法とは

この章ではまず，SD法で利用する多変量データ解析法として探索的因子分析を紹介したが，SD法で得られるような3次元データの場合，そのデータ構造を生かした解析方法が提案されている。ひとつが，**3相因子分析**（three mode factor analysis, parallel factor analysis；相とは，分析したい興味の直接的な対象となる集合のこと）である。すなわち，被験者×刺激×形容詞対といったデータ構造のまま因子分析を行う方法である。ただし，SD法のデータがいつも3相因子分析のモデルに適合するとは限らず，また結果の解釈も難しいので，利用には注意が必要である。その他，3相データを生かしたSD法の解析法として土屋（1996）の方法も魅力的である。

本章で紹介した因子分析に関連し，心理学や社会学を中心に多くの変数間の因果関係を分析する手法として利用されている多変量データ解析法として，**共分散構造分析**（convariance structure analysis）あるいは**構造方程式モデリング**（structural equation modeling）とよばれる手法がある。また，計量心理学の分野において共分散構造分析とともに活発に研究が行われている手法として**項目反応理論**（item response theory）がある。これは，テストの各項目に正答する確率を潜在変数である被験者の能力の関数として表し，困難度や識別力といった各項目の特徴を表す指標を求める方法である。

2節で紹介した多次元尺度法については，その他のモデルとして，個人ごと

あるいはグループごとに刺激間の非類似度データがある場合，個人差を各次元への重みとして表現する個人差多次元尺度法がある。また，データが刺激×変数といった構造をもつ場合，刺激と変数を多次元空間に位置づける**多次元展開法**（multidimensional unfolding）といった方法もある。その他，**最尤推定法**を利用した最尤多次元尺度法や非対称な非類似性データを扱う**非対称多次元尺度法**もある。

このように，因子分析も，多次元尺度法も，新たなモデルが数多く提案されているので，定番通りの解析法に加え，自分のデータにあった解析方法がないかを検討してほしい。もし，既存の方法では満足できないのであれば，自分で新しい方法を提案すればよい。認知心理学では新しい研究テーマが続々と登場するにもかかわらず，そこで用いられる方法は意外と古典的である。これはある意味で認知心理学研究が発展段階であるといってよく，新たな研究法の開発によって斬新な研究が数多く出現する可能性がある。これからの認知心理学研究の発展のためには，統計的な手法を含めて，新たな研究法の開発が望まれるところである。

▶ブックガイド

岩下豊彦　1983　SD法によるイメージの測定　川島書店
　　SD法に関するオズグッドの考え方やSD法を利用したさまざまな研究領域での応用例を紹介している。
神宮英夫　1996　印象測定の心理学　川島書店
　　官能検査で用いられている技法を利用して印象を測定する方法について数多くの応用例をもとに解説を行っている。
鎌原雅彦・宮下一博・大野木裕明・中澤　潤　1998　心理学マニュアル　質問紙法　北大路書房
　　卒業研究などで質問紙法を利用するにあたって必要な理論や技法について具体的な例も示しながらていねいに解説を行っている。
繁桝算男・柳井晴夫・森　敏明　1999　Q & Aで知る統計データ解析――DOs and DON'Ts　サイエンス社
　　統計的手法を利用するにあたって，従来の統計学の本では明確に述べられていなかった問題点や疑問点に関してていねいに解説を行っている。
柳井晴夫　1994　多変量データ解析法――理論と応用　朝倉書店
　　難易度は高いが，心理学で利用するほとんどすべての多変量データ解析法について簡単な例とともに理論を中心に紹介している。

トピックス13

ファジィと認知心理学

「ここにあるお菓子，少し食べてもいい？」「ちょっとだけならいいよ」「ありがとう。それじゃ，いくつかもらっていくよ」……のような会話は日常的によく聞かれる会話であるが，よく考えると不思議である。「少し」「ちょっと」「いくつか」は何個以上何個未満といった厳密な定義があるわけではないにもかかわらず，お互いに理解しあえているからである。このように，人間はあいまいな情報をあいまいなまま理解，処理しているにもかかわらず，そのためにかえって，状況に応じた柔軟で適応的な行動が可能になっている。このような人間独特のあいまいな判断様式を定量化し，システムに取り込もうとしたのが**ファジィ理論**である。

しかし，人間特有のあいまいで大雑把であるが適応的な問題解決能力をまねようとする計算パラダイムはファジィ理論の他にも多く存在する。そこで最近は，このような計算パラダイムを包括して**ソフトコンピューティング**（soft computing）とよんでいる。この場合のsoftとhardは，softwareとhardwareというよりは，厳密さと正確さを要求せずに問題解決ができる方法論か否かというような対比で使われている。一般には，ファジィ理論の他に，ニューラルネットワーク，遺伝的アルゴリズム，カオス，確率推論などが含まれる。

そのソフトコンピューティングの代表的な技法であるファジィ理論は，ザデー（Zadeh, 1965）の**ファジィ集合**の理論に始まる。ファジィ集合は，認知心理学におけるロッシュ（Rosch, 1973, 1975）の**プロトタイプ理論**とほぼ対応している（9章参照）。プロトタイプ理論は，ある概念の事例は，その概念に典型的な事例であるプロトタイプから，その概念に含まれるのか含まれないのかはっきりしない周辺的な事例まで，典型性の程度に違いがあることを主張している。この典型性の程度を［0，1］の連続的な値をとる**メンバーシップ度**と置き換えれば，ほぼファジィ集合と対応する。自然言語や概念のあいまいさをファジィ集合論にもとづいて考察した研究が認知心理学のなかでも数多く報告されている（山下，1992a，1992bを参照）。

しかし，工学の分野において，ファジィ制御を用いた地下鉄の自動制御，ファジィエキスパートシステムによる医療診断など，ファジィ理論の普及と実用化を可能にしたのは，ファジィ集合そのものではなく，**ファジィ推論**の発展によるところが多い（山下，1997参照）。

推論とは一般に，いま知られているいくつかの事実から何らかの新しい事実を見出すことをいう。もっとも代表的な推論である**三段論法**の例として，

　　規則：人間は死ぬ
　　事実：ソクラテスは人間である
　　結論：ソクラテスは死ぬ

というのがある。規則の部分をもう少し形式的に書き直すと、「A（xが人間である）ならば、B（xは死ぬ）である」（Aを前件部、Bを後件部という）となるので、推論形式を定式化すると、

規則：AならばBである
事実：Aである
―――――――――――
結論：　　　Bである

のようになる。以下、これを簡単に

規則：$A \Rightarrow B$
事実：A
――――――
結論：　　B

と表す。

これからもわかるように、一般に推論は、規則の前件部と入力された事実が一致しているかどうかによって、結論を得るものである。このような記号にもとづく推論を**記号推論**という。

ところが、私たちが日常的に行っている多くの推論は、

規則：もし疲れているならば、睡眠をとればよい
事実：彼は非常に疲れている
――――――――――――――
結論：彼は十分な睡眠をとる必要がある

のように、規則の前件部Aと新たな情報である事実が完全には一致せず、状況に応じて非常に多様に変化する。すなわち、

規則：$A \Rightarrow B$
事実：A'
――――――
結論：　　B'

のような推論を日常的に行っているのである。このように前件部が微妙に異なるすべての規則を、人間が知識として記憶していくとは考えにくい。むしろ、人間は規則の前件部と新たに得られた情報である事実との間の一致やズレを絶妙にとらえて、後件部を修正していると考える方が自然であろう。

このような日常的な推論をモデル化するのにファジィ推論が用いられる。ファジィ推論では、A, A', B, B'をファジィ集合で表し、規則の前件部Aと事実A'がどれくらい一致しているかを、ファジィ集合AとA'の一致度によって表し、その一致度によって規則の後件部Bを修正して結論とするものである。

ただし、実際のファジィ推論では、次の例のように、複数の規則から構成されるのが普通である。

規則1：若い人は、普通の睡眠時間で十分である
規則2：中年は、十分な睡眠時間が必要である
事実　：彼はほぼ30歳である
―――――――――――――――
結論　：彼は？

この場合、「ほぼ30歳」が「若い人」にも「中年」にもある程度属するので、全体の結論は各規則の結論の和集合となる。

もともとファジィ推論は、「車間距離が小さくて、スピードが速いときには、少し強めにブレーキを踏む」といったような自然言語の形式で蓄積されている熟練オペレータの知識を、システムの中に取り込もうとして開発されたものである。だからこそ、ファジィ推論は人間の認知過程、とくに意思決定過程をモデル化したり、考察したりするのに有効なツールとなると思われる（山下, 1997）。

14 章
ヒューマンエラーとヒューマンインタフェース

　1999年1月Y大学附属病院で患者を取り違えて手術をしてしまう医療事故が発生した。このような事故をはじめ，人間の犯したミスによって重大な事故につながるケースが後を絶たない。なぜ，人間はミスを犯してしまうのだろうか。人間の認知的過程を探ることによって，そのメカニズムが明らかになるのだろうか。

　ただし，ここで考えておかなければならないことは，事故の発生は人間側の問題だけではなく，人間が利用する機器やシステムの方に問題があるケースもかなりあるということである。たとえば，よく似た形状の薬瓶があると，薬瓶を間違えて違う薬を投薬してしまうことも考えられる。しかし，形状を工夫してまったく違う形にしておけば，人間はエラーを犯さないですんだかもしれない。Y大学附属病院のケースも当事者のミスだけですますわけにはいかない。

　このような問題は，私たちが日常的に利用している機器においても，同様に存在する。使い方がわからないとか，間違った操作をしてしまうというようなことは，人間の問題ではなく，人と機械とのインタフェースがうまくいっていないせいである。ヒューマンエラーの背景には，操作ミスを犯しやすいシステムであったなどのインタフェースの問題であることが多い。

1節　認知心理学からみたヒューマンエラー

　ヒューマンエラー（human error）は，「人間が原因で生じたエラー」であると定義することは簡単だが，具体的にどのような場合がヒューマンエラーであるかを定めるのは難しい。たとえば，人間がボタンを押し間違えてしまった場合，2つのボタンの色の識別が人間では困難であると，たとえ人間が原因であっても，ヒューマンエラーとは考えられない。一方，マニュアルの読み違いで

マニュアルとは異なった手順を実行してしまった場合は，一般にヒューマンエラーだと考えられる。しかし，2つのケースとも，認知心理学の立場からすると，人間が通常の行動過程からずれたことをやってしまったわけではない。前者は人間の能力限界外のことであり，後者の場合も，マニュアルの記述に読み間違いを誘発するようなものがあったかもしれない。つまり，人間の認知的特性を考えれば十分に起こりうるケースであった。ここでの「読み間違い」はエラーではなく，人間の認知処理過程からすれば，その過程通りに行った結果であった。読み間違ったからエラーではなく，ある色の識別ができないのと同様に，それは人間の基本的特質であったにすぎない。マニュアルに物理的に書いてあれば，人間は読めるはずであって，読めなかったのは人間のせいだとするわけにはいかない。

　感覚レベルのような低次の認知過程によって引き起こされたエラーはヒューマンエラーではなく，機械などの設計の方に原因が求められることが多い。しかし，一方で，一見不合理にみえる高次の認知過程（書いてあるのに読み間違えてしまうなど）に関しては，それが人間の基本的な認知特性であるという市民権を得ていないため，それによって引き起こされたエラーをすべてヒューマンエラーだと考えてしまいがちである。エラーの生起を認知過程のなかで横道にずれた過程であると仮定してはならない。ある観点からみたとき，エラーであるかもしれないが，それは人間の通常の認知過程での出来事にすぎない。本質的な原因は機械や組織の側にあることが多い。

　エラーや事故の問題を考えるときに人間と機械とに分けるのではなく，人間と機械とのかかわりの**マン・マシン・システム**全体として考えていかなければならない。あるシステムのなかのひとつの**エージェント**として，「人間」というある特性をもったシステムが存在しているにすぎない。人間は，他のエージェントである機械や社会的組織などと相互にかかわりをもってふるまっている。そのふるまいの特徴を十分に考慮したうえで，全体システムとしてエラーをどう防止できるかを考えていかなければならない。そのとき，人間というエージェントの特性を知るうえで重要な役割を果たすのが認知心理学である。

2節　認知過程としてのヒューマンインタフェース

ヒューマンインタフェース（human interface）とは，人が機械を操作するときに，人と機械の介在の役割を果たすものをさす。これが，機械の使いやすさである**ユーザビリティ**（usability）を左右する。このインタフェースの問題を，工学の立場からではなく，認知心理学的にアプローチしていこうとする学問分野は，**認知工学**（cognitive engineering）といわれる（Norman, 1986）。ここでは，インタフェースにおける認知工学的アプローチを紹介していく。

1　理解とインタフェース

利用者は機器に関する概念的なモデルを構築し，その枠組みをもとに機器のしくみを理解し機器を利用しようとする。この概念的なモデルをノーマン（Norman, 1983）は**メンタルモデル**（mental model）とよんだ。たとえば，機器についてよく知らない人でも，どう操作すべきかという問題に直面したときに，きっと，このようなしくみになっているのだろうという仮説を考えて，操作をしようとする。意識はしていなくても，必ずそのような理解のための仮説を立てて行っている。この理解のための仮説がメンタルモデルである。メンタルモデルは，利用者が固定的に頭の中に有しているものではなく，変化しうるものである。利用者が実際に機器を利用したり，マニュアルを読んだりすることによってメンタルモデルは変化する。

メンタルモデルは利用者だけではなく，設計者も有している。利用者のメンタルモデルが設計者の想定したメンタルモデルと同じであるとうまく使いこなすことができる。設計者は，自分の思い描いた機器に関するメンタルモデルを実際の機器やマニ

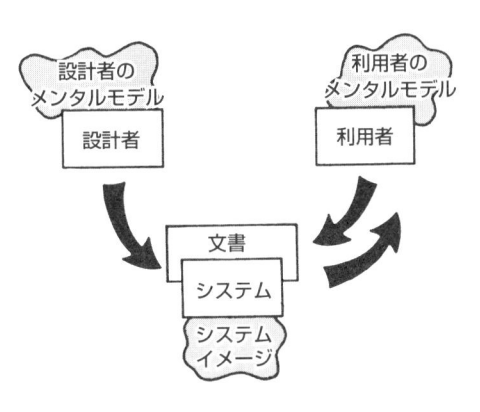

図14-1　利用者のメンタルモデルと設計者のメンタルモデル（Norman, 1983）

ュアルに反映している。設計者のメンタルモデルがうまく機器やマニュアルに反映されていれば，利用者も機器やマニュアルを通してきちんとメンタルモデルを構築することができる（図14-1）。機器操作において，メンタルモデルは，必ずしも実際の機器のしくみや課題について完全に理解したものを構築する必要はない。メタファーであったり，ある部分はブラックボックスとして理解していてもかまわない。

2 学習とインタフェース

ラスムッセン（Rasmussen, 1986）は，人間の行動が何によって制御されるかによって，3つに分類したモデルを提起している（図14-2）。

人間が熟達した場合とそうでない場合で行動を制御するメカニズムが異なるはずである。使い慣れ十分学習された機器の操作は，意識せずにやっており，かなり自動化された行動である。このような行動は十分にスキルが確立されているため，**スキルベース**（skill based）の行動であると考えられる。

しかし，あまりやり慣れていない機器操作はそうではない。ひとつひとつ自分で手順を確認しながら行っていく。これは，if～thenルールのように，こ

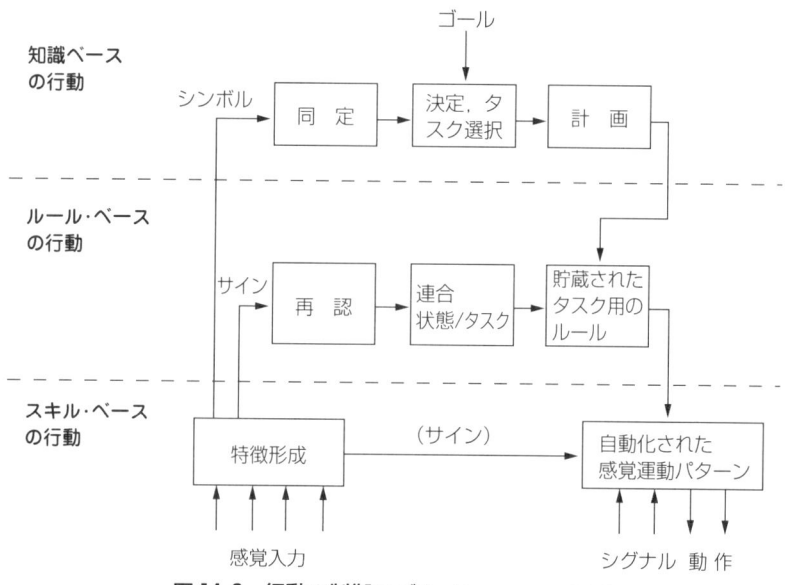

図14-2 行動の制御モデル（Rasmussen, 1986）

の状況のときはこれを行うという形で行動が進められる。これを**ルールベース**（rule based）という。

最後は、スキルも確立されていないし、ルールもわからない場合に行う行動である。たとえば、ワープロしか使ったことがない人が、コンピュータにはじめてふれたときには、どうやっていいのかわからない。しかし、同じ電気製品だから、電源を入れるだろう。また、メニューは出てこなかったけど、ここに「スタート」と書いてあるから、これを押せばいいのかななどと、考えながらやっている。ここでは、ルールベースのように、すでにわかっている手順を確認しながらやっているのではなく、自分の過去の経験を頼りにして、過去の知識を利用しながら、どのような手順でやるのか**知識ベース**（knowledge based）で考えながら行っている。

3　コミュニケーションとインタフェース

機器操作においては、利用者が機器に対して何をしてほしいのかを伝達し、機器は利用者に対して、どのような操作をしてほしいかを伝達する。つまり、機器と利用者の間でのコミュニケーションを行っている（松尾，1999）。人は、道具や機械を使って仕事をしようとする。道具や機械を使う場合に人間が直接かかわるのはその道具や機械であって、仕事をしたい対象には直接かかわらない。仕事対象にかかわるのは道具や機械である。したがって、人と道具・機械の間、道具・機械と仕事世界の間の2つのインタフェースを考えなければならない（図14-3）。前者は**操作のインタフェース**、後者は**制御のインタフェース**といわれる。佐伯（1988）は、前者を第一接面、後者を第二接面とよび、インタフェースを両者の連携・結合の問題であると考えている。たとえ

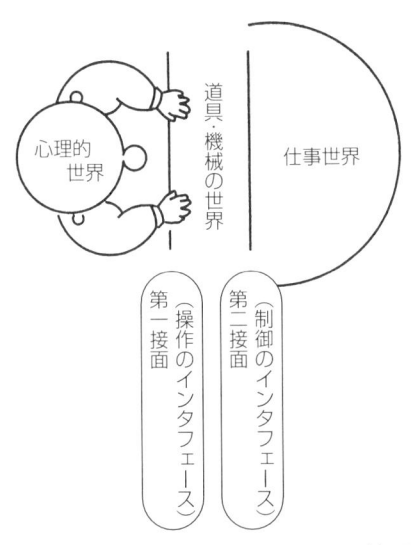

図14-3　インタフェースの2つの接面
（海保・原田・黒須，1991より改変）

ば，クレーンゲームでは，人がボタンを押すという操作が必要で，これは操作のインタフェースである。ただ押すだけなので操作のインタフェースは難しくはない。しかし，それがどのように対象の制御（ぬいぐるみを，つかむ，はなすなど）に結びつくかは難しいところであり，それは制御のインタフェースの問題である。クレーンゲームの場合はゲームであるため，わざと制御のインタフェースを難しくしてあるが，実際のクレーンでは，両者のインタフェースをうまく設計しなければならない。

コンピュータなどのような最近の機械は対象世界が見えなくなっていることが多い。どのような操作をしたら，コンピュータ内部でどのような処理がなされているのかがわからなくなってしまっている。つまり，機械とのコミュニケーションをうまくとることができないのである。

4 使いやすいインタフェース
a 新たな学習を要求しないインタフェース

どのような操作をすればよいかは自分の知識を駆使して，考えなければならないが，選択肢を少なくし，制約を設けたり，**アフォーダンス**（affordance；序章参照）を与えるような自然にわかるインタフェース（Norman, 1988）にすれば，学習の負担は少なくてすむ。コンピュータとのインタフェース（**HCI**：Human Computer Interaction）においては，さまざまなタイプのインタフェースが設計されている（たとえば松尾, 1999）が，そのなかでも学習を必要としないのは，機械主導のメニュー・インタフェースである。メニュー形式は，メニューに対して，答えていけばよいので，次にどのような操作をすればよいのかを利用者が考える必要はない。決まりきった作業の場合は，メニュー主導型がよい。たとえば，コンピュータソフトをインストールする作業などはメニュー主導型で，コンピュータから出てくる指示通りに進んでいくだけでよい。このような場合，利用者は操作のインタフェースだけに注目しておけばよく，コンピュータの中でどのようなことがなされているかを知る必要がない。つまり，制御のインタフェースはわからなくてもよい。このようなインタフェースは秘書型システムといわれる（海保・原田・黒須, 1991）。表14-1に，学習を必要としないインタフェースの例をあげた。

14章 ヒューマンエラーとヒューマンインタフェース

表 14-1 新たな学習を必要としないインタフェースの例

メニュー型 HCI	機械のメニューにしたがっていけば考えなくてもよい
制約	やっても意味がない操作などをできないようにしておく
自然な対応づけ	機器とスイッチなどの対応関係が自然にわかるようにする
デフォルト値	特別な設定が必要なければ，これでよいという省略値を設ける
アフォーダンス	見ただけでどのような操作をすればよいのかわかるようにする
秘書型システム	しくみがわからなくてもよいシステム

b　メンタルモデルの構築を支援するインタフェース

　前に述べたように機器を利用する際に利用者は，機器についてのメンタルモデルを構築している。そのメンタルモデルが正しければ，機器は利用しやすくなるはずである。そのためには，メンタルモデルの構築支援が必要である。たとえばメニュー主導形式は新たな知識を必要としないが，次に何が出るかわからないという欠点がある。利用者はただ応答していくだけになってしまい，全体的枠組みがみえてこない。そこで，穴埋め型のインタフェースが利用される。これは，設定すべき項目をウィンドウ画面の中にすべて提示し，各項目についてカーソルやマウスで移動しながら項目設定を行うというものである。このような場合は，全体で何を設定すればよいかが一目でわかり，全体像もみえてくる。

　操作手順が少ないとか，考えなくてよいというのは，手順が決まりきっているような場合は問題ないが，トラブルの発生などには対処できなくなる。したがって，ある程度機械のことを理解して使った方がよい。そのためマニュアルなどもただ操作手順を示すだけではなく理解を助けるマニュアルが必要となる。その他にもメンタルモデルの構築支援をするインタフェースの例を表 14-2 にあげた。

c　楽しいインタフェース

　「使っていて楽しい」ことがよいインタフェースにおいてはとても重要である。そのためには，機械に使われているのではなく，自分で使っているという

表 14-2 メンタルモデル構築支援のインタフェースの例

穴埋め型 HCI	設定項目をすべて表示し，全体像がわかるようにする
メタファー	利用者の既有の知識の喩えで理解できるようにする
視覚化	内部で生じていることが見えるようにする
理解型マニュアル	操作だけの説明ではなく，しくみが理解できるような説明をする

表14-3　楽しいインタフェースの例

ダイレクトマニピュレーション	対象世界にかかわっているという感覚がもてる
ショートカット	メニューを探さなくてもよい
道具型システム	しくみがよくわかって手足のように使える

自己効力感をもたせることが大切である。マウスでファイルのアイコンを直接操作することによってファイルの削除や移動ができるような**ダイレクトマニピュレーション**（direct manipulation）のインタフェースは，自分が直接対象にかかわっているというエンゲージメントを高くもつことができる（Hutchins, *et al.*, 1986）。そのため，自己効力感が高い。そのようなインタフェースは，**メタファー**（metaphor）をうまく利用していて（たとえば，ゴミ箱にファイルをすてるなど），その世界の中で自分がかかわっているという感覚をもたせる工夫がなされている。

　また，熟達者にとってはメニュー形式のインタフェースなどは使い慣れてくると，かえって面倒だと思うことがある。そこで，メニューを選択しなくても特定のキーを押すだけで操作できるようなショートカット機能をもたせておけば，熟達者にとっても使いやすいインタフェースとなる。熟達してくると，キー操作を意識せずに直接対象にかかわっている感覚となる。これは操作のインタフェースを意識しないで，制御のインタフェースだけに着目した利用である。文字通り機械を手足のように使いこなせるようになり，道具型システムといわれる（海保・原田・黒須，1991）。このように，学習の程度に応じてどのようなインタフェースが適切かまでも考える必要がある。楽しいインタフェースの例を表14-3にあげた。

3節　認知過程としてのヒューマンエラー

1　ヒューマンエラーの分類

　ノーマン（Norman, 1981）は，エラーが認知過程のどの時点で生じるかによって，エラーを分類した。人間が行為を行う過程は，大きく分けると，何をすべきかの意図形成段階，それを実行に移す段階の2つに分けられる。ノーマンは，最初の意図形成段階において，意図そのものを誤ってしまう場合のエラーを**ミステイク**（mistake）とし，行為を実行している段階でのエラーを

スリップ（slip）と区別した。さらに，スリップについては，行為系列の **ATS**（Activation-Trigger-Schema）**理論**にもとづいた分類を行っている。ATS理論では，人間の行為を次のように説明している。まず，ある行為を行うという意図が形成される。そして，それに関連したスキーマが選択され活性化がなされる。次に，そのスキーマが利用可能な状態になったときに，トリガーメカニズムがはたらいて，実際に行為に至る。これらの意図形成，スキーマ選択，トリガーの各段階のどこでエラーが発生したかによってエラーを分類している。ATS理論による行為の段階と主なスリップの分類を図14-4に示した。

また，リーソン（Reason, 1990）は，ミステイクとスリップだけではなく，**ラプス**（lapse）というエラー分類を新たに設けている。ラプスはスリップと同様実行段階のエラーであるが，行為として表に出てくるものではなく，記憶の失敗のように内的な過程の中で生じるものである。一方，スリップは外から観測可能なもので行動として表に出てくるものである。さらに，それらのエラーをラスムッセンの行動制御モデルと関連づけ，**包括的エラーシステム**

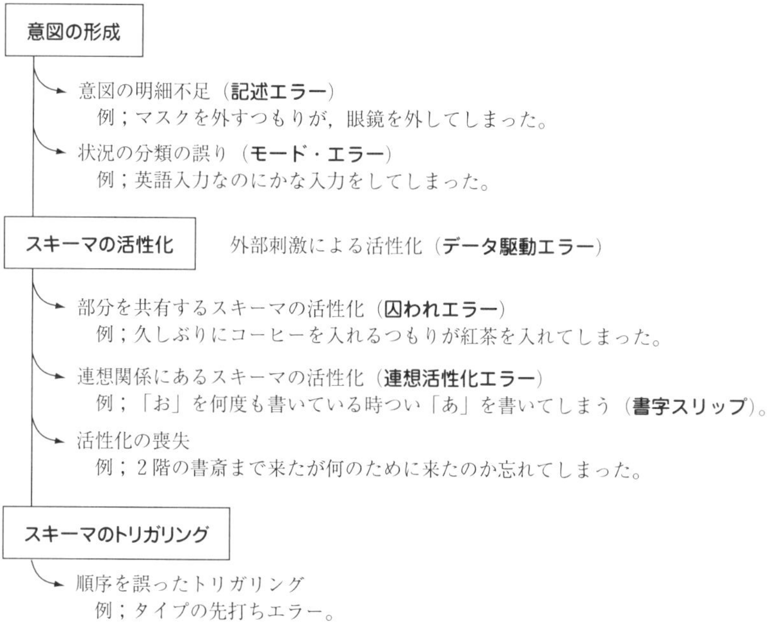

```
意図の形成
  ↳ 意図の明細不足（記述エラー）
      例；マスクを外すつもりが，眼鏡を外してしまった。
  ↳ 状況の分類の誤り（モード・エラー）
      例；英語入力なのにかな入力をしてしまった。
スキーマの活性化    外部刺激による活性化（データ駆動エラー）
  ↳ 部分を共有するスキーマの活性化（囚われエラー）
      例；久しぶりにコーヒーを入れるつもりが紅茶を入れてしまった。
  ↳ 連想関係にあるスキーマの活性化（連想活性化エラー）
      例；「お」を何度も書いている時つい「あ」を書いてしまう（書字スリップ）。
  ↳ 活性化の喪失
      例；2階の書斎まで来たが何のために来たのか忘れてしまった。
スキーマのトリガリング
  ↳ 順序を誤ったトリガリング
      例；タイプの先打ちエラー。
```

図14-4 ATS理論による行為の段階と主なスリップの分類と例（海保・田辺，1996より改変）

表 14-4　行動制御モデルとエラーの関係　(Reason, 1990より作成)

行動の制御	エラーの分類	失敗モード	パフォーマンス
スキルベース	スリップ，ラプス	監視の失敗	不注意，注意のしすぎ
ルールベース	ミステイク	問題解決の失敗	ルールの適用ミス，誤用
知識ベース	ミステイク	問題解決の失敗	認知的合理性，不確かな情報によるメンタルモデル

(Generic Error-Modelling System) を提案している。このモデルでは，表14-4にあげたように，知識ベースやルールベースでのエラーはミステイクであり，問題解決による失敗と考えられ，スキルベースでのエラーはスリップやラプスであり，監視の失敗と考えられている。スキルベースのエラーは不注意や注意のしすぎによるもので，ルールベースでのミステイクは，ルールの選択の誤りや適用の仕方の誤りである。知識ベースでのミステイクは，情報が不完全で正しいメンタルモデルが構築されなかったり，**錯誤相関**などの認知的バイアスによるものと考えられている（たとえば，あるトラブル時に，関係のない対処法が有効だと思い込んで，それを実行したがために，かえって事故を招いてしまうなど）。

2　ヒューマンエラーをなくすには
a　メタ認知とクリティカルシンキング

　人間は，エラーを起こしてしまったことにすぐに気づくことがある。あるいは，自分が今考えている考えが違うようだと感じることがある。自分が頭の中で考えている過程を，もうひとりの自分が監視している。このような認知的特性のことは**メタ認知**（metacognition）とよばれている。メタ認知機能をうまくはたらかせることができれば，ある行動をしようとしているときに，これはエラーを引き起こすのではないかともうひとりの自分が気づくはずである。

　メタ認知機能は，意識してはたらかせることが必要である。自分が行おうと考えている行動が間違っていないかどうか再吟味する。このボタンを押そうと考えたが，それはミステイクかもしれない。正しいと思い込んでしまっているだけではないかと考える必要がある。このような姿勢は，**クリティカルシンキング**（critical thinking）の考え方に通じるものがある（たとえば，Zechmeister & Johnson, 1992）。クリティカルシンキングとは，疑いの心をもって懐疑

的に批判的にものごとを考えるという思考法である。クリティカルシンキングの考え方は，看護過程などにすでに応用されている。看護は，患者に対してどのような処置がもっとも適切であるかの判断が迫られる場面であり，一歩間違うと医療事故につながる危険性をはらんでいる。そのため，クリティカルに思考することが要求される。機器を操作する場面においてもクリティカルシンキングを活用すれば，ヒューマンエラーを防ぐことができ，さらには重大な事故につながる可能性をも断つことができよう。

b 外的手がかり

エラーをなくすことをめざしたエラーフリーな設計にとって重要なことは，人間に対して外的手がかりを与えるということである（松尾，2000）。たとえ，クリティカルな思考が可能であっても，それは，所詮，その個人の主観的な判断にすぎない。主観的に自分が行っている行動の確信度が高ければ，エラーを誘発する行動であっても，その行動を選択してしまう。エラーの対策にとってもっとも重要なことは外から気づかせることである。そのためには，制約や自然な対応づけの設計をすることが必要である。さらに，たとえ外的な手がかりが準備されていたとしても，実際に利用できるものでなくては意味がない。わかりにくいマニュアル，わかりにくい表示，形式だけのチェック体制など，しくみとしてはあるのだが，使いにくいため使っていないのであれば，エラー対策は意味がない。

c 「温かい」認知

クリティカルな思考が可能であっても，緊急を要するような事態においては，十分に行動の吟味をすることができない。また，作業が単調でやっていて楽しくない場合などにも，通常の認知的過程がうまくはたらかないことが十分に考えられる。どんなに優れた認知過程をもった人間であれ，あるいは，外的手がかりによるエラー防止を備えたインタフェースであっても，人間は機械とは同じではないため，動機づけや情動に左右される。パニック時や機器操作が楽しくないときは，自分がもっている能力の範囲内でなんとかやってみようとするのではなく，投げ出してしまったり，まったく無謀な行動に出てしまうことにもなりかねない。

認知心理学では，人間の認知過程を機械の情報処理のアナロジーとしてとらえている。しかし，人間は自分のもっている情報処理能力をいつも十分に発揮

できるとは限らない。単純で単調なおもしろくない作業が続けば，嫌気がさしてやめてしまったり，注意が低下してしまいかねない。機械であれば投げ出すことなく，淡々と作業を続けるだろう。人間の認知過程を単なる機械のアナロジーとしてみてしまうのを**「冷たい」認知**とよぶことがある。人間を一種の情報処理マシンとしてしかみないとらえ方である。しかし，実際の人間の行動は，「冷たい」認知過程だけでは説明できない。動機づけや情動の側面を念頭においた認知過程をとらえる必要がある。それを**「温かい」認知**とよぶ（海保，1997）。実験室の中での出来事を説明するには，人間の「冷たい」認知だけでとらえればすむかもしれないが，機器を操作する現場におけるヒューマンエラーやヒューマンインタフェースを考えていくうえでは，「温かい」認知の側面も考慮しておく必要がある。

▷ブックガイド

松尾太加志　1999　コミュニケーションの心理学——認知心理学・社会心理学・認知工学からのアプローチ　ナカニシヤ出版

　　人間と機械との関係を人と機械とのコミュニケーションとしてとらえ，具体例を交えながら，わかりやすく解説してある。

海保博之・原田悦子・黒須正明　1991　認知的インタフェース——コンピュータとの知的つきあい方　新曜社

　　この分野の小事典ともいうべきもので，ほとんどのことがらが網羅してある。各項目について簡潔に解説されているので，ちょっと調べものをするときには，重宝する。

海保博之・田辺文也　1996　ヒューマン・エラー——誤りからみる人と社会の深層　新曜社

　　「認知的インタフェース」の「ヒューマン・エラー」版。ヒューマンエラーについて，さまざまなトピックをとりあげて説明してある。

ニールセン，J.　1993　篠原稔和（監訳）三好かおる（訳）1999　ユーザビリティエンジニアリング原論——ユーザーのためのインタフェースデザイン　トッパン

　　ユーザビリティに関しては，まさに，「原論（邦訳）」にふさわしい書籍。巻末には，練習問題，豊富な文献集があり，より勉強を深めていこうとするには好適の一冊。

ノーマン，D. A.　1988　野島久雄（訳）1990　誰のためのデザイン？——認知科学者のデザイン原論　新曜社

　　ノーマンの名著 POET (*The Psychology of Everyday Things*) の邦訳。日常的な具体例を豊富に紹介しながら，それでいて学術的な考察にもとづいた好著。

トピックス14

大規模プラントとヒューマンエラー

人間は知覚に錯覚を生じたり，典型的あるいは利用しやすい情報のみにもとづいて推論や判断をしたりしやすい。予定していた行為のやり忘れや記憶再生の間違いも日常的に生じる。また，認知資源をできるだけ節約できるように，慣れ親しんだ手順によって行動しようとする（海保・田辺，1996）。これらは人間本来の認知特性にもかかわらず，正確な操作と判断を常に求められるプラント制御時などの状況では，大事故を起こす誘因になりかねない。事実，システムの技術的信頼が増すにつれて，相対的にヒューマンエラーが事故原因となる比率が増加している（Reason，1990）。とくにシステムの信頼を高めるために行うはずの保守作業では，多様なヒューマンエラーが現れる（電力中央研究所，1999）。修理，検査などの保守作業は，プロセスから人間を遠ざけようとする自動化とは相対する，人とプロセスが直接ふれあう場だからである。

大規模プラントというと，製鉄工場，化学プラント，原子力発電所などを思い浮かべるだろう。ここでは，大規模プラントそれ自体がヒューマンエラーを誘発する特徴をいかに多く備えているかを紹介したい。まず，大規模システムの3つの特徴（Dörner，1989）とそれらが人間と機械の関係にもたらす影響を考えてみよう。

第1の特徴は**複雑性**である。システムにはさまざまな技術が集積しており，相互に作用しあう複数のサブシステムから成り立っている。工学的に安全性を高めるために装備されたさまざまな安全装置はシステムをいっそう複雑にしている。システムが複雑になると，故障した一部分だけを隔離できない，潜在的に作用しあうパラメータが多くて，ひとつの操作の影響をすべて把握しきれないなど，操作者・保守作業者にとっては扱いにくく，多重故障を生み出しやすい。

第2は**内部動特性**である。システムの状態は操作者の意図とは別に，時間とともに変化するという特性があるため，上記の複雑性，次に述べる遠隔プロセス制御の特性とあいまって，操作者にはシステム状態の推移の予測が困難で，適切な判断が難しい。

第3には，システムが**遠隔プロセス制御**（図1）を受けていることである（Sheridan，1997）。遠隔プロセス制御では，大半のシステム制御は計算機システムによって**自動化**されていて，システムの挙動の知覚と制御は計算機システムにまかされている。操作者は計算機から提示される情報からシステム状態を予測し，必要に応じて，制御に対応するコマンドを計算機に入力する。この制御システムがヒューマンマシンインタラクションにもたらす特徴としては，ひとつには操作者はシステムの状態変化を直接目で見ることはできないという，システム状

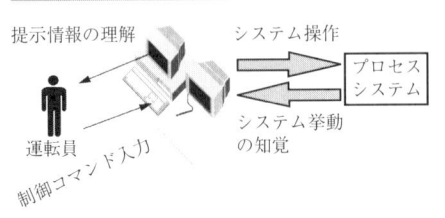

図1 遠隔プロセス制御（Sheridan, 1997より一部改変）

態の**不透明性**があげられる。もうひとつは自動化によって，操作者の通常作業は**単調なシステムの監視**が主となっているのに対して，異常時には，**知識にもとづく推論，手動運転，想定外の課題**が課せられる可能性があることである。前者では，操作者がエラーを犯しても気づかれぬまま，潜在的エラーがシステム内部に長時間蓄積し，後に重大事故の誘因になる。後者では，通常作業と同じ操作者に対して，通常作業とは質量ともに異なる注意力が求められ，大きな作業ストレスがかかるという矛盾を含む（佐々木・箱田，1991）。

安全管理の面からみても大規模プラントは特異な特徴をもつ。いったん事故を起こせば，その影響は操作者やプラント内にとどまらず，地域住民や環境への影響（地域外部性）が生じる可能性がある。原子力プラントの場合には，放射線の長時間／次世代への影響（時間外部性）も存在する。したがって，安全性の確保は最重視されるべきである。

一方，プラント建設には巨額の投資を必要とするので，そのコスト回収のためにはプラントの稼働率をあげなければならない。原子力発電プラントの場合には，プラント停止がもたらす経済的損失は，電力を利用するすべての施設に対して及ぶ。このような社会的インパクトの大きい経済性と安全性のバランスの上に運転されている大規模システムが，直接的には，少数の操作者による集中制御下におかれるということは，大きな潜在的リスク管理の判断が一カ所のごく少人数の上に集中することを意味している。経済性の範囲を広く考えれば，経済性と安全性は必ずしも相反しないはずだが，経済性・生産性は目に見えるのに対して，安全性は"悪いことが起きない"ことでしか確認できないという特性がある。そのため，安全性と経済性にトレードオフが生じる場合は，目先の経済性が優先となる（Reason, 1997）。1999年9月に臨界事故が起きたウラン加工工場は，システム特性の点では大規模プラントではないが，安全管理面では，大規模プラントと同様の配慮があってしかるべきだった。しかし，経営者が経済性優先の組織文化を醸成するなかで，現場の安全管理に対する視野は狭くなっていったと思われる。事故当時には，作業者には化学的労働災害レベルの危険しか見えなくなっていたことが（田辺・山口，2000），臨界事故を起こす温床となった。

コスト低減と豊かさの享受のために，あらゆるシステムはハード，ソフトの両面で，ますます巨大化しつつある（岸田，1987）。巨大技術システムは，人類の意図を超えて増殖し，これまで経験したことのない，新たな危険を生み出してゆくことを心にとめるべきであろう。

終章
これからの認知心理学

　筆者が九州大学文学部の心理学に進んだのはほぼ30年前で，その頃の心理学教室は文学部のその他の専攻とは異なり，文系キャンパスではなく理系キャンパスに独立した建物をもっていた。それは，ゲシュタルト心理学のメッカであったベルリン大学の心理学の建物の設計図通りに日本で復元したものであり，現在，別の目的で使用されているこの建物を改めて見直してみると格調の高い建物である。だが，当時はそんなことにはあまり感心せず，ただ，暗いばかりの古い建物だと思っていた。その建物の中で学部時代を楽しく過ごしていたとき，心理学の世界では革命ともいうべき大きな変革が起きつつあった。**認知革命**であった。

1節　30年前のY2K心理学予測

　ワトソン（Watson, J. B.）の『行動主義者から見た心理学』が刊行された1913年を行動主義旗揚げの年とすれば，それから50年間ほどが行動主義が影響力をもちえた期間だといえよう。そして，言語学，哲学，工学をはじめとする関連諸科学を巻き込んだ認知革命の進展とともに，心理学者の間で「認知心理学」という言葉が口に上るようになってずいぶん長い時間が流れた（序章参照）。ナイサー（Neisser, 1967）の『認知心理学』やリンゼイとノーマン（Lindsay & Norman, 1972）の『人間の情報処理』が発刊されてからほぼ30年経過する。世紀の変わり目にさしかかった現在，認知心理学はどのような発達段階にあるのだろうか。まだ衰えを知らない発展途上にあるのか，それとも認知心理学的アプローチでは解明できない，さまざまな問題が山積し，次の新たな心理学の登場を待ついわば革命前夜なのだろうか。

　本章ではこの問題を考える際に，認知心理学の黎明期にマーフィー

(Murphy, 1969) によってアメリカンサイコロジスト誌に書かれた「2000年の心理学」と題する，心理学の未来予測についての論文を紹介し，その予測が当たっている点，はずれている点を指摘し，そのことを通じて，認知心理学の現状について考えたい。

マーフィーは前述の書の中で2000年（Y2K）の心理学の姿を予測している。そのなかからいくつか主なものを下記に略記しよう。

(1) **脳研究の進展**

本論文ではまず，精神生理学（psychophysiology）と題する節において，当時脚光を浴びていた，ペンフィールド（Penfield, W. G.）やヘッブ（Hebb, D. O.）の脳研究を引用し，将来，「心理過程に対応する生理過程が解き明かされ，両者の完全な同型性が明らかにされる可能性」について熱く語っている。

(2) **内面世界の探求**

まだ，行動主義の影響が色濃く残る時代に，当時ソヴィエトの科学者たちによって行われていた自己受容感覚条件づけの研究に着目し，「これまではぼんやりしたものでしかなかった内面世界の豊富なメッセージシステムの解明」が将来進むであろうと予測している。

(3) **無意識世界の解明**

フロイト（Freud, S.）とその後継者たちによって見出された**無意識**の研究は，「大きな可能性をもつ世界の総合，創造的な統合の有益な最初のステップを踏み出した」とし，これから無意識に関する発見がなされ，それらの発見はやがて一般的な実験心理学に豊かな新しい収穫をもたらすであろうと予言している。

(4) **内面世界の制御**

本来制御不可能であるとされてきた自律神経支配の機能を意識的制御下におくことを可能にするというヨーガの行者の研究や，脳波のα波制御がフィードバックによって可能になるとする研究をとりあげ，それらの臨床的意味を強調するだけでなく，内面世界の制御が将来可能になる可能性を指摘し，大きな科学的価値をそこに見出している。

(5) **表現しがたい状態の研究の進展**

新たなものを創造するときや概念化を行うときの心的状態などは容易に言葉で表現することはできないが，将来，そのようなさまざまな状態のひとつひとつとEEG（脳波）パターンとの対応がつけられ，表現しがたい状態の成分につ

いて適切な名称がつけられるようになると予言している。

(6) **パラサイコロジー**

心理学実験におけるコンピュータ使用の進展によってパラサイコロジー（超心理学）的研究（テレパシーなど）の成果に対する排他的態度は徐々に消えていき，一般心理学の原理と調和するようになると予言している。

(7) **心理学と生物学**

成長，動機づけ，学習過程など多くのものの実体がDNA-RNAシステムによって与えられているとし，将来，遺伝に関する学問の進展によって，人の個性の解明や，遺伝によって本来決定される人間の特性をコントロールすることが可能になると予測している。

2節　認知心理学の現状と今後の展開

前節において，マーフィーのＹ２Ｋ予測のなかで主なものを拾ってみたが，明らかにはずれた予測もある。たとえば，(6)のパラサイコロジーの予測については当時の状態とそれほど変わってはいない。いまだに，テレパシーやテレキネシスなどは，多くの心理学者が認める研究対象とはなっていない。しかし，大部分の予測が今日の状態や近い将来そうなるであろう姿と驚くほど一致している。まず，そのひとつが(2)の内面世界の探求である。

1　内面世界と脳科学

認知心理学の目的は**内面世界**を探求し，法則性を明らかにすることである。人間は，情報（マーフィーのいうメッセージ）を処理するシステムであるという点においてコンピュータと同じであるとするメタファーを掲げ，認知心理学は内面世界の研究に取り組んできた。従来は，研究対象とされなかったイメージや思考過程が堂々と研究されるようになった。しかも，今日，脳科学の発展にともない，内面世界を外からモニターすることが可能となり，いわば「表現しがたい」心的イメージを操作しているときに脳のどの部位が活動しているのかということまで明らかになりつつある。たとえば，5章2節でもとりあげられているようにコスリンら（Kosslyn et al., 1995）はPETを用いて，心的イメージを操作しているときの被験者の脳内の血流変化を測定するという研究を

行っている。

　この種の研究は確実に増えてきており，今後ますます，脳活動をモニターする技術の急速な発達にともない（トピックス10参照），マーフィーがいうところの「表現しがたい」さまざまな心的プロセスとの対応づけも進んでいくものと期待される。

2　無意識世界の解明

　マーフィーの，無意識世界の解明が進むという予測もまったく的を射たものである。トピックス7でとりあげられたように，今日**潜在的記憶**の研究は認知心理学における主要なテーマであり，潜在的記憶のひとつ手続き的記憶と脳内メカニズム（とりわけ大脳基底核）との関係も明らかにされつつある。

　また，**多重人格障害**に関する研究も意識と無意識の問題に重要な情報を提供しているようである。一言でいえば，多重人格障害は，ひとりの中に複数の人物が住み，それらが勝手に独立にふるまう。しかも，同じ人間の中にいながら，それらの人物たちは性格もしぐさも言葉さえも異なるという。これらの患者たちの多くが幼少時に親などからの虐待を受けていることが指摘されており，虐待が原因で苦しい過去を意識されない世界に閉じこめておく試みが多重人格障害であるともいわれている。また，一方，このような患者には脳の海馬に異変がみられるとの医学的指摘もある。

　マーフィーは，「心的過程はそれ自体としては無意識的であり，意識的過程は心全体の単に個別的な活動部分にすぎぬ」としたフロイトの考え方を紹介し，無意識的過程の重要性を強調したが，最近の科学はその重要性を単に裏づけるだけでなく，脳内メカニズムの特定へと進みつつある。

3　感性への取り組み

　マーフィーがいうところの「表現しがたい状態」のひとつに**感性**がある。今日の心理学の特徴は，この感性に真正面から取り組もうとしている点である。本書4章においてとりあげたような感性に関する研究は，建築学など他の隣接領域からの期待と要請を受けてますます盛んになっていくであろう。

　また，トピックス2でとりあげた「表情」研究をはじめとして，**顔**に関する研究はますます進展するであろう。顔には多くの情報が含まれており，これら

情報のいずれが同じ（領域一般的）脳内メカニズムで処理され，いずれが異なる（領域固有的）メカニズムで処理されているかということが明らかにされていくであろう。

さらに，日本文化を特徴づける，「間」についても最近，研究がなされている。中村（1996）によれば，東洋画や舞踊，相撲において「間」はきわめて重要であるという。落語などでは「間」の取り方ひとつで笑いがとれるかどうかが決まる。「間」があきすぎても駄目だし，「間」がないとそれこそ「間抜けな」話になる。また，音楽やスピーチにおいても「間」は重要である。中村はちょうどよい「間」の長さを30種類の音響的，音声的刺激について心理学的に計測し，刺激の多様性にかかわらず，「間」は0.35秒前後，0.75秒前後，1.4秒前後の3種類に分類できるとしている。

このような感性的研究は人間の日常的行動を理解するうえできわめて重要であり，このことを通じて，より深い人間理解に到達できるものと考えられる。

4 遺伝学からの影響

将来，遺伝学が進歩し，この影響が心理学に及ぶとしたマーフィーの予測はおそらく当たるであろう。

ワトソン（Watson, J.）とクリック（Crick, F.）がDNAの二重らせん構造モデルを提案して以来およそ50年経つが，今日遺伝学はすさまじい勢いで進歩している。遺伝子操作を施した作物はスーパーマーケットにあふれ，人間の遺伝子解読もほぼ100％完了したといわれている。現在の段階ではまだ遺伝学から心理学への顕著な影響は現れていないが，おそらく近い将来，確実にこの影響は出てくると思われる。遺伝子解読が進めば人間の知能や性格に関係のある遺伝子が特定されるであろうし，どのような環境要因との組み合わせによって，いわゆる現れとしての性格や知能が形成されるのかを研究する必要性が高まり，この仕事は心理学者の手に委ねられるであろう。

5 日常的認知研究の進展

最近の認知心理学の特徴は，日常的文脈のなかで起こるさまざまな問題をとりあげるようになったことである。これには，目撃者の証言，身のまわりの物品の記憶，卓越した認知能力をもつ人々の研究などが含まれる。この現状は

マーフィーが予測しえなかったことであり，ますます**日常的認知研究**は進められていくであろう。

14章でとりあげた「ヒューマンエラーとヒューマンインタフェース」の研究は，工場や交通場面での事故の発生メカニズムの解明と事故防止に貢献するであろう。今日では，現場の技術者や研究者と，心理学者との共同研究はそう珍しくない。

また，7章でもふれられているように，記憶研究の分野でも心理学者は実験室を飛び出し，事件の目撃者の証言の信憑性の問題に取り組むようになった。日本心理学会のワークショップにおいても，法学者と心理学者が目撃証言の信憑性に関して議論する機会がもたれているが，2000年7月には，法学者と心理学者が協力して「法と心理学会」の立ち上げがなされた。今後，目撃者の証言に関する研究は，法学者の協力を得ながら，ますます盛んになされいくと思われる。

3節　おわりに——認知・感性・知性研究のさらなる発展に向けて

行動主義心理学であれ，認知心理学であれ，ひとつのパラダイムを特徴づけるものに，パラダイムを共有する者どうしでのみ理解しあえる用語と研究対象がある。行動主義であれば，「刺激」「反応」「強化」という用語であろうし，認知心理学であれば「情報」「処理」「過程（プロセス）」といった用語であろう。また，前者は観察可能な行動を主たる研究対象とし，後者は行動として観察可能でないものも含む内的プロセスを主たる対象としている。今日，人間の内的プロセスに対する関心は，人工知能の研究者や大脳生理学者，神経心理学者たちと共有しあっており，それぞれ異なる登山口から脳機能の解明という共通の山頂に向かって登っているようなものである。

心理学の現状は，従来のパラダイムの末期に現れたような説明できない不具合（アノマリー）が山積し，次の革命を待つ前夜であろうか？　既存のコンピュータアナロジーの限界により，アノマリーが多少蓄積されつつあるともいえる。しかし，これが発展的に解消されるのか，それとも新たなパラダイムの登場を待たなければならないのか，現段階では定かではない。今後の動向を見極める必要がある。

しかし，少なくとも人間の内的プロセスに対する関心は今後高まることはあっても，衰えることはないであろう。ただ，内的プロセスのこれ以上の解明は心理学単独では困難な段階にきている。今後は周辺領域の諸学といっそう協力しあうことにより認知心理学もさらなる発展ができると思われる。

▶ブックガイド

ラックマン，R., ラックマン，J. L. & バターフィールド，E. C. 1979 箱田裕司・鈴木光太郎（監訳） 1988 認知心理学と人間の情報処理Ⅰ～Ⅲ サイエンス社
　認知心理学の成立過程とその特徴について，クーン（Kuhn, T. S.）のパラダイム論の立場から解説したものである。現在の心理学の状況とこれからの展望を考えるうえで役に立つ本である。

松田文子ほか（編著） 1996 心理的時間——その広くて深い謎 北大路書房
　タイトルの通り，心理的時間について紹介したものであるが，この問題に対する認知的，感性的アプローチを含むさまざまなアプローチが紹介されていて，興味深い。

引用文献

■序章

Anderson, J. R. 1987 Skill acquistion : Compilation of weak method problem solutions. *Psychological Review*, **94**, 191-210.
バートレット, F. C. 1938 宇津木保・辻 正三 (訳) 1983 想起の心理学 誠信書房
ブルーナー, J. S. ほか 1956 岸本 弘ほか (訳) 1969 思考の研究 明治図書
Chomsky, N. 1959 Review of Skinner's verbal behavior. *Language*, **35**, 26-58.
Collins, A. M. & Quillian, M. R. 1969 Retrieval time from semantic memory. *Journal of Verbal Learning and Verbal Behavior*, **8**, 240-247.
エルマン, J. L. ほか 1996 乾 敏郎ほか (訳) 1998 認知発達と生得性 共立出版
フォーダー, J. A. 1983 伊藤笏康・信原幸弘 (訳) 1985 精神のモジュール形式——人工知能と心の哲学 産業図書
ギブソン, J. J. 1979 古崎 敬ほか (訳) 1985 生態学的視覚論 サイエンス社
海保博之 (編著) 1997 「温かい認知」の心理学 金子書房
河内十郎 1996 感性と知性の関係 辻 三郎 (編) 1997 感性の科学 サイエンス社
リンゼイ, P. H. & ノーマン, D. A. 1977 中溝幸男・箱田裕司・近藤倫明 (訳) 1983-1985 情報処理心理学入門 I～III サイエンス社
ミラー, G. A. 1967 高田洋一郎 (訳) 1972 心理学への情報科学的アプローチ 培風館
ミンスキー, M. 1975 知識を表現するための枠組み ウィンストン, P. (編) 白井良明・杉原厚吉 (訳) 1979 コンピュータビジョンの心理 産業図書
ミンスキー, M. 1986 安西祐一郎 (訳) 1990 心の社会 産業図書
ナイサー, U. 1967 大羽 蓁 (訳) 1981 認知心理学 誠信書房
Newell, A., Shaw, J. C. & Simon, H. A. 1958 Elements of theory of human problem solving. *Psychological Review*, **65**, 151-166.
ノーマン, D. A. 1981 佐伯 胖 (監訳) 1984 認知科学の展望 産業図書
ノーマン, D. A. 1988 野島久雄 (訳) 1990 誰のためのデザイン 新曜社
Schank, R. C. & Abelson, R. P. 1977 *Scripts, plans, goals, and understanding.* Lawrence Erlbaum Associates.
手塚治虫キャラクター図鑑 1998 朝日新聞社

■1章

Fletcher, H. 1953 *Speech and hearing in communication.* Van Nostrand. (和田陽平・大山 正・今井省吾編 1969 感覚知覚心理学ハンドブックより引用)
Harrington, D. D. 1964 *The visual fields*, 2nd ed. The C. V. Mosby Co. (池田, 1975より引用)
池田光男 1975 視覚の心理物理学 森北出版
リンゼイ, P. H. & ノーマン, D. A. 1977 中溝幸夫・箱田裕司・近藤倫明 (訳) 1983-1985 情報処理心理学入門 I～III サイエンス社
Stevens, S. S. 1961 The psychophysics of sensory functions. In W. A. Rosenbith (Ed.), *Sensory communication.* MIT Press. (Lindsay, P. H. & Norman, D. A. 1977より引用)
Stevens, S. S. 1966 A metric for the social consensus. *Science*, **151**, 530-541. (Lindsay, P. H. & Norman, D. A. 1977より引用)

■トピックス1

櫻井研三 1995 仮想現実感研究の概観——工学から心理学へ 心理学研究, **66**, 296-309.
矢野澄男 2000 視覚誘導性姿勢変動 原島 博 (監修) 元木紀雄・矢野澄男 (編) 3次元画像と人間の科学 オーム社

■2章

Biederman, I. 1987 Recognition-by-components : A theory of human image understanding. *Psycholo-*

- *gical Review*, **94**, 155-147.
- Bruce, V. & Young, A. W. 1986 Understanding face recognition. *British Journal of Psychology*, **77**, 305-327.
- Davidoff, J. B. & Ostergaard, A. L. 1988 The role of colour in categorical judgements. *Quarterly Journal of Experimental Psychology*, **40A**, 533-544.
- 行場次朗 1995 視覚パターン認知 乾 敏郎（編） 知覚と運動（認知心理学1） 東京大学出版会
- カニッツァ, G. 1979 野口 薫（監訳） 1985 視覚の文法 サイエンス社
- リンゼイ, P. H. & ノーマン, D. A. 1977 中溝幸夫・箱田裕司・近藤倫明（訳） 1983-1985 情報処理心理学入門 I ～ III サイエンス社
- マー, D. 1982 乾 敏郎・安藤広志（訳） 1987 ビジョン――視覚の計算理論と脳内表現 産業図書
- Nakayama, K. & Shimojo, S. 1992 Experiencing and perceiving visual surfaces. *Science*, **257**, 1357-1363.
- Porter, P. B. 1954 Find the hidden man. *American Journal of Psychology*, **67**, 550-551.
- Rhodes, G., Brennan, S. & Carey, S. 1987 Identification and ratings of caricatures: Implications for mental representations of faces. *Cognitive Psychology*, **19**, 473-497.
- ラメルハート, D. E. & マクレランド, J. L. 1986 甘利俊一（監訳） 1989 PDPモデル――認知科学とニューロン回路網の探索 産業図書
- Tarr, J. M. & Bülthoff, H. H. 1999 Image-based object recognition in man, monkey and machine. In J. M. Tarr & H. H. Bülthoff (Eds.), *Object recognition in man, monkey, and machine.* MIT/Elsevier.
- Weisstein, N., Maguire, W. & Brannan, J. R. 1992 M and P pathways and the perception of figure and ground. In J. R. Brannan (Ed.), *Application of parallel processing in vision.* Elsevier. pp. 137-166.

■トピックス2

- Alley, T. R. & Cunningham, M. R. 1991 Averaged faces are attractive, but very attractive faces are not average. *Psychological Science*, **2**, 123-125.
- Bruce, V. & Young, A. W. 1986 Understanding face recognition. *British Journal of Psychology*, **77**, 305-327.
- 蒲池みゆき・吉川左紀子・赤松 茂 1998 変化の速度は表情認知に影響するか？――動画刺激を用いた顔表情認知の時間特性の解明 電子情報通信学会技術研究報告（HCS）, **98** (311), 17-24.
- McGurk, H. & MacDonald, J. 1976 Hearing lips and seeing voices. *Nature*, **264**, 746-748.
- Perrett, D. I., Lee, K. J., Penton-Voak, I., Rowland, D., Yoshikawa, S., Burt, D. M., Henzi, S. P., Castles, D. L. & Akamatsu, S. 1998 Effects of sexual dimorphism on facial attractiveness. *Nature*, **394**, 884-887.
- Perrett, D. I., Smith, P. A. J., Potter, D. D., Mistlin, A. J., Head, A. S., Milner, A. D. & Jeeves, M. A. 1984 Neurones responsive to faces in the temporal cortex: Studies of functional organization, sensitivity to identity and relation to perception. *Human Neurobiology*, **3**, 197-208.
- Rhodes, G., Sumich, A. & Byatt, G. 1999 Are average facial configurations attractive only because of their symmetry? *Psychological Science*, **10**, 52-58.
- Zeh, W. 1950 Störung des Ausdruckserkennens beiss gertmannsschein Syndrom. *Archiv für Psychiatrie und Zeitshrift Neurologie*, **185**, 193-210.

■3章

- バンバーガー, J. 1993 新しい聴き方をするようになること アイエロ, R.（編）大串健吾（監訳） 1998 音楽の認知心理学 誠信書房
- Bregman, A. S. 1990 *Auditory scene analysis.* MIT Press.
- エリクソン, R. 1982 新しい音楽と心理学 ドイチュ, D.（編）寺西立年ほか（監訳） 1987 音楽の心理学（下） 西村出版
- Garner, W. R. 1974 *The processing of information and structure.* Erlbaum.
- van Noorden, L. P. A. S. 1975 Temporal coherence in the perception of tone sequences. Unpublished doctoral dissertation, Eindhoven University of Technology, The Netherlands.

■トピックス3

Krumhansl, C. L. 2000 Rhythm and pitch in music cognition. *Psychological Bulletin*, **126**, 159-179.
Miyazaki, K. 1988 Musical pitch identification by absolute pitch possessors. *Perception and Psychophysics*, **44**, 501-512.
Miyazaki, K. 1989 Absolute pitch identification : Effects of timbre and pitch region. *Music Perception*, **7**, 1-14.
Miyazaki, K. 1990 The speed of musical pitch identification by absolute pitch possessors. *Music Perception*, **8**, 177-188.
Miyazaki, K. 1995 Perception of relative pitch with different references : Some absolute-pitch listeners can't tell musical interval names. *Perception and Psychophysics*, **57**, 962-970.
Schneider, W. & Shiffrin, R. M. 1977 Controlled and automatic human information processing : I. Detection, search, and attention. *Psychological Review*, **84**, 1-66.
Sergeant, D. & Roche, S. 1973 Perceptual shifts in the auditory information processing of young children. *Psychology of Music*, **1**, 39-48.
Takeuchi, A. H. & Hulse, S. H. 1993 Absolute pitch. *Psychological Bulletin*, **113**, 345-361.
Ward, W. D. 1999 Absolute pitch. In D. Deutsch (Ed.), *The psychology of music*, 2nd ed. Academic Press. pp. 265-298.

■4章

芦原義信　1979　街並みの美学　岩波書店
Attneave, F. 1954 Some information aspects of visual perception. *Psychological Review*, **61**, 183-193.
Bartley, S. H. & Dehardt, D. C. 1960 A further factor in determining nearness as a function of lateral orientation in pictures. *Journal of Psychology*, **50**, 53-57.
Berlyne, D. E. 1970 Novelty, complexity and hedonic value. *Perception and Psychophysics*, **8**, 279-286.
Eysenck, H. J. 1981 Aesthetic preference and individual differences. In D. O'Hare (Ed.), *Psychology and arts*. The Harvester Press.
Garner, W. R. & Clement, D. E. 1963 Goodness of pattern and pattern uncertainty. *Journal of Verbal Learning and Verbal Behavior*, **2**, 446-452.
行場次朗　1994　視覚の心理学　岩波講座認知科学3：視覚と聴覚　岩波書店
久　隆浩　1988　景観嗜好と原風景　鳴海邦碩（編）　景観からのまちづくり　学芸出版社　pp. 134-146.
今井四郎・須藤　昇・細田　聡　1995　感性，感性情報処理とその適応的意義　心理学評論，**38**，351-367.
河内十郎・河村　満・石坂郁代・垣添晴香　1995　コミュニケーションにおける感性情報処理の研究——感性情報処理と知性情報処理の並列性について　平成4～6年度科学研究費補助金（重点領域研究）「感性情報処理の情報学・心理学的研究」研究成果報告書　pp. 255-260.
神作　博・福本純一　1972　安全色彩の誘目性について　色学誌，**1**，1-11.
菊池　聡　1993　好き嫌いの裏表　仲谷洋平・藤本浩一（編）　美と造形の心理学　北大路書房
三浦佳世　1993a　色をめぐる話　仲谷洋平・藤本浩一（編）　美と造形の心理学　北大路書房
三浦佳世　1993b　日常の中の視覚探索　数理科学，**355**，65-70.
三浦佳世　1999　絵画における時間——視覚要因の分析を通して　基礎心理学研究，**17**，121-126.
Molnar, F. 1981 About the role of visual exploration in aesthetics. In H. Day (Ed.), *Advances in intrinsic motivation and aesthetics*. Plenum.
村山久美子　1988　視覚芸術の心理学　誠信書房
仲谷洋平・藤本浩一　1984　パターンの良さ及び好みの判断について——美術群と非美術群の比較　関西心理学会第96回大会発表論文集，9.
近江源太郎　1984　造形心理学　福村出版
大山　正・瀧本　誓・岩澤秀紀　1993　セマンティク・ディフェレンシャル法を用いた共感覚性の研究——因子構造と因子得点の比較　行動計量学，**20**，55-64.
マコーダック，P.　1991　下野隆生（訳）1998　コンピュータ画家アーロンの誕生——芸術創造のプログラミング　紀伊國屋書店

引用文献

Parks, T. E. 1982 Brightness effects in diffuse and sharp illusory figures of similar configuration. *Perception*, **11**, 107-110.
篠原　昭・清水義雄・坂本　博（編著）1996　感性工学への招待　森北出版
鷲見成正　1991　知覚において得るもの・失うもの——"未完の完"に求める感性　日本心理学会第55回大会発表論文集，S38.
Treisman, A. & Souther, J. 1985 Search asymmetry : A diagnostic for preattentive processing of separable features. *Journal of Experimental Psychology : General*, **114**, 285-310.
Walker, E. L. 1973 Psychological complexity and preference. In D. E. Berlyne *et al.* (Eds.), *Pleasure, reward, preference*. Academic Press.
山下利之・古澤照幸　1993　図柄イメージにおける人的側面の分析　人間工学，**29**，11-18.
柳瀬徹夫　1989　色彩環境　大山　正・秋田宗平（編）知覚工学（応用心理学講座7）福村出版 pp. 76-98.
幸村真佐男　1986　ジュリア飛行物体　美術手帖，1986年10月号，p. 31.

■トピックス4
石井信行　1998　橋梁形態が有する力動性の認知科学的解釈　東京大学学位請求論文
岡本真和・天野光一・石井信行　1998　構造形態が喚起する安定・不安定感の心理学的実験による検討　構造工学論文集 Vol. 44A, 575-580.

■5章
麻生　武　1989　想像の遊び友達——その多様性と現実性　相愛女子短期大学研究論集，**36**，3-32.
麻生　武　1991　内なる他者との対話　無藤　隆（編）ことばが誕生するとき　新曜社　pp. 39-91.
麻生　武　1996a　子どもと夢　岩波書店
麻生　武　1996b　ファンタジーと現実　金子書房
Bisiach, E. & Luzzatti, C. 1978 Unilateral neglect of representational space. *Cortex*, **14**, 129-133.
Brooks, L. R. 1968 Spatial and verbal components in the act of recall. *Canadian Journal of Psychology*, **22**, 349-368.
Cicogna, P., Cavallero, C. & Bosinelli, M. 1991 Cognitive aspects of mental activity during sleep. *American Journal of Psychology*, **104**, 413-425.
Farah, M. J. 1984 The neurological basis of mental imagery : A componential analysis. *Cognition*, **18**, 245-272.
Finke, R. A. 1980 Levels of equivalence in imagery and perception. *Psychological Review*, **87**, 113-132.
Finke, R. A. 1986　下條信輔・市川伸一（訳）1986　心的イメージと視覚システム　サイエンス，5月号，102-111.
Finke, R. A. 1990 *Creative imagery*. Lawrence Erlbaum Associates.
Foulkes, D. 1985 *Dreaming : A cognitive-psychological analysis*. Lawrence Erlbaum Associates.
箱田裕司　1991　イメージ研究の方法をめぐる問題　箱田裕司（編）イメージング——表象・創造・技能　サイエンス社　pp. 1-11.
Hebb, D. O. 1968 Concerning imagery. *Psychological Review*, **75**, 466-477.
Hellige, J. B. 1993 *Hemispheric asymmetry : What's right and what's left*. Harvard University Press.
菱谷晋介　1991　エキスパートの情報処理とイメージ　箱田裕司（編）イメージング——表象・創造・技能　サイエンス社　pp. 78-105.
Holt, R. R. 1964 Imagery : The return of the ostracized. *American Psychologist*, **19**, 254-264.
Johnson, M. K., Raye, C. L., Wang, A. Y. & Taylor, T. H. 1979 Fact and fantasy : The role of accuracy and variability in confusing imaginations with perceptual experiences. *Journal of Experimental Psychology : Human Learning and Memory*, **5**, 229-240.
Johnson, M. K. & Raye, C. L. 1981 Reality monitoring. *Psychological Review*, **88**, 67-85.
Johnson, M. K., Kahan, T. L. & Raye, C. L. 1984 Dreams and reality monitoring. *Journal of Experimental Psychology : General*, **113**, 329-344.
Johnson, M. K., Hashtroudi, S. & Lindsay, D. S. 1993 Source monitoring. *Psychological Bulletin*, **114**, 3-28.

Kosslyn, S. M. 1980 *Image and mind.* Harvard University Press.
Kosslyn, S. M. & Shwartz, S. P. 1977 A simulation of visual imagery. *Cognitive Science*, **1**, 265-295.
Kosslyn, S. M., Ball, T. M. & Reiser, B. J. 1978 Visual images preserve metric spatial information : Evidence from studies of image scanning. *Journal of Experimental Psychology : Human Perception and Performance*, **4**, 47-60.
Kosslyn, S. M., Seger, C., Pani, J. R. & Hillger, L. A. 1990 When is imagery used in everyday life? A diary study. *Journal of Mental Imagery*, **14**, 131-152.
Kosslyn, S. M., Thompson, W. L., Kim, I. J. & Alpert, N. M. 1995 Topographical representations of mental images in primary visual cortex. *Nature*, **378**, 496-498.
Kosslyn, S. M., Pascual-Leone, A., Felician, O., Camposano, S., Keenan, J. P., Thompson, W. L., Ganis, G., Sukel, K. E. & Alpert, N. M. 1999 The role of area 17 in visual imagery : Convergent evidence from PET and rTMS. *Science*, **284**, 167-170.
Martin, M. & Williams, R. 1990 Imagery and emotion : Clinical and experimental approaches. In P. J. Hampson, D. F. Marks & T. E. Richardson (Eds.), *Imagery : Current developments.* Routledge. pp. 268-306.
宮崎拓弥・菱谷晋介 1999 情動イメージの構造変換におよぼす個人差要因の検討——イメージ能力と感情表出傾向の場合について 日本心理学会第63回大会発表論文集, 531.
Okada, H. & Matsuoka, K. 1992 Effects of auditory imagery on the detection of pure tone in the white noise : Experimental evidence of the auditory Perky effect. *Perceptual and Motor Skills*, **74**, 443-448.
Rechtschaffen, A. & Buchignani, C. 1992 The visual appearance of dreams. In J. S. Antrobus & M. Bertini (Eds.), *The neuropsychology of sleep and dreaming.* Lawrence Erlbaum Associates. pp. 143-155.
リチャードソン, A. 1969 鬼澤 貞・滝浦静雄 (訳) 1973 心像 紀伊國屋書店
Richardson, A. & Patterson, Y. 1986 An evaluation of three procedure for increasing imagery vividness. In A. A. Sheikh (Ed.), *International review of mental imagery 2.* Human Science Press. pp. 166-191.
Roland, P. E. & Friberg, L. 1985 Localization of cortical areas activated by thinking. *Journal of Neurophysiology*, **53**, 1219-1243.
Segal, S. J. & Fusella, S. 1970 Influence of imaged pictures and sounds on detection of visual and auditory signals. *Journal of Experimental Psychology*, **83**, 458-464.
Shepard, R. N. & Metzler, J. 1971 Mental rotation of three-dimensional objects. *Science*, **191**, 701-703.
Shepard, R. N. 1978 Externalization of mental images of the act of creation. In B. S. Randhawa & W. E. Coffman (Eds.), *Visual learning, thinking, and communication.* Academic Press.
Shuttleworth, E. C., Syring, V. & Allen, N. 1982 Further observations on the nature of prosopagnosia. *Brain and Cognition*, **1**, 302-332.
Smith, J. D., Reisberg, D. & Wilson, M. 1992 Subvocalization and auditory imagery : Interactions between the inner ear and inner voice. In D. Reisberg (Ed.), *Auditory imagery.* Lawrence Erlbaum Assocites. pp. 95-119.
徳永幹雄・橋本公雄 1991 イメージトレーニング——スポーツ選手のための理論と実際 箱田裕司 (編) イメージング——表象・創造・技能 サイエンス社 pp. 40-77.
上杉 喬 1998 感情イメージの研究 (V) 文教大学紀要人間科学研究, **20**, 68-77.

■トピックス5
徳永幹雄 1991 イメージトレーニングの方法 箱田裕司 (編著) イメージング——表象・創造・技能 サイエンス社 pp. 55-74.
徳永幹雄 1995 集中力とメンタルトレーニング スマッシュ, **22**(4).
徳永幹雄 1997 スポーツ選手のメンタルトレーニング・カード (MTCA.2) トーヨーフィジカル

■6章
Broadbent, D. E. 1958 *Perception and communication.* Pergamon.
Broadbent, D. E. 1977 The hidden preattentive processes. *American Psychologist*, **32**, 109-118.

引用文献

Cohen, A. & Ivry, R. 1989 Illusory conjunction inside and outside the focus of attention. *Journal of Experimental Psychology : Human Perception and Performance*, **15**, 650-663.
Corbetta, M., Miezin, F. M., Dobmeyer, S., Shulman, G. L. & Petersen, S. E. 1990 Attentional modulation of neural processing of shape, color, and velocity in humans. *Science*, **248**, 1556-1559.
Crick, F. & Koch, C. 1998 Consciousness and neuroscience. *Cerebral Cortex*, **8**, 97-107.
Desimone, R., Wessinger, M., Thomas, L. & Schneider, W. 1990 Attentional control of visual perception : Cortical and subcortical mechanisms. *Cold Spring Harbor Symposia on Quantitative Biology*, **55**, 963-971.
Deutsch, J. A. & Deutsch, D. 1963 Attention : Some theoretical considerations. *Psychological Review*, **70**, 80-90.
Duncan, J. & Humphreys, G. W. 1989 Visual search and stimulus similarity. *Psychological Review*, **96**, 433-458.
Gottlieb, D., Calvanio, R. & Levine, D. N. 1991 Reappearance of the visual percept after intentional blinking in a patient with Balint's syndrome. *Journal of Clinical Neuro-ophthalmology*, **11**, 62-65.
Iwasaki, S. 1993 Spatial attention and two modes of visual consciousness. *Cognition*, **49**, 211-233.
Iwasaki, S. 1997 Spatial attention facilitates figural fade-out. Paper presented at The Brain and Self Workshop : Toward a Science of Consciousness held at Elsinore, Denmark.
Jonides, J. & Mack, R. 1984 On the cost and benefit of cost and benefit. *Psychological Bulletin*, **96**, 29-44.
Kahneman, D. & Treisman, A. 1984 Changing views of attention and automaticity. In R. Parasuraman & D. R. Davies (Eds.), *Varieties of attention*. Academic Press. pp. 29-61.
LaBerge, D. L. 1990 Attention. *Psychological Science*, **1**, 156-162.
Lambert, A. J. 1985 Selectivity and stages of processing——An enduring controversy in attentional theory : A review. *Current Psychological Research and Reviews*, **4**, 239-256.
Lou, L. 1999 Selective peripheral fading : Evidence for inhibitory sensory effect of attention. *Perception*, **28**, 519-526.
Luck, S. J. & Hillyard, S. A. 2000 The operation of selective attention at multiple stages of processing : Evidence from human and monkey electrophysiology. In M. S. Gazzaniga (Ed.), *The new cognitive neuroscience*, 2nd ed. MIT Press. pp. 687-700.
Mendez, M. F., Turner, J., Gilmore, G. C., Remler, B. & Tomsak, R. L. 1990 Balint's syndrome in Alzheimer's disease : Visuospatial functions. *International Journal of Neuroscience*, **54**, 339-346.
Mozer, M. C. 1983 Letter migration in word perception. *Journal of Experimental Psychology : Human Perception and Performance*, **9**, 531-546.
Nakayama, K. & Silverman, G. H. 1986 Serial and parallel processing of visual feature conjunctions. *Nature*, **320**, 246-265.
Posner, M. I. 1978 *Chronometic exploration of mind*. LEA.
Posner, M. I. 1980 Orienting of attention. *Quarterly Journal of Experimental Psychology*, **32**, 3-25.
Posner, M. I. & Petersen, S. E. 1990 The attention system of the human brain. *Annual Review of Neuroscience*, **13**, 25-42.
Posner, M. I., Petersen, S. E., Fox, S. T. & Raichle, M. E. 1988 Localization of cognitive operations in the human brain. *Science*, **240**, 1627-1631.
Posner, M. I., Walker, J. A., Friedrich, F. J. & Rafal, R. D. 1984 Effects of parietal lobe injury on covert orienting of visual attention. *Journal of Neuroscience*, **4**, 1863-1874.
Prichard, R. M. 1961 Stabilized images on the retina. *Scientific American*, **204**, 72-78.
Shulman, G. L., Corbetta, M., Buckner, R. L., Raichle, M. E., Fiez, J. A., Miezin, F. M. & Petersen, S. E. 1997 Top-down modulation of early sensory cortex. *Cerebral Cortex*, **7**, 193-206.
Singer, W. & Gray, C. M. 1995 Visual feature integration and the temporal correlation hypothesis. *Annual Review of Neuroscience*, **18**, 555-586.
Smith, B. B. 1961 An unexpected effect of attention in peripheral vision. *Nature*, **189**, 776.
スクワイアー, L. R. 1987 河内十郎 (訳) 1989 記憶と脳——心理学と神経科学の統合 医学書院
Treisman, A. 1988 Features and objects : The fourteenth Bartlett memorial lecture. *Quarterly Journal*

of Experimental Psychology, **40A**, 201-237.

Treisman, A. 1996 The binding problem. *Current Opinion in Neurobiology*, **6**, 171-178.

Treisman, A. M. & Gelade, G. 1980 A feature integration theory of attention. *Cognitive Psychology*, **12**, 97-136.

Treisman, A. & Schmidt, H. 1982 Illusory conjunction in the perception of objects. *Cognitive Psychology*, **14**, 107-141.

Warner, C. B., Juola, J. F. & Koshino, H. 1990 Voluntary allocation versus automatic capture of visual attention. *Perception and Psychophysics*, **48**, 243-251.

Watson, R. T. & Rapesak, S. Z. 1989 Loss of spontaneous blinking in a patient with Balint's syndrome. *Archives of Neurology*, **46**, 567-570.

Wojciulik, E. & Kanwisher, N. 1998 Implicit but not explicit feature binding in a Balint's patient. *Visual Cognition*, **5**, 157-181.

Wolfe, J. M., Cave, K. R. & Franzel, S. L. 1989 Guided search : An alternative to the feature integration model for visual search. *Journal of Experimental Psychology : Human Perception and Performance*, **15**, 419-433.

■トピックス6

Balint, R. 1909 Seelenlähmung des "Schauens", optishe Ataxie, räumliche Störung der Aufmerksamkeit. *Monatschrift für Psychiatrie und Neurologie*, **25**, 51-81.

Damasio, A. R. & Benton, A. L. 1979 Impairment of hand movement under visual guidance. *Neurology*, **29**, 179-178.

Luria, A. R. 1959 Disorders of 'simultaneous perception' in a case of bilateral occipitoparietal brain injury. *Brain*, **83**, 437-449.

Mendez, M. F., Turner, J., Gilmore, G. C., Remler, B. & Tomsak, R. L. 1990 Balint's syndrome in Alzheimer's disease : Visuospatial functions. *International Journal of Neuroscience*, **54**, 339-346.

Posner, M. I., Walker, J. A., Friedrich, F. J. & Rafal, R. D. 1984 Effect of parietal lobe injury on covert orienting of visual attention. *Journal of Neuroscience*, **4**, 1863-1874.

Rizzo, M. & Hurtig, R. 1987 Looking but not seeing : Attention, perception, and eye movement in simultanagnosia. *Neurology*, **37**, 1642-1648.

Tyler, H. R. 1968 Abnormalities of perception with defective eye movements (Balint's syndrome). *Cortex*, **3**, 154-171.

Verfaellie, M., Rapesak, S. Z. & Heilman, K. M. 1990 Impaired shifting of attention in Balint's syndrome. *Brain Cognition*, **12**, 195-204.

Waltz, A. G. 1961 Dyspraxias of gaze. *Archives of Neurology*, **5**, 74-83.

Williams, M. 1970 *Brain damage and the mind*. Penguin Books.

山鳥 重 1985 神経心理学入門 医学書院

■7章

Anderson, J. R. & Bower, G. H. 1972 Recognition and retrieval processes in free recall. *Psychological Review*, **79**, 97-123.

バッドリー, A. D. 1982 川端政道(訳) 1988 記憶力——そのしくみとはたらき 誠信書房

Baddeley, A. D. 1986 *Working memory*. Oxford University Press.

バートレット, F. C. 1938 宇津木保(訳) 1983 想起の心理学 誠信書房

ブラウン, K., デフェンバッハー, K. & スターギル, W. 1977 顔の記憶と遭遇状況の記憶 ナイサー, U. (編) 富田達彦(訳) 1987 観察された記憶(上) 誠信書房

Carmichael, L., Hogan, H. P. & Walter, A. A. 1932 An experimental study of the effect of language on the reproduction of visually perceived form. *Journal of Experimental Psychology*, **15**, 73-83.

Collins, A. M. & Loftus, E. F. 1975 A spreading-activation theory of semantic processing. *Psychological Review*, **82**, 407-728.

Collins, A. M. & Quillian, M. R. 1969 Retrieval time from semantic memory. *Journal of Verbal Learning and Verbal Behavior*, **8**, 240-247.

Craik, F. I. M. & Lockhart, R. S. 1972 Levels of processing : A framework for memory research.

Journal of Verbal Learning and Verbal Behavior, **11**, 671-684.

エビングハウス, H. 1885 宇津木保 (訳) 1978 記憶について 誠信書房

Kintsch, W. 1970 Models for free recall and recognition. In D. A. Norman (Ed.), *Models of human memory*. Academic Press.

ラックマン, G. R., ラックマン, J. L. & バターフィールド, E. C. 1979 箱田裕司・鈴木光太郎 (監訳) 1988 認知心理学と人間の情報処理 II サイエンス社

ロフタス, E. F. 1975 西本武彦 (訳) 1987 目撃者の証言 誠信書房

Meacham, J. A. & Singer, J. 1977 Incentive effects in prospective remembering. *Journal of Psychology*, **97**, 191-197.

ナイサー, U. 1967 大羽蓁 (訳) 1981 認知心理学 誠信書房

大橋靖史 1993 想起の時間モデル 佐々木正人 (編) エコロジカル・マインド (現代のエスプリ 298) 至文堂

太田信夫 1986 エピソード記憶論 誠信書房

佐々木正人 1984 空書行動の発達――その出現年齢と機能の分化 教育心理学研究, **32**, 34-43.

Sperling, G. 1960 The information available in brief visual presentation. *Psychological Monographs*, **74** (11 whole No. 498).

スクワイアー, L. R. 1987 河内十郎 (訳) 1989 記憶と脳 医学書院

Smith, E. E., Shoben, E. J. & Rips, L. J. 1974 Structure and process in semantic memory : A featural model for semantic decisions. *Psychological Review*, **81**, 214-241.

Thomson, D. M. & Tulving, E. 1970 Associative encoding and retrieval : Weak and strong cues. *Journal of Experimental Psychology*, **86**, 255-262.

戸沼幸市 1978 人間尺度論 彰国社

Tulving, E. 1972 Episodic and semantic memory. In E. Tulving & W. Donaldson (Eds.), *Organization of memory*. Academic Press.

Tulving, E. & Thomson, D. M. 1973 Encoding specificity and retrieval processes in episodic memory. *Psychological Review*, **80**, 352-373.

■トピックス7

寺澤孝文 1997a 単語カードを見返すことは3カ月後のテストに有効か? 日本教育心理学会第39回総会発表論文集, 440.

寺澤孝文 1997b 再認メカニズムと記憶の永続性 風間書房

寺澤孝文・辻村誠一・松田憲 1997 人は無意味なパターン情報を2カ月間保持できるか 日本心理学会第61回大会発表論文集, 828.

寺澤孝文 1998 プライミング効果とインターバルの関係――インターバルが長いほど顕著になる現象:レミニッセンス? 日本心理学会第62回大会発表論文集, 806.

■8章

Damasio, A. R. 1994 *Descartes' error : Emotion, reason, and the human brain*. A Grosset Putnam Book G. P. Putnam's Sons.

Ekman, P., Levnson, R. W. & Friesen, W. V. 1983 Autonomic nervous system activity distinguishes among emotions. *Science*, **221**, 1208-1210.

福田恭介 2000 まばたきとウソ発見 平伸二ほか (編著) ウソ発見 北大路書房 pp. 52-56.

平伸二・中山誠・桐生正幸・足立浩平 (編者) 2000 ウソ発見 北大路書房

池田清彦 2000 教科書にない生物学14――脳と心 サイアス, 2月号, 44-47.

ルドー, J. E. 1998 情動・記憶と脳 日経サイエンス別冊123:心のミステリー 日経サイエンス社

中島義明ほか (編) 1999 心理学辞典 有斐閣

Ohira, H. 1995 Analysis of eyeblink activity during self-referent information processing in mild depression. *Perceptual and Motor Skills*, **81**, 1219-1229.

大森慈子・宮田洋 1998 心理学における瞬目研究の新しい研究の試み 人文論究, **47**, 67-78.

Schachter, S. 1971 *Emotion, obesity, and crime*. Academic Press.

宇津木成介 1987 ノンバーバル・コミュニケーションとは何か 春木豊 (編著) 心理臨床のノンバーバル・コミュニケーション 川島書店 pp. 21-43.

■トピックス8

畑山俊輝　1991　精神生理学的測定法　佐藤昭夫・朝長正徳（編）　ストレスの仕組みと積極的対応　藤田企画出版　pp. 73-79.

畑山俊輝・Antonides, G.・松岡和生・丸山欣哉　1994　アラウザルチェックリスト（GACL）から見た顔のマッサージの心理的緊張低減効果　応用心理学研究, **19**, 11-19.

小杉常雄・久我隆一　1998　ポリグラフ検査研究　ビー・エス・インダストリー

マンドラー, G.　1984　田中正敏・津田 彰（監訳）1987　情動とストレス　誠信書房

中山 誠　1997　多様な虚偽検出法：末梢系　柿木昇治・山崎勝男・藤澤 清（編）　新生理心理学2　北大路書房　pp. 286-290.

岡部康成・巌島行雄　1998　気分評定課題における記憶の気分一致効果　日本大学心理学研究, **19**, 40-44.

大上 渉・箱田裕司・大沼夏子・守川伸一　1998　目撃記憶と情動的ストレスの効果　日本心理学会第62回大会発表論文集, 631.

Philippot, P.　1993　Inducing and assessing differentiated emotion-feeling states in the laboratory. *Cognition and Emotion*, **7**, 171-193.

白澤早苗・石田多由美・箱田裕司・原口雅浩　1999　記憶検索に及ぼすエネルギー覚醒の効果　基礎心理学研究, **17**, 93-99.

鈴木浩明　1999　快適さを測る　日本出版サービス

鈴木まや・平尾直靖・寺下裕美・織田弥生・八木昭宏　1999　一過的な作業負荷によるストレス評価質問紙の項目と利用方法の検討　人間工学, **35**(4), 259-270.

八木昭宏　1998　生理心理学研究の産業場面における問題　柿木昇治・山崎勝男・藤澤 清（編）　新生理心理学3　北大路書房　pp. 92-97.

山田富美雄　1998　免疫系・内分泌系指標　柿木昇治・山崎勝男・藤澤 清（編）　新生理心理学1　北大路書房　pp. 280-289.

■9章

秋田 清　1980　50のカテゴリーに属する語の出現頻度表　人文学, **135**, 42-87.

Armstrong, S. L., Gleitman, L. R. & Gleitman, H.　1983　What some concepts might not be. *Cognition*, **13**, 263-308.

Barsalou, L. W.　1985　Ideals, central tendency, and frequency of instantiation as determinants of graded structure in categories. *Journal of Experimental Psychology : Learning, Memory, and Cognition*, **11**, 629-654.

Bassok, M. & Trope, Y.　1984　People's strategies for testing hypotheses about another's personality : Confirmatory or diagnostic? *Social Cognition*, **2**, 199-216.

Bower, G. H., Black, J. B. & Turner, T. J.　1979　Scripts in memory for text. *Cognitive Psychology*, **11**, 177-220.

Gick, M. L. & Holyoak, K. J.　1980　Analogical problem solving. *Cognitive Psychology*, **12**, 306-355.

Griggs, R. A. & Cox, J. R.　1982　The elusive thematic-materials effect in Wason's selection. *British Journal of Psychology*, **73**, 407-420.

市川伸一　1993　学習を支える認知カウンセリング——心理学と教育の新たな接点　ブレーン出版

レイヴ, J.　1988　無藤 隆ほか（訳）1995　日常生活の認知行動　新曜社

三宅なほみ　1985　理解におけるインターラクションとは何か　佐伯 胖（編）　理解とは何か（認知科学選書4）　東京大学出版会

Rips, L. J.　1989　Similarity, typicality, and categorization. In S. Vosniadou & A. Ortony (Eds.), *Similarity and analogical reasoning*. Cambridge University Press.

Rosch, E. & Mervis, C. B.　1975　Family resemblances : Studies in the internal structure of categories. *Cognitive Psychology*, **7**, 573-605.

Rosch, E.　1975　Cognitive representations of semantic categories. *Journal of Experimental Psychology : General*, **104**, 192-233.

ロス, A.　1986　認知科学研究会（訳）1989　概念的カテゴリー（認知心理学講座2：知覚と表象）　海文堂

Tversky, A. & Kahneman, D.　1982　Judgment of and by representativeness. In D. Kahneman, P. Slovic

& A. Tversky (Eds.), *Judgment under uncertainty : Heuristics and biases.* Cambridge University Press.
Wason, P. C.　1966　Reasoning. In B. M. Foss (Ed.), *New horizons in psychology.* Penguin.
山　祐嗣　1994　問題解決と知能　多鹿秀継（編）認知と思考——認知心理学の最前線　サイエンス社

■トピックス9

Caramazza, A., Hills, A., Leek, E. C. & Miozzo, M.　1994　The organization of lexical knowledge in the brain : Evidence from category and modality-specific deficits. In L. A. Hirschfeld & S. A. Gelman (Eds.), *Mapping the mind.* Cambridge University Press.
Warrington, E. K. & Shallice, T.　1984　Category-specific access semantic impairments. *Brain*, **107**, 829-854.
吉野文浩・加藤元一郎・三上　将・斉藤文恵・吉益晴夫・鹿島晴雄・浅井昌弘　1995　野菜, 果物, 加工食品に特異的な意味記号障害を呈したヘルペス脳炎後遺症の一例　第19回日本神経心理学会総会予稿集, 99.

■10章

Chomsky, N.　1959　Review of Skinner's verbal behavior. *Language*, **35**, 26-58.
チョムスキー, N.　1965　安井　稔（訳）1970　文法理論の諸相　研究社
エルマン, J. L. ほか　1996　乾　敏郎ほか（訳）1998　認知発達と生得性　共立出版
Fodor, J. A.　1983　*The modularity of mind.* MIT Press.
Gopnik, M.　1990　Feature-blind grammar and dysphasia. *Nature*, **344**, 715.
Grosjean, F.　1982　*Life with two languages : An introduction to bilingualism.* Harvard University Press.
群司隆男・坂本　勉　1999　言語学の方法（現代言語学入門1）　岩波書店
萩原裕子　1998　脳にいどむ言語学（岩波科学ライブラリー59）　岩波書店
神尾昭雄・外池滋生　1979　言い間違いの言語学　今井邦彦（編）言語障害と言語理論　大修館書店
河上誓作（編著）　1996　認知言語学の基礎　研究社出版
レネバーグ, E. H.　1967　佐藤方哉・神尾昭雄（訳）1974　言語の生物学的基礎　大修館書店
松沢哲郎　1995　チンパンジーはちんぱんじん　岩波ジュニア新書
マルソン, L.　1964　中野善達・南　直樹（訳）1977　野生児　福村出版
ミンスキー, M.　1986　安西祐一郎（訳）1990　心の社会　産業図書
二瀬由理・織田潤里・榊　祐子・坂本　勉・行場次郎　1998　両耳分離聴法による空主語判定プロセスの分析(2)——語順の効果　認知科学, **5**(1), 82-88.
織田潤里・二瀬由理・榊　祐子・行場次郎・坂本　勉　1997　両耳分離聴法による空主語判定プロセスの分析　認知科学, **4**(2), 58-63.
岡田伸夫　1998　言語理論と言語教育　大津由紀夫・坂本　勉・乾　敏郎・西光義弘・岡田伸夫（共著）言語科学と関連領域（岩波講座言語の科学11）　岩波書店　pp. 130-178.
苧阪直行　1999　感性のことばを研究する　新潮社
坂本　勉　1995　構文解析における透明性の仮説——空主語を含む文の処理に関して　認知科学, **2**(2), 77-90.
坂本　勉　1998　人間の言語情報処理　大津由紀夫・坂本　勉・乾　敏郎・西光義弘・岡田伸夫（共著）言語科学と関連領域（岩波講座 言語の科学11）　岩波書店　pp. 1-55.
佐野洋子・加藤正弘　1998　脳が言葉を取り戻すとき　NHK ブックス
サベージ-ランボー, S.　1993　古市剛史（監修）加地永都子（訳）1993　カンジ——言葉を持った天才ザル　NHK 出版
シング, J. A. L.　1934　中野善達ほか（訳）1977　狼に育てられた子　福村出版
スミス, N. & ツインプリ, I-M.　1995　毛塚恵美子ほか（訳）1999　ある言語天才の頭脳　新曜社
ソシュール, F. de.　1916　小林英夫（訳）1949, 1972（改訂版）一般言語学講義　岩波書店
寺尾　康　1992　言語産出　安西祐一郎ほか（編）認知科学ハンドブック　共立出版
山鳥　重　1998　ヒトはなぜことばを使えるか　講談社現代新書

■トピックス10
Churchland, P. & Sejnowski, T. J.　1991　Perspectives on cognitive neuroscience. In R. G. Lister & H. J. Weingartner (Eds.), *Perspectives on cognitive neuroscience.* Oxford University Press. pp. 3-23.
Hämäläinen, M., Hari, R., Ilmoniemi, R. J., Knuutila, J. & Lounasmaa, O. L.　1993　Magnetoencephalography : Theory, instrumentation, and applications to noninvasive studies of the working human brain. *Reviews of Modern Physics,* **65,** 413-497.
Helenius, P., Salmelin, R., Service, E. & Connolly, J. F.　1998　Distinct time courses of word and context comprehension in the left temporal cortex. *Brain,* **121,** 1133-1142.
川口　潤　1983　プライミング効果と意識的処理・無意識的処理　心理学評論, **26,** 109-128.
小山紗智子・柿木隆介　1997　単語認知と事象関連電位　丹羽真一・鶴　紀子（編）　事象関連電位——事象関連電位と神経情報科学の発展　新興医学出版社　pp. 82-95.
Koyama, S., Kakigi, R., Hoshiyama, M. & Kitamura, Y.　1998　Reading of Japanese Kanji (Morphograms) and Kana (syllabograms) : A magnetoencephalographic study. *Neuropsychologia,* **36,** 83-98.
Koyama, S., Sekiguchi, T. & Kakigi, R.　(in press)　The effect of expectation on activation of the left temporal cortex in visual word recognition : Neuromagnetic measurements. *Cerebral Cortex.*
Kutas, M. & Hillyard, S. A.　1980　Reading senseless sentences : Brain potentials reflect semantic incongruity. *Science,* **207,** 203-205.
宮内　哲　1997　ヒトの脳機能の非侵襲的測定——これからの生理心理学はどうあるべきか　生理心理学と精神生理学, **15,** 11-29.
Nobre, A. C., Allison, T. & McCarthy, G.　1994　Word recognition in the human inferior temporal lobe. *Nature,* **372,** 260-263.
酒井邦嘉　1997　心にいどむ認知脳科学——記憶と意識の統一論（岩波科学ライブラリー48）　岩波書店
佐々木和夫　1992　高次脳活動——随意運動の発動・制御と脳　ブレインサイエンス, **3,** 439-456.
Sekiguchi, T., Koyama, S. & Kakigi, R.　2000　The effect of word repetition on evoked magnetic responses in the human brain. *Japanese Psychological Research,* **42,** 3-14.

■11章
Asch, S. E.　1946　Forming impressions of personality. *Journal of Abnormal and Social Psychology,* **41,** 258-290.
Bruner, J. S. & Goodman, C. C.　1947　Value and need as organizing factors in perception. *Journal of Abnormal and Social Psychology,* **42,** 33-44.
Carpenter, S. L.　1988　Self-relevance and goal-directed processing in the recall and weighting of information about others. *Journal of Experimental Social Psychology,* **24,** 310-332.
Darley, J. M. & Gross, P. H.　1983　A hypothesis confirming bias in labeling effects. *Journal of Personality and Social Psychology,* **44,** 20-33.
Fiske, S. T. & Neuberg, S. L.　1990　A continuum of impression formation, from category-based to individuating processes : Influences of information and motivation on attention and interpretation. In M. P. Zanna (Ed.), *Advances in experimental social psychology 23.* Academic Press. pp. 1-74.
Forgas, J. P. & Bower, G. H.　1987　Mood effects on person-perception judgements. *Journal of Personality and Social Psychology,* **53,** 53-60.
藤岡喜愛　1993　生物世界における人間の位置を考える——共存の視点から　村山正治（編）　ヒューマニティー——新たな深まりと広がりを求めて　九州大学出版会　pp. 1-34.
Jones, E. E. & Nisbett, R. E.　1972　The actor and the observer : Divergent perceptions of the causes of behavior. In E. E. Jones, D. K. Kanouse, H. H. Kelley, R. E. Nisbett, S. Valins & B. Weiner (Eds.), *Attribution : Perceiving the causes of behavior.* General Learning Press.
亀石圭志　1995　対人認知——2 行動の帰属　狩野素朗（編）　対人行動と集団　ナカニシヤ出版　pp. 37-44.
Kelley, H. H.　1967　Attribution theory in social psychology. In D. Levine (Ed.), *Nebraska symposium on motivation 15.* University of Nebraska Press. pp. 192-240.
Kelley, H. H.　1973　The process of causal attribution. *American Psychologist,* **28,** 107-128.
Markus, H.　1977　Self-schemata and processing information about the self. *Journal of Personality and*

Social Psychology, **35**, 63-78.
松本卓三　1995　社会的認知　小川一夫（監修）　社会心理学用語辞典　北大路書房
沼崎　誠　1998　自己に関わる情報処理　山本眞理子・外山みどり（編）　社会的認知（対人行動学研究シリーズ8）　誠信書房
Rothbart, M., Fulero, S., Jensen, C., Howard, J. & Birrel, B.　1978　From individual to group impressions : Advailability heuristics in stereotype formation. *Journal of Experimental Social Psychology*, **14**, 237-255.
高橋　超　1995　パーソナル・コンストラクト　小川一夫（監修）　社会心理学用語辞典　北大路書房
Weiner, B., Frieze, I., Kukla, A., Reed, L., Rest, S. & Rosenbaum, R. M.　1972　Perceiving the causes of success and failure. In E. E. Jones, D. E. Kaunouse, H. H. Kelley, R. E. Nisbett, S. Valins & B. Weiner (Eds.), *Attribution : Perceiving the causes of behavior*. General Learning Press. pp. 95-120.

■トピックス11
萩原　滋　1990　弁解行為の日米比較——予備調査結果の報告　慶應義塾大学新聞研究所年報, **36**, 157-179.
Schönbach, P.　1990　*Account episodes : The management or escalation of conflict*. Cambridge University Press.
Wagatsuma, H. & Rosett, A.　1986　The implication of apology : Law and culture in Japan and the United States. *Law and Society Review*, **20**, 461-507.

■12章
Adams, R. J.　1989　Newborn's discrimination among mid-and long-wavelength stimuli. *Journal of Experimental Child Psychology*, **47**, 130-141.
Bornstein, M. H.　1975　Qualities of color vision in infancy. *Journal of Experimental Child Psychology*, **19**, 401-419.
Bushnell, I. W. R.　1979　Modification of the externality effect in young infants. *Journal of Experimental Child Psychology*, **28**, 211-229.
コックス, M. V.　1992　子安増生（訳）　1999　子どもの絵と心の発達　有斐閣選書
Flavell, J. H., Beach, D. H. & Chinsky, J. M.　1966　Spontaneous verbal rehearsal in a memory task as function of age. *Child Development*, **37**, 283-299.
布施英利　1999　課外授業へようこそ先輩——ダビンチ先生の美術解剖学教室　NHK1999年5月2日放映
Hargreaves, D. J.　1986　*The developmental psychology of music*. Cambridge University Press.
伊藤隆二　1981　知性　宮城音弥ほか（編）　心理学事典　平凡社
Kail, R. V.　1993　The information-processing approach to cognitive development. In R. V. Kail & R. Wicks-Nelson (Eds.), *Developmental psychology*, 5th ed. Prentice-Hall.
Kessen, W., Levine, J. & Wendrich, K. A.　1979　The imitation of pitch in infants. *Infant Behavior and Development*, **2**, 91-99.
Leeds, A., Dirlam, D. & Brannignan, G.　1983　The development of spatial representation in children from five to thirteen years of age. *Genetic Psychology Monographs*, **108**, 135-165.
Lemire, R. J., Loeser, J. D., Leech, R. W. & Alvord, E. C.　1975　*Normal and abnormal development of the human nervous system*. Harper & Row.
リュケ, G. H.　1927　須賀哲夫（監訳）　1979　子どもの絵　金子書房
松山隆司　1996　感性情報処理のパラダイム　辻　三郎（編著）　感性の科学　サイエンス社
McCall, R. B. & Carriger, M. S.　1993　A meta-analysis of infant habituation and recognition memory performance as predictors of later IQ. *Child Development*, **64**, 57-79.
Moog, H.　1976　*The musical experience of the pre-school child*. Translated by C. Clarke. Schott.
Piaget, J. & Inhelder, B.　1956　*The children's conception of space*. Routledge & Kagan Paul.
Piaget, J. & Inhelder, B.　1969　*The psychology of the child*. Routledge & Kagan Paul.
Rose, S. A. & Feldman, J. F.　1995　Prediction of IQ and specific cognitive abilities at 11 years from infancy measures. *Developmental Psychology*, **31**, 685-696.
Serafine, M. L.　1988　*Music as cognition : The development of thought in sound*. Columbia University

Press.
Shuter-Dyson, R. & Gabriel, C. 1981 *The psychology of musical ability*, 2nd ed. Methuen.
Teller, D. Y. & Bornstein, M. H. 1987 Infant color vision and color perception. In P. Salapatek & L. Cohen (Eds.), *Handbook of infant perception*, vol.1. Academic Press.
Trehub, S. E. 1993 The music listening skills of infants and young children. In T. J. Tighe & W. J. Dowling (Eds.), *Psychology and music : The understanding of melody and rhythm*. Lawrence Erlbaum Associates.
Trehub, S. E., Bull, D. & Thorpe, L. A. 1984 Infants' perception of melodies : The role of melodic contour. *Child Development*, **55**, 821-830.
Trehub, S. E., Thrope, L. A. & Trainor, L. J. 1990 Infants' perception of good and bad melodies. *Psychomusicology*, **9**, 5-15.
梅本堯夫 1999 子どもと音楽（シリーズ人間の発達11） 東京大学出版会

■トピックス12
ゴールマン, D. 1995 土屋京子（訳） 1996 EQ——こころの知能指数 講談社
稲村 博 1995 子どものストレスとメンタルヘルス 学校保健のひろば, **43**(15), 107-109.
小杉 隆 1997 失われた「心の教育」を求めて ダイヤモンド社
鍋田恭孝 1999 学校不適応とひきこもり こころの科学, **87**, 20-26.
高垣忠一郎 1995 養護教諭とカウンセリング 学校保健のひろば, **43**(15), 60-63.

■13章
井上正明・小林利宣 1985 日本におけるSD法による研究分野とその形容詞対尺度構成の概観 教育心理学研究, **33**, 253-260.
犬飼幸男・中村和男・篠原正美 1977 顔面表情図形の非類似性判断の多次元尺度解析 製品科学研究所研究報告, **81**, 21-30.
クラスカル, J. B. & ウィッシュ, M. 1978 高根芳雄（訳） 1980 多次元尺度法 朝倉書店
Osgood, C. E. 1952 The nature and measurement of meaning. *Psychological Bulletin*, **49**, 197-237.
Osgood, C. E., Suci, G. J. & Tannenbaum, P. H. 1957 *The measurement of meaning*. University of Illinois Press.
大山 正・池田 央・武藤真介 1971 心理測定・統計法 有斐閣
齊藤崇子 1999 日本人における情動カテゴリーの階層構造 九州大学文学部卒業論文（未公刊）
Spearman, C. 1904 "General intelligence", objectively determined and measured. *American Journal of Psychology*, **15**, 201-293.
高根芳雄 1980 多次元尺度法 東京大学出版会
土屋隆裕 1996 質的な3相データのための項目分類による尺度構成法 教育心理学研究, **44**, 425-434.
Torgerson, W. S. 1958 *Theory and methods of scaling*. John Wiley & Sons.
柳井晴夫・繁桝算男・前川眞一・市川雅教 1990 因子分析——その理論と方法 朝倉書店

■トピックス13
Rosch, E. 1973 On the internal structure of perceptual and semantic categories. In T. E. Moore (Ed.), *Cognitive development and the acquisition of language*. Academic Press. pp. 111-144.
Rosch, E. 1975 Cognitive representations of semantic categories. *Journal of Experimental Psychology : General*, **104**, 192-233.
山下利之 1992a ファジィ・サイコロジーのすすめ ブレーン出版
山下利之 1992b ファジィ——心理学への展開 垣内出版
山下利之 1997 ファジィ推論の心理学における適用可能性について 基礎心理学研究, **16**(1), 21-31.
Zadeh, L. A. 1965 Fuzzy sets. *Information and Control*, **8**, 338-353.

■14章
Hutchins, E. L., Hollan, J. D. & Norman, D. A. 1986 Direct manipulation interfaces. In D. A. Norman

& S. W. Draper (Eds.), *User centered system design : New perspectives on human-computer interaction*. Lawrence Erlbaum Associates. pp. 87-124.
海保博之（編） 1997 「温かい認知」の心理学　金子書房
海保博之・田辺文也　1996　ヒューマン・エラー——誤りからみる人と社会の深層　新曜社
海保博之・原田悦子・黒須正明　1991　認知的インタフェース——コンピュータとの知的つきあい方　新曜社
松尾太加志　1999　コミュニケーションの心理学——認知心理学・社会心理学・認知工学からのアプローチ　ナカニシヤ出版
松尾太加志　2000　ヒューマンエラー防止のための動機づけモデルの心理実験による検証　ヒューマンインタフェースシンポジウム2000
Norman, D. A. 1981 Categorization of action slips. *Psychological Review*, **88**, 1-15.
Norman, D. A. 1983 Some observations on mental models. In D. Gentner & A. L. Stevens (Eds.), *Mental models*. Lawrence Erlbaum Associates. pp. 7-14.
Norman, D. A. 1986 Cognitive engineering. In D. A. Norman & S. W. Draper (Eds.), *User centered system design : New perspectives on human-computer interaction*. Lawrence Erlbaum Associates. pp. 31-61.
ノーマン，D. A.　1988　野島久雄（訳）　1990　誰のためのデザイン？——認知科学者のデザイン原論　新曜社
ラスムッセン，J.　1986　海保博之・加藤　隆・赤井真喜・田辺文也（訳）　1990　インタフェースの認知工学——人と機械の知的かかわりの科学　啓学出版
リーソン，J.　1990　林　喜男（監訳）　1994　ヒューマンエラー——認知科学的アプローチ　海文堂
佐伯　胖　1988　インタフェースの認知科学　数理科学，**297**（3月号），5-9.
ゼックミスタ，E. B. & ジョンソン，J. E.　1992　宮元博章・道田泰司・谷口高士・菊池　聡（訳）　1996　クリティカルシンキング（入門編）　北大路書房

■トピックス14
電力中央研究所ヒューマンファクター研究センター　1999　イラストで学ぶヒューマンファクター教訓集：原子力編　No.1-No.3
デルナー，D.　1989　近藤俊介（監訳）　1999　人はなぜ失敗するのか　ミオシン出版
海保博之・田辺文也　1996　ヒューマン・エラー——誤りからみる人と社会の深層　新曜社
岸田純之助（監修）　1987　巨大技術の安全性　電力新報社
リースン，J.　1990　林　喜男（監訳）　1994　ヒューマンエラー——認知科学的アプローチ　海文堂
リースン，J.　1997　塩見　弘（監訳）　1999　組織事故　日科技連出版社
佐々木めぐみ・箱田裕司　1991　大規模プラントにおけるストレスと情報処理　田中正敏・津田　彰（編）　ストレスと過労死（現代のエスプリ290）　至文堂　pp. 60-74.
Sheridan, T. B. 1997 Chapter 39 supervisory control. In G. Salvendy (Ed.), *Hanbdook of human factors and ergonomics*. John Wiley & Sons. pp. 1295-1317.
田辺文也・山口勇吉　2000　JCO臨界事故で作業者には何が見えていたか？——認知システム工学的方法による事故分析　日本認知科学会第17回大会発表論文集　pp. 16-17.

■終章
Kosslyn, S. M., Thompson, W. L., Kim, I. I & Alpert, N. M. 1995 Topographical representations of mental images in primary visual cortex. *Nature*, **378**, 496-498.
リンゼイ，P. H. & ノーマン，D. A.　1972/1977　中溝幸夫・箱田裕司・近藤倫明（訳）　1983-1985　情報処理心理学入門Ⅰ～Ⅲ　サイエンス社
Murphy, G. 1969 Psychology in the year 2,000. *American Psychologist*, **24**, 523-530.
中村敏枝　1996　音楽・スピーチにおける"間"　松田文子ほか（編著）　心理的時間——その広くて深い謎　北大路書房
ナイサー，U.　1967　大羽　蓁（監訳）　1981　認知心理学　誠信書房

人名索引

ア 行

アイゼンク（Eysenck, H. J.） 67
アイブリ（Ivry, R.） 102
アインシュタイン（Einstein, A.） 88
麻生 武 90
芦原義信 63
アダムス（Adams, R. J.） 193
アッシュ（Asch, S. E.） 174
アトニーヴ（Attneave, F.） 64
アレイ（Alley, T. R.） 47
アンダーソン（Anderson, J. R.） 15, 16, 113
石井信行 74
市川伸一 150
厳島行雄 137
伊藤隆二 187
稲村 博 200
犬飼幸男 213
今井四郎 65
岩崎祥一 104, 105
インヘルダー（Inhelder, B.） 188, 195
ヴァルツ（Waltz, A. G.） 107
ウィッシュ（Wish, M.） 211
ウィノグラード（Winograd, T.） 15
ウィリアムズ（Williams, M.） 108
ウィリアムズ（Williams, R.） 90
ウエイソン（Wason, P. C.） 145
上杉 喬 90
ウェーバー（Weber, E. H.） 25, 26
ウェルニッケ（Wernicke, C.） 156
ヴェルファーレ（Verfaellie, M.） 108
ヴェルフリン（Wölfflin, H.） 71
ヴェンダース（Wenders, W.） 76
ウォーカー（Walker, E. L.） 66
ウォチュリク（Wojciulik, E.） 102
ウォード（Ward, W. D.） 59
ウォーホル（Warhol, A.） 69
ウォルフ（Wolfe, J. M.） 103
宇津木成介 131
梅本堯夫 195
ヴント（Wundt, W.） 10, 11, 23, 66
エイベルソン（Abelson, R. P.） 15
エクマン（Ekman, P.） 132, 134
エーデルマン（Edelman, S.） 43
エビングハウス（Ebbinghaus, H.） 115
エリクソン（Erickson, R.） 57
エルマン（Elman, J. L.） 18, 166, 168
大上 渉 137
太田信夫 118

大橋靖史 111
大平英樹 134
大山 正 65, 204
大森慈子 132
岡田伸夫 162
岡田 斉 90
岡部康成 137
岡本真和 74
学阪直行 169
オズグッド（Osgood, C. E.） 203, 207
オスターガード（Ostergaard, A. L.） 38
織田潤里 162

カ 行

海保博之 21, 222, 224, 228, 209
柿木隆介 170
加藤正弘 156
ガードナー（Gardner, B. T.） 162
ガードナー（Gardner, R. A.） 162
ガーナー（Garner, W. R.） 54, 64
カーネマン（Kahneman, D.） 99, 146
カニッツァ（Kanizsa, G.） 38
カニングハム（Cunningham, M. R.） 47
ガブリエル（Gabriel, C.） 195
ガフロン（Gaffron, M.） 71
カーペンター（Carpenter, S. L.） 176
カーマイケル（Carmichael, L.） 112
蒲池みゆき 47
神尾昭雄 160
亀石圭志 183
カラトラバ（Calatrava, S.） 74
カラマッツァ（Caramazza, A.） 151
河上誓作 167
川口 潤 170
河内十郎 20, 61
カンウィッシャー（Kanwisher, N.） 102
神作 博 68
カント（Kant, I.） 23
菊池 聡 71
岸田純之助 230
ギブソン（Gibson, J. J.） 18
キャノン（Cannon, W. B.） 127
キャリガー（Carriger, M. S.） 192
行場次朗 43, 66
キリアン（Quillian, M. R.） 14, 119
キンチュ（Kintsch, W.） 113
久我隆一 138
クータス（Kutas, M.） 170
グッドマン（Goodman, C. C.） 172

人名索引

クラスカル（Kruskal, J. B.） 211
クラムハンスル（Krumhansl, C. L.） 59
クリック（Crick, F.） 88, 104, 235
グレイ（Gray, C. M.） 103
クレイク（Craik, F. I. M.） 116
クレメント（Clement, D. E.） 64
黒須正明 222, 224
グロス（Gross, P. H.） 178
グロスジャン（Grosjean, F.） 162
郡司隆男 162
ケイル（Kail, R. V.） 190, 191
ケクレ（Kekulé, A.） 88
ケッセン（Kessen, W.） 196
ケリー（Kelley, H. H.） 183
ゲレイド（Gelade, G.） 99
コーエン（Cohen, A.） 102
コーエン（Cohen, H.） 60
コクトー（Cocteau, J.） 62
小杉 隆 201
小杉常雄 138
コスリン（Kosslyn, S. M.） 79-81, 83-86, 89, 233
ゴットリーブ（Gottlieb, D.） 104
コッホ（Koch, C.） 104
ゴプニック（Gopnik, M.） 167
コーベッタ（Corbetta, M.） 98
小山紗智子 170, 171
コリンズ（Collins, A. M.） 14, 119
ゴールマン（Goleman, D.） 20, 200

サ 行

齊藤崇子 212
サイモン（Simon, H. A.） 12
佐伯 胖 221
酒井邦嘉 170
坂本 勉 160, 162
櫻井研三 34
佐々木和夫 170
佐々木正人 114
佐々木めぐみ 230
サージェント（Sergeant, D.） 58
ザデー（Zadeh, L. A.） 215
佐野洋子 156
サベージ・ランボー（Savage-Rambaugh, S.） 163
シェパード（Shepard, R. N.） 79, 80
ジェームズ（James, W.） 126
シェリダン（Sheridan, T. B.） 229
シーガル（Segal, S. J.） 82
シコグナ（Cicogna, P.） 90
篠原 昭 61
シフリン（Shiffrin, R. M.） 59
下條信輔 37

シャクター（Schachter, S.） 130
シャトルワース（Shuttleworth, E. C.） 85
シャリス（Shallice, T.） 151
シャンク（Schank, R. C.） 15
シューター＝ダイソン（Shuter-Dyson, R.） 195
シュナイダー（Schneider, W.） 59
シュミット（Schmidt, H.） 100
シュルマン（Shulman, G. L.） 98
シュワルツ（Shwartz, S. P.） 83
ジョニーズ（Jonides, J.） 97
ジョーンズ（Jones, E. E.） 184
ジョンソン（Johnson, J. E.） 226
ジョンソン（Johnson, M. K.） 87, 88
ショーンバック（Schönbach, P.） 185
シルバーマン（Silverman, G. H.） 103
白澤早苗 137
シンガー（Singer, J.） 113
ジンガー（Singer, W.） 103
シング（Singh, J. A. L.） 164
スキナー（Skinner, B. F.） 11, 165
スクワイアー（Squire, L. R.） 106, 119
スコブ（Skov, R. B.） 146
鈴木浩明 137
鈴木まや 137
スティーブンス（Stevens, S. S.） 26
スパーリング（Sperling, G.） 117
スピアマン（Spearman, C.） 204
鷲見成正 63
スミス（Smith, B. B.） 105
スミス（Smith, E. E.） 119
スミス（Smith, J. D.） 90
スミス（Smith, N.） 153
ゼー（Zeh, W.） 46
セノウスキー（Sejnowski, T. J.） 170
関口貴裕 170, 171
ゼックミスタ（Zechmeister, E. B.） 226
セラファイン（Serafine, M. L.） 197
セルフリッジ（Selfridge, O. G.） 39
ソクラテス（Sōkratēs） 149
ソシュール（Saussure, F. de） 154
ソンタグ（Sontag, S.） 61

タ 行

ター（Tarr, J. M.） 43
タイラー（Tyler, H. R.） 107
高垣忠一郎 200
高橋 超 177
高根芳雄 209, 211, 213
タケウチ（Takeuchi, A. H.） 58, 59
田辺文也 229, 230
ダビドフ（Davidoff, J. B.） 38
ダマジオ（Damasio, A. R.） 107, 124

ダーリー（Darley, J. M.） 178
タルヴィング（Tulving, E.） 112, 113, 116
ダンカン（Duncan, J.） 103
チャーチランド（Churchland, P.） 170
チューリング（Turing, A. M.） 16
チョムスキー（Chomsky, N.） 12, 154, 164, 165
ツィンプリ（Tsimpli, I-M.） 153
辻村誠一 122
土屋隆裕 213
デジモン（Desimone, R.） 98
デハード（Dehardt, D. C.） 72
テラー（Teller, D. Y.） 193
寺尾 康 160
寺澤孝文 122, 123
デルナー（Dörner, D.） 229
ドイッチュ（Deutsch, D.） 97
ドイッチュ（Deutsch, J. A.） 97
トヴァスキー（Tversky, A.） 146
ドゥンカー（Duncker, K.） 147
トーガソン（Torgerson, W. S.） 209
徳永幹雄 90, 92
戸沼幸市 111
外池滋生 160
トムソン（Thomson, D. M.） 112, 113
トリースマン（Treisman, A.） 99, 100, 102, 103
トリーハブ（Trehub, S. E.） 194
トロープ（Trope, Y.） 146

ナ 行

ナイサー（Neisser, U.） 13, 118, 231
中島義明 125
仲谷洋平 67
中村敏枝 235
ナカヤマ（Nakayama, K.） 37, 103
中山 誠 138
鍋田恭孝 200
ニスベット（Nisbett, R. E.） 184
二瀬由理 162
ニューウェル（Newell, A.） 12
沼崎 誠 175
ノイバーグ（Neuberg, S. L.） 179
ノイマン（Neumann, J. V.） 16
ノーベル（Nobre, A. C.） 171
ノーマン（Norman, D. A.） 13, 18, 20, 219, 222, 224, 231

ハ 行

バウアー（Bower, G. H.） 113, 180
萩原 滋 186
萩原裕子 157, 158
ハーグリーブス（Hargreaves, D. J.） 196
箱田裕司 90, 137, 230

バーサロー（Barsalou, L. W.） 142
橋本公雄 90
バシュネル（Bushnell, I. W. R.） 194
バソック（Bassok, M.） 146
パターソン（Patterson, Y.） 90
畑山俊輝 137
ハッチンス（Hutchins, E. L.） 224
バッドリー（Baddeley, A. D.） 112, 117
ハーティヒ（Hurtig, R.） 107
バートレイ（Bartley, S. H.） 72
バートレット（Bartlett, F. C.） 14, 111
パペッツ（Papez, J. W.） 127
ハマライネン（Hämäläinen, M.） 170
バーライン（Berlyne, D. E.） 65
原田悦子 222, 224
バリント（Balint, R.） 107
ハルス（Hulse, S. H.） 58, 59
バンバーガー（Bamberger, J.） 56
ハンフリー（Humphreys, G. W.） 103
ピアジェ（Piaget, J.） 188-191, 195, 197
久 隆浩 67
ビジアキ（Bisiach, E.） 85
菱谷晋介 90
ピーターセン（Petersen, S. E.） 106
ビーダーマン（Biederman, I.） 42
ビュルトフ（Bülthoff, H. H.） 43
平 伸二 134, 135
ヒルヤード（Hillyard, S. A.） 98, 170
ファウルクス（Foulkes, D.） 90
ファラー（Farah, M. J.） 43, 86
ファン・ノールデン（van Noorden, L. P. A. S.） 52, 53
フィスケ（Fiske, S. T.） 179
フィリポット（Philippot, P.） 137
フィンケ（Finke, R. A.） 83, 88, 89
フェヒナー（Fechner, G. T.） 10, 25, 26, 66, 67, 72
フェルドマン（Feldman, J. F.） 192
フォーガス（Forgas, J. P.） 180
フォーダー（Fodor, J. A.） 18, 168
福田恭介 134
福本純一 68
藤岡喜愛 175
藤本浩一 67
布施英利 198, 199
ブチグナニ（Buchignani, C.） 90
ブッシュネル（Bushnell, I. W. R.） 194
フッセラ（Fusella, S.） 82
ブラウン（Brown, K.） 110
プラトン（Plato） 23
プリチャード（Prichard, R. M.） 105
古澤照幸 67

人名索引

ブルース（Bruce, V.） 44, 46
ブルックス（Brooks, L. R.） 82
ブルーナー（Bruner, J. S.） 12, 172
ブレグマン（Bregman, A. S.） 48
フロイト（Freud, S.） 232, 234
ブローカ（Broca, P.） 155
ブロードベント（Broadbent, D. E.） 97, 98
ヘイズ（Heyes, C.） 162
ヘイズ（Heyes, K. J.） 162
ペイビオ（Paivio, A.） 79
ヘッブ（Hebb, D. O.） 41, 77, 83, 86, 232
ヘリッジ（Hellige, J. B.） 86
ベルク（Berque, A.） 60
ヘルムホルツ（Helmholtz, H. L. F. von） 10
ペレット（Perrett, D. I.） 46, 47
ヘレニウス（Helenius, P.） 171
ベントン（Benton, A. L.） 107
ペンフィールド（Penfield, W. G.） 232
ポズナー（Posner, M. I.） 95-97, 105, 106, 108
ホルト（Holt, R. R.） 79
ボーンスタイン（Bornstein, M. H.） 193, 194

マ 行

マー（Marr, D.） 41
マガーク（McGurk, H.） 46
マーカス（Markus, H.） 175
マクドナルド（MacDonald, J.） 46
マクレランド（McClelland, J. L.） 40
マコーダック（McCorduck, P.） 60
マーチン（Martin, M.） 90
松尾太加志 221, 222, 227
松岡和生 90, 137
マック（Mack, R.） 97
マッコール（McCall, R. B.） 192
松沢哲郎 163
松田 憲 122
松本卓三 172
松山隆司 193
マービス（Mervis, C. B.） 141
マーフィー（Murphy, G.） 231-235
マルソン（Malson, L.） 164
丸山欣哉 137
マンデルブロー（Mandelbrot, B. B.） 65
マンドラー（Mandler, G.） 137
三浦佳世 64, 68, 72
ミーチャム（Meacham, J. A.） 113
宮内 哲 170
三宅なほみ 148
宮崎謙一 58, 59
宮崎拓弥 90
宮田 洋 132
ミュラー（Müller, J.） 28

ミラー（Miller, G. A.） 12
ミンスキー（Minsky, M.） 14, 18, 166
村山久美子 71
メッツラー（Metzler, J.） 80
メンデス（Mendez, M. F.） 104, 108
モーグ（Moog, H.） 196
モザー（Mozer, M. C.） 101
モルナール（Molnar, F.） 71

ヤ 行

八木昭宏 138
柳井晴夫 206
柳瀬徹夫 68
矢野澄男 35
山口勇吉 230
山田冨美雄 138
山鳥 重 107, 156
山下利之 67, 215, 216
ヤング（Young, A. W.） 44, 46
吉野文浩 151

ラ 行

ラザッティ（Luzzatti, C.） 85
ラスムッセン（Rasmussen, J.） 220, 225
ラック（Luck, S. J.） 98
ラバージ（LaBerge, D. L.） 94
ラプサック（Rapesak, S. Z.） 104
ラメルハート（Rumelhart, D. E.） 40
ランゲ（Lange, C.） 127
ランバート（Lambert, A. J.） 97
ランボー（Rumbaugh, D. M.） 163
ランボー（Rumbaugh, E. S.） 163
リーソン（リースン）（Reason, J.） 225, 229, 230
リーズ（Leeds, A.） 197
リチャードソン（Richardson, A.） 77, 90
リッツォ（Rizzo, M.） 107
リップス（Rips, L. J.） 142
リュケ（Luquet, G. H.） 195
リンゼイ（Lindsay, P. H.） 13, 231
ルドー（LeDeux, J. E.） 127, 128
ルミレ（Lemire, R. J.） 191
ルリア（Luria, A. R.） 108
レイエ（Raye, C. L.） 87
レイブ（Lave, J.） 148
レオナルド・ダ・ビンチ（Leonard da Vinci） 70
レネバーグ（Lenneberg, E. H.） 164
レヒトシャッフェン（Rechtschaffen, A.） 90
ロウ（Lou, L.） 105
ロシュ（Roche, S.） 58
ロス（Roth, A.） 140
ローズ（Rhodes, G.） 44, 47
ローズ（Rose, S. A.） 192

ロスバート（Rothbart, M.） 181
ロック（Locke, J.） 23
ロックハート（Lockhart, R. S.） 116
ロッシュ（Rosch, E.） 141, 215
ロフタス（Loftus, E. F.） 109, 111, 119

ワ 行

ワイナー（Weiner, B.） 183
ワイスタイン（Weisstein, N.） 37
我妻 洋 186
ワトソン（Watson, J. B.） 11, 231
ワトソン（Watson, J.） 88, 235
ワトソン（Watson, R. B.） 104
ワリントン（Warrington, E. K.） 151

事項索引

ア 行

アイコニック・メモリー 118
「温かい」認知 21, 228
圧覚 28
アナロジー 147
アフォーダンス 18, 222
アルツハイマー病 108
アルファ係数 205
暗順応 31
安全色 69
言い間違い 159
言い訳 185
鋳型照合モデル 39
怒り 126
閾 25
意識 10, 104, 234
意思決定 124
一連性 52
一過型チャンネル 37
一貫性 183
一致性 183
一般円筒 41
一般像抽出原則 38
一般的景観 65
意味記憶 112, 116
意味(的)ネットワーク 119, 151
意味的プライミング 121
イメージ 77, 78, 202
イメージトレーニング 92
イメージ論争 79
色 68
色の様態 69
陰影からの形状復元 70
因子パターン 205
因子負荷量 205
因子分析 204
印象形成 174
インパルス 28
ウィリアムズ症候群 167
ウェーバーの法則 25
ウェーバー・フェヒナーの法則 26
ウェルニッケ領域 156
ウソ発見 134, 138
運動感覚 28
運動性失語 155
エキマックス 205
エキスパートシステム 15

エコイック・メモリー 118
エージェント 18, 218
エッジ 38
エネルギー覚醒 137
エピソード記憶 111, 116
演繹的推論 145, 190
遠隔プロセス制御 229
黄金比 69
奥行き 30, 69
音象徴 169
オペラント条件づけ 11
オペレータ 146
音位転換 160
温覚 28
音楽の認知 48
音色 49, 52
音脈分凝 52

カ 行

絵画の手がかり 69
回帰像 78, 79
外集団 181
外集団均質化効果 181
階層ネットワーク 14
外側膝状体 127
外的帰属 183
概念 140
概念駆動型処理 15
海馬 127
快-不快 19, 65
顔 43, 46, 234
顔認知 43, 46
可逆性 190
蝸牛 30
学習 11, 220
確証バイアス 146
覚醒ポテンシャル 66
隠れた注意 95
過去経験 176
重なり 71
可視光線 24
仮想現実 34
家族性文法障害 167
家族的類似 140
可聴範囲 24
活性化拡散モデル 119
活性度(因子) 203, 207
カテゴリー 140
カテゴリー特有の障害 151

悲しみ 126
可変部 165
感覚 24
感覚運動期 189
感覚間統合 34
感覚記憶 116, 117
感覚受容器 28
感覚情報貯蔵 13
感覚性失語 156
感覚様相 25, 27, 34
間隙の原則 54
観察者中心座標系 41
感受性 193
干渉 117
感情 125, 180
感性 19, 61, 193, 234
感性工学 19
感性の科学としての認知心理学 18
間接再認手続き 122
桿体 30
官能検査 19
記憶 109
記憶イメージ 79
記憶術 113
記憶の変容 110
記憶(の)方略 113, 191
記号推論 216
疑似ポリフォニー 51
記述エラー 225
帰属 183
機能 188
機能局在 106
機能的-意味的(言語的)サブシステム 152
機能的(核)磁気共鳴画像(診断装置)(fMRI) 85, 98, 136, 170
帰納的推論 145, 146, 190
気分依存効果 20
記銘 115
きめの勾配 70
逆行干渉 117
キャノン・バード説 127
嗅覚 28
弓状束 156
9点問題 147
強化スケジュール 11
共感覚 78
共通因子 205

共通運命の要因　49
共通性　205
恐　怖　125
共分散構造分析　213
拒　否　185
均衡化　189
近接の要因　52
緊張覚醒　137
空間の注意　94, 95
空主語　160
空　想　78
具体的操作期　190
グランスカーブ　71
クリティカルシンキング　226
グルーピング　49, 50
景　観　41
経験主義　165
経験説　23
計算論的アプローチ　41
形式的操作期　190
継時的過程　98
計量的多次元尺度法　211
ゲシュタルト心理学　37, 49, 62
結合探索　101
結晶化された動き　74
原因の安定・不安定　183, 184
幻　覚　78, 79
言語獲得　154, 162
言語獲得装置（LAD）　165
言語産出　154, 159
言語使用　154, 158
言語聴覚士　156
言語認知　153
言語能力　154
言語理解　154, 160
検索失敗説　113
幻　肢　77, 78
語彙システム　38
後期選択説　97
恒常性　70
構成概念　204
構　造　40, 160, 188
構造記述　42, 74
構造記述モデル　40
構造方程式モデリング　213
行　動　11
行動主義　11, 236
行動に表れた注意　95
項目反応理論　213
合理主義　165
合理性　20
心の教育　200

心の知性　200
心の知能指数（EQ）　20, 130, 200
個人的構成物（パーソナル・コンストラクト）　177
悟　性　19
コーティマックス　205
コネクショニスト（・アプローチ）　41, 168
コネクショニズム　17, 41
コーピング　130
語法効果　111
固有値　205
混合旋律線　52
コントラスト　32
コントロール　149
コンピュータシミュレーション　14

サ　行

再　生　112
彩　度　68
再　認　112, 122
サイバネティクス　12
最尤推定法　214
サウンド・スペクトログラム　49
作業記憶　117
作業メモリー　14
錯　語　156
錯誤相関　226
３次元　30, 41, 69
残　像　78, 79
３相因子分析　213
三段論法　215
三半規管　30
シェマ　189
ジェームズ・ランゲ説　126
ジオン　42
視　覚　28
視覚失調　107
視覚障害　84
視覚性注意障害　107
視覚探索　94, 101
視覚的一意味的サブシステム　151
視覚的情報貯蔵　117
視覚的リアリズム　195
視覚的力学　74
視覚パターンの認知　36
視覚バッファ　83
視覚野　84
視覚優位　32

色　相　68
識別性　68
刺　激　25
刺激閾　25
刺激頂　25
刺激の貧困　164
思　考　144, 148
思考イメージ　78, 79
自己受容感覚　28
事後情報効果　111
自己像　175
自己中心性　189
視　床　127
事象関連電位（ERP）　157, 170
視神経　30
自人種優位効果　44
持続型チャンネル　37
失語症　154, 155
失読症　43
失認症　43
失文法失語　156
質問紙　137
視点依存アプローチ　42
視点非依存アプローチ　41
自動化　229
シナプスウェイト　18
視認性　68
社会的認知　172
社会的望ましさ　209
斜交因子モデル　205
斜交回転　205
シャドウイング　97
遮　蔽　32, 37, 71
主因子法　206
自由再生　116
周波数　24
周辺特性　174
主観的輪郭　63
主語指向文　160
手　段　146
出眠時像　78
腫瘍問題　147
順　応　31
馴化法　192
循環反応　189
順行干渉　117
瞬目（まばたき）　132
条件づけ　11
照合・決定過程　36
状態依存学習　112
冗長度　64
情緒的意味　203

事項索引

情　動　125, 137, 212
情動の認知　129, 131
譲　歩　185
情報科学　12
情報源モニタリング　87
情報処理（的アプローチ）　13, 190
書字スリップ　225
触　覚　28
初頭効果　116
処理資源の増加　190
処理資源の割当て　14
処理スピードの増大　191
処理の自動化　191
自律神経系　138
事　例　140
新近性効果　116
新近性の方略　161
神経回路網　17
信号検出理論　27
人工知能　12
進出色　68
心　像　77
心臓血管系　138
新造語　156
心的イメージ　77
心的回転　80
心的辞書　160
心的な走査　81
人物画知能検査　197
人物同定　46
人物認識　46
信頼性　206
信頼性係数　207
心理言語学　154
図　37, 53, 62
推移律　190
錐　体　30
推　論　144, 215
スキーマ　14, 66, 112, 142, 225
スキルベース　220
スクリプト　15, 142
ステレオタイプ　143, 179
図と地　36, 37, 53, 62
ストループ課題　102
スリップ　225
制御のインタフェース　221
静止網膜像　105
精神性視性麻痺　107
精神性発汗　138
精神物理学　10, 26
生成－再認説　113

生成文法　12, 165
正当化　185
生得説　23, 166
正　文　157
成分分析アプローチ　86
制約条件　146
生理的指標　133, 137
絶対閾　25
絶対音感　58
セマンティック・ディファレンシャル法（SD法）　203
セルフスキーマ　175
セルフハンディキャッピング　175
セレモニー　93
線遠近法　69
潜在的記憶　234
潜在変数　205
前注意的過程　98
宣言的記憶　119
宣言的知識　15
前操作期　189
選　択　94
選択制限違反　157
選択的注意　95
前頭葉　124
想　起　115
早期選択説　97
走査（経路）　71, 81, 101
操作のインタフェース　221
想像イメージ　79
創造的発見　88
想像の遊び友だち　78, 90
創発特性　19
相貌失認（症）　43, 46, 85
側性化　155
ソフトコンピューティング　215
損益分析法　96

タ　行

大気遠近法　70
帯状回　127
対象ファイル　99
対人認知　174, 206
体制化　189
大脳辺縁系　127
対　比　32
ダイレクトマニピュレーション　224
ターゲット（目標物）　95
多次元尺度法　209

多次元展開法　214
多重人格障害　234
多変量データ解析法　202
単一特徴探索　101
短期記憶　13, 116, 117
探索的因子分析　204
単純構造　205, 206
地　37, 53, 62
知　覚　24
知覚的多義性　53
知覚とイメージの機能的等価性　83
知　識　139
知識ベース　221
知　性　16, 187
知的リアリズム　195
知　能　188
チャンク　13, 116
チャンク化　116
注　意　14, 94
注意過程　98
注意と意識　104
注意の移動　97
注意の作用　97
注意の自動的奪取　94
注意の定位　94
注意の引き剥がし　97
中央系　168
中　耳　30
中心窩　30
中心特性　174
中枢系　138
チューリングマシン　16
聴　覚　28
聴覚神経　30
聴覚の情景分析　48
長期記憶　14, 116
長期視覚記憶　83
調　性　58
調　節　188
超長期的記憶現象　122
丁度可知差異（jnd）　25
直接プライミング　121
直観像　78, 79
直交因子モデル　205
直交回転　205
痛　覚　28, 32
「冷たい」認知　17, 228
定義的属性　140
適　応　188
適刺激　29
データ駆動エラー　225

データ駆動型処理　15
手続き的記憶　118
手続き的知識　15
典型性　141, 215
典型的景観　42, 72
伝導失語　156
テンポ　53
展望記憶　113
電報文　156
同　化　188
等輝度刺激　68
同期発火　103
統　合　94, 99
同時失認　105, 107
統制の所在　184
同定拒否　74
同定不可能　74
特異性言語障害　167
特異性効果　44
独自因子　205
特殊神経エネルギー説　28
特　徴　39, 99, 120
特徴結合問題　99
特徴処理モジュール　100
特徴統合説　99
特徴比較モデル　119
特徴浮游　100
特徴分析モデル　39
トップダウン（処理）　15, 40, 62, 161
囚われエラー　225

ナ　行

内観主義心理学　11
内観法　11
内　耳　30
内集団　181
内臓感覚　28
内的帰属　183
内的表現　77
内部動特性　229
内分泌系　138
内面世界　232, 233
なぐりがき　195
二重コード化説　79
二重モダリティ注意課題　134
2段階説　113
日常的認知研究　236
日誌法　89
$2\frac{1}{2}$次元スケッチ　41
乳頭体　127
入眠時像　78

入力過程　36
ニューロン　17
二要因情動理論　130
認識論　23
認　知　46
認知カウンセリング　150
認知科学　13, 20
認知革命　13, 231
認知言語学　167
認知神経科学　84, 170
認知心理学　10, 236
認知的現実　35
ノイマン型　16
脳　106, 155, 232
脳磁場計測（MEG）　170
脳　波　138, 157, 232
ノード　62, 120
ノンバーバル（非言語的）・コミュニケーション　131

ハ　行

ファジィ集合　215
ファジィ推論　215
ファジィ理論　215
白昼夢　78, 79
場所法　113
パーソナル・コンストラクト（個人的構成物）　177
発話認識　46
話し言葉　162
パペッツの情動回路説　127
パラダイム　13, 236
バリマックス回転　205, 206
バリント症候群　102, 107
パロール　154
半側空間無視　85, 108
パンデモニアムモデル　39
反復的磁気刺激　86
非計量的多次元尺度法　211
非言語的（ノンバーバル）・コミュニケーション　131
ビジランス　95
非対称多次元尺度法　214
否定証拠の欠如　164
皮膚感覚　28
皮膚電気活動　138
非　文　157
ヒューマンインタフェース　219, 220
ヒューマンエラー　217, 224
ヒューリスティックス　146
評価（的因子）　203, 207

表　現　36, 195
表　出　46
表　象　77
表　情　46, 132
表情認識　46
表情認知　46
表面情報　38
非流暢性失語　155
非類似性　209
非類似性データ　209
フォールス・アラーム　27
不可能図形　70
複雑性　229
符号化　112
符号化特定性原理　112
物体失認　43
物体中心座標系　41
不透明性　230
普遍文法（UG）　165
プライマル・スケッチ　41
プライミング効果　170
ブラウン管（CRT）メタファーモデル　83
フラクタル　65
ブラックボックス　14
フラッシュバルブ記憶　117
プラトンの問題　164
不良設定問題　41
プレグナンツ　63
フレーム　14, 73
ブローカ失語　155
ブローカ領域　155
プロクラステス回転　205
プロダクションシステム　15
プロトコル分析法　14
プロトタイプ　44, 72, 74
プロトタイプ理論　215
プロマックス回転　205
分　化　37, 62
分散化された認知　18
文脈効果　112
分　裂　52
平衡感覚　28, 30
並行処理　98
並列分散処理　17
並列分散処理モデル（PDPモデル）　17, 40, 72
ベクソン　35
ペグワード法　113
弁　解　185
変　換　189
扁桃体　127

事項索引

弁別閾　25
弁別性　183
妨害刺激　102
包括的エラーシステム　225
補　完　37
補　間　43
母語話者　154
保　持　115
ポジトロン断層撮影（PET）
　85, 98, 136, 170, 233
保　存　188
ポップアウト　63, 102
ボトムアップ（処理）　15, 39, 62, 161
ポリグラフ検査　138
ポリフォニー　52

マ 行

間　235
マガーク効果　46
マグニチュード推定法　26
マスキング　32
まばたき（瞬目）　132
マルチメディア　22, 34
マン・マシン・システム　218
味　覚　28
ミ　ス　27
ミステイク　224
未統合　195
未来記憶　113
無意識　232
無意味綴り　115
明順応　31
明　度　68
メタ認知　149, 226
メタ認知的活動　149
メタ認知的知識　149
メタファー　223, 224
メタメモリー　114
メロディ　50, 52, 59, 194
免疫系　138

メンタルモデル　219, 223
メンバーシップ度　215
網　膜　30
目撃者の証言　110, 236
目的語指向文　160
目　標　146
目標指向カテゴリー　142
文字言語　162
モジュール　18, 45, 68, 86, 106, 166
モダリティ　25, 27, 34, 80, 134
モード・エラー　225
モニタリング　149
問題解決　146, 148

ヤ 行

有効視野　71
誘導探索モデル　103
有毛細胞　30
誘目性　68
ユーザビリティ　219
夢　78, 79
よい形　64
よい連続の要因　51
よ　さ　65
喜　び　126
4枚カード問題　145

ラ 行

落　胆　126
ラテラリティ　71
ラプス　225
ラング　154
リアリティ・モニタリング　87
力量性　203, 207
リズム　53, 54
リハーサル　92, 114, 191
流暢性失語　156
領域固有性　18
利用可能性ヒューリスティックス　146

両耳分離聴（法）　97, 155
臨界期　163
輪　郭　53, 68
リンク　119
臨場感　34
類似性　209
類同の要因　50
ルドーの扁桃体説　127
ルールベース　221
冷　覚　28
レスポンデント条件づけ　11
レミニッセンス　123
連想活性化エラー　225
連続体モデル　179
連の原則　54

A〜Z

ACT　15
ALSCAL　211
ANOVAモデル　183
ATS理論　224
CRTメタファーモデル　83
D/H　62
dプライム（d'）　27
E Q　20, 130, 200
ERP　157, 170
fMRI　85, 98, 136, 170
GKT　138
GPS　12
HCT　222
jnd　25
LAD　165
MEG　170
N400　170
PDP　17, 40, 72
PET　85, 98, 136, 170, 233
rTMS　86
SD法　203
U G　165

執筆者 (執筆順, ( ) 内は執筆担当箇所)

行場 次朗 (序章)	編者	東北大学大学院文学研究科
渡邊 洋一 (1章)		山形大学人文学部
真覚 健 (2章)		宮城大学看護学部
佐々木 隆之 (3章)		宮城学院女子大学学芸学部
三浦 佳世 (4章)		九州大学大学院人間環境学研究院
松岡 和生 (5章)		岩手大学人文社会科学部
岩崎 祥一 (6章)		東北大学大学院情報科学研究科
中村 奈良江 (7章)		西南学院大学文学部
福田 恭介 (8章)		福岡県立大学人間社会学部
改田 明子 (9章)		二松学舎大学文学部
坂本 勉 (10章)		九州大学大学院人文科学研究院
吉武 久美子 (11章)		長崎純心大学人文学部
足立 智昭 (12章)		宮城学院女子大学学芸学部
中村 知靖 (13章)		九州大学大学院人間環境学研究院
松尾 太加志 (14章)		北九州大学文学部
箱田 裕司 (終章, トピックス9)	編者	九州大学大学院人間環境学研究院
櫻井 研三 (トピックス1)		東北学院大学教養学部
蒲池 みゆき (トピックス2)		ATR人間情報通信研究所
宮崎 謙一 (トピックス3)		新潟大学人文学部
石井 信行 (トピックス4)		山梨大学工学部
徳永 幹雄 (トピックス5)		九州大学健康科学センター
平山 和美 (トピックス6)		東北大学大学院医学研究科
寺澤 孝文 (トピックス7)		岡山大学教育学部
大上 渉 (トピックス8)		佐賀県警察本部科学捜査研究所
小山 紗智子 (トピックス10)		岡崎国立共同研究機構生理学研究所
萩原 滋 (トピックス11)		慶應義塾大学メディア・コミュニケーション研究所
高橋 ゆき (トピックス12)		仙台市立大和小学校
山下 利之 (トピックス13)		東京都立科学技術大学工学部
渡辺 めぐみ (トピックス14)		日本原子力研究所

知性と感性の心理

2000年10月 1 日　初 版 発 行
2002年 6 月20日　第 4 刷発行

編著者　行　場　次　朗
　　　　箱　田　裕　司
発行者　福　村　惇　一
発行所　福村出版株式会社
　　〒113-0033　東京都文京区本郷2-30-7
　　　　　　　電話03-3813-3981
　　　広研印刷　アトラス製本

Ⓒ J. Gyoba, Y. Hakoda　2000
Printed in Japan
ISBN4-571-21035-3　C3011

福村出版 ◆ 好評図書

久世敏雄・齋藤耕二監修
青年心理学事典
ISBN4-571-23040-0 C3511

発達の問題のみならず，いじめやひきこもりなど，社会的・心理的ゆがみ及びその援助方法までを項目とした。

詫摩武俊監修
性格心理学ハンドブック
ISBN4-571-24032-5 C3511

今までの性格心理学および関連分野からの研究成果の集大成と新しい性格観を4部構成にまとめる。

川島一夫編著
図でよむ心理学発達〔改訂版〕
ISBN4-571-23041-9 C3011

見やすさ・読みやすさを追求した特長を継承しつつ，新しい知見や最新の資料に刷新して生まれかわった。

繁多 進編著
乳幼児発達心理学
●子どもがわかる 好きになる
ISBN4-571-23038-9 C3011

子どもを見る目を養ってほしい。子どもを好きになってほしい。そんな願いを込めて編集された入門書。

田島信元・西野泰広・矢澤圭介編著
子どもの発達心理学
ISBN4-571-23002-8 C3011

発達を子どものコンピテンスの発揮という観点からとらえ直した意欲的な書。具体的事例を幅広く扱う。

堀野 緑・川瀬良美・森 和代・上瀬由美子著
よくわかる心理学28講
●女性の視点から
ISBN4-571-20060-9 C3011

4人の女性心理学者が1つのテーマにつき6ページ完結の形で心理学を講じる。読者をあきさせない入門書。

杉原一昭・次良丸睦子・藤生英行編著
事例で学ぶ生涯発達臨床心理学
ISBN4-571-23042-7 C3011

発達の研究もいまや臨床も含めた研究が必須となっている。本書は事例をあげて，現在の発達の在り方を考える。